華學誠 主編

文獻語言學

第二十輯

中華書局

圖書在版編目(CIP)數據

文獻語言學. 第二十輯/華學誠主編. —北京: 中華書局, 2025.
8. —ISBN 978-7-101-17347-5

Ⅰ. G256; H0

中國國家版本館 CIP 數據核字第 20254T04C6 號

書　　名	文獻語言學(第二十輯)
主　　編	華學誠
責任編輯	劉歲晗
封面設計	毛　淳
責任印製	陳麗娜
出版發行	中華書局
	(北京市豐臺區太平橋西里 38 號　100073)
	http://www.zhbc.com.cn
	E-mail: zhbc@zhbc.com.cn
印　　刷	北京盛通印刷股份有限公司
版　　次	2025 年 8 月第 1 版
	2025 年 8 月第 1 次印刷
規　　格	開本/787×1092 毫米　1/16
	印張 14　插頁 2　字數 270 千字
國際書號	ISBN 978-7-101-17347-5
定　　價	88.00 元

立足事實　分析語文現象，

依據文獻　研究漢語歷史，

貫通古今　探索演變規律，

融會中外　借鑒前沿理論，

繼踵前賢　實現自主創新。

——北京師範大學王寧教授題

目　録

句法分析與文獻釋讀

　　——"三人行,必有我師焉"別解 ……………………………江藍生　　1

《段注》"形""聲""形聲"考述 ………………………李運富　趙褘凡　13

詞語的原形擴展與理據探求 ………………………………………楊　琳　42

文獻語法學的幾個問題 ……………………………………………魏兆惠　59

論"文獻語音學" ……………………………………………………梁慧婧　73

文獻方言學材料的鑒別與利用 ……………………………………游　帥　86

略談中國古典學與文獻語言學 ………………………王華寶　孫博涵　99

出土文獻語言學學科體系綱要 ……………………………………張玉金　110

小學文獻語言研究略論 ……………………………………………閆翠科　120

明清大型字書釋義失誤校讀札記 …………………………………熊加全　134

中古中原方言遇攝演變研究 ………………………………………吳　凡　145

明成化説唱詞話疑難詞校釋 ………………………………………徐多懿　158

《正月》釋義辯證一則

　　——兼考仇仇、仇儺之別 ……………………………………陳冠男　169

《淮南子》"尚鸎"析疑 ……………………………………………史星平　184

《雙聲疊韻法》"正、到、紐"三字新釋 ………………………周子涵　193

語文教材中"繫"之音義 …………………………………………張若菲　205

Titles、Abstracts and Key Words (20th) ·· 208

稿　約·· 214

稿　例·· 215

文獻語言學(20):1～12,2025

句法分析與文獻釋讀[①]

—— "三人行,必有我師焉" 別解

江藍生

(中國社會科學院,北京,100732)

提　要:《論語·述而》第七 "三人行,必有我師焉" 是人所盡知的古聖訓言,然而這兩句有異文。甲本:"子曰:我三人行,必得我師焉。"(漢定州簡本等)乙本:"子曰:三人行,必**有**我師焉。"(宋以後本)以往諸説將 "行" 釋爲 "言行、行走" 或 "做事",均可質疑。文中根據漢語存在句的特點推測乙本 "三人行" 應該表示三人的範圍,"行" 應讀 háng,是一個表示範圍的處所指示詞。甲本句前的 "我" 應是全句的話題主語;"三人行" 前隱含着介詞 "於","於三人行" 爲介賓短語做處所狀語。甲本可譯爲:對於我來説,即使是在三個人當中也必能找到堪爲我師者。

關鍵詞:論語;三人行;後置詞;N 行;N 所

一、引言

(一)版本異文

《論語·述而》:第七 "子曰:三人行,必有我師焉:擇其善者而從之,其不善者而改之。" 這一章有甲、乙不同的版本。前兩句有異文:

> 甲本　子曰:**我**三人行,必**得**我師焉。擇其善者而從之,其不善者而改之。(漢定州簡本、梁皇侃本、唐石經本、唐《釋文》本等)

> 乙本　子曰:三人行,必**有**我師焉。擇其善者而從之,其不善者而改之。(北宋邢昺《論語注疏》、南宋朱熹《論語集注》)

二本差異有兩處:其一,甲本在 "三人行" 前多一 "我" 字,其二,乙本的 "有" 甲本作 "得" 字。唐陸德明《經典釋文》取甲本,但注 "必得" 爲 "本或作 '必有'"。可見唐時另見 "我

---

① 此文是提交給北京大學 "漢語歷史詞彙語法研究國際學術研討會"(2019 年)的論文。

三人行,必有我師焉”一本。宋代以前所見均爲甲本,宋代始見乙本,本文擬先就後代較通行的乙本試做解讀,然後再討論甲本。解讀的癥結在於如何理解“三人行”,特別是其中的“行”字應如何理解。

(二)諸説簡介

歷來各家對“三人行”的“行”字的解釋見仁見智,並不統一。歸納起來主要有三種:

1. 行:言行、行爲

持此説者主要爲三國魏何晏《論語集解》,他説:“言我三人行,本無賢愚,擇善從之,不善改之,故無常師。”清人劉寶楠《論語正義》説何注:“注似以‘行’爲‘言行’之行。三人之行,本無賢愚,其有善有不善者,皆隨事所見,擇而從之、改之,非謂一人善,一人不善也。既從其善,即是我師,於義亦可通也。”

2. 行:行走

持此説者爲宋儒,後來的學者大多從此説。宋邢昺《論語注疏》:此明人生處世則宜更相進益,雖三人同行,必推勝而引劣,故必有師也。宋朱熹《論語集注》:“三人同行,其一我也。彼二人者,一善一惡,則我從其善而改其惡焉,是二人者皆我師也。”楊伯峻《論語譯注》:“幾個人一塊走路,其中便一定有可以爲我所取法的人;我選取那些優點而學習,看出那些缺點而改正。”楊逢彬《論語新注新譯》:“幾個人一道行走,其中一定有可以做我老師的人:我選擇他的優點來學習,對照他的缺點來改正。”蔣紹愚《論語研讀》對“言行”説持不同意見。認爲“善者、不善者”指人不指事。“焉”是“於此”之意。“此”指什麽? 也只能是人,而不是事。説“三人行”,是把範圍縮到最小,即使只有三個(其中一個是自己)同行之人,也會有善有不善。

3. 行:行動、做事

黄懷信《論語新校釋》首發此義:

> 【釋】我三人行:“行”,指行動、做事。宋代以下“行”爲行路,故删“我”字。行路,何知其善者與不善者?
>
> 必得我師焉:言其中另外二人的行事方法或主見,必有值得我學習者。
>
> 善者、不善者:指另外二人所提出的行事方法與主見言。
>
> 【訓釋】先生説:“(比方)我們三個人(一起)做事,一定能(從中)得到我的老師。選擇他們的好主意照着去做,不好的就改正它。”

肖路、王偉民(2014年)也認爲“行”當作“行動、做事”解。劉毓慶《論語繹解》:“三人行”指三個人行事。或認爲是“同行”,也可通。

二、諸説獻疑

（一）質疑一：邏輯難通

1. 言行、行爲：（我）三人的言行，必有我師焉。筆者按：主謂不匹配，應是三人中必有我師，而不是我們三人的言行有我師，"焉"應指人而非指言行。

2. 行走：（我）三人同行，必有我師焉。筆者按："三人同行"跟"必有我師焉"看不出有什麼邏輯聯繫，爲什麼前提條件或曰背景是"同行"？正如黃懷信（2006年）質疑"行路，何知其善者與不善者？"

3. 行動、做事：（我）三人一起做事，必有我師焉。筆者按："三人一起做事"跟"必有我師"之間缺乏中間環節，而且"焉"應指人而非指事件。

諸説邏輯難通，串講不能文從字順，多增字、增句自圓其説。

（二）質疑二：句法不通

從句子類型來看，"三人行，必有我師焉"是一個"有"字存在句，"三人行"可分析爲句子的處所狀語，"必有我師焉"是兼語句做謂語（有我師、我師焉）。"有"字除了表示領有、具有，從古到今，表"存在"是它的基本用法之一。李佐豐（1994年）指出："在表示存在時，'有'的賓語表示存現的事物，主語則表示存現的環境。這環境最常由時間詞語、方位詞語和處所詞語來表示，也可以是其他詞語。"吕叔湘（1980年）指出"有"字存在句句首限於用時間詞語或處所詞語，"有"後面爲存在的主體（《八百詞》）。也就是説，古今"有"字存在句的基本句法結構是：時間／空間狀語＋有＋賓語。語義結構爲：某時或某處有某人／某物。"有"前面的成分限定爲時間詞語或空間詞語是"有"字存在句的前提條件。據王建軍（2003年）的歷時考察，真正的存在句產生於周代中期，句首部分爲方位詞或方位短語（以下用例采自王著第六章）：

> 東有啟明，西有長庚。（《詩·小雅·大東》）
>
> 南有喬木。（《詩·周南·漢廣》）
>
> 丘中有麻。（《詩·王風·丘中有麻》）

王著還指出空間類句可能是漢語存在句的始發句，《詩經》中所有的"有"字句都是空間類，未見一例時間類：

> 中田有廬，疆場有瓜。（《小雅·信南山》，中田：即田的中間；疆場：田界、田的邊緣）

中原有菽,庶民受之。(《小雅·小宛》,中原,即原中)

時間類"有"字存在句始見於《尚書》,春秋戰國時期使用頻度增加:

若古有訓,蚩尤惟始作亂,延及于平民。(《尚書·吕刑》)
秋時有瘧寒疾。(《周禮·天官塚宰·食醫》)
今有璞玉於此。(《孟子·梁惠王下》)

根據時賢對上古時期"有"字存在句的研究成果,可以推斷"三人行,必有我師焉"這一"有"字存在句的句首部分爲空間類詞語,其義爲"三人之中","三人行"不可能是主謂結構,"行"不可能是動詞"行走"義。

現代漢語裏"有"字存在句"山上有樹、河裏有魚、教室裏有人"等也都以"名 + 方位詞"表示處所。非"有"字存在句也必有處所成分,如:臺上坐着主席團、牆上掛着一幅畫。存在句必有處所成分,這一特點具有跨語言共性。所以,在"三人行,必有我師焉"存在句中,"三人行"應該是一個表示處所範疇的名詞短語"三個人裏",那麽"行"就應該是表示處所範籌的指示詞。

再來看句尾的"焉"。蔣紹愚(2018 年)説:"焉"的意思是"於此","此"指什麽? 也只能是人,而不是事。這一分析很對。本文進一步認爲,"三人行,必有我師焉"如果直譯,應該是:三人裏,必有我師在那裏。"焉"的"於此"的"此"回指句首的"三人行"。這跟元明時期同類型的"有"字存在句完全一樣,如《水滸傳》16 回"這酒裏有蒙汗藥在裏頭"、50 回"朱貴頭領酒店裏有個鄆城縣人在那裏"。總之,按照存在句句法,"焉"回指的應該是處所而不是事物(言行)或事件(同行、一起做事)。"三人行"應該表示三人的範圍。下面試證"N 行"的"行"爲後置範圍指示詞。

(三)行:範圍指示詞,相當於"裏、裏頭"

根據上面從邏輯和句法結構兩方面的質疑和分析,本文對《論語》"三人行"句提出第四種解釋,即:"行"讀 háng,爲表示範圍的處所指示詞。"三人行,必有我師焉"當釋爲:在三個人當中,一定有可以爲我師法的人。"行"不指示處所而只指示人的範圍。"三人行"的"行"是指示"三人"這個範圍的,是一個典型的後置指示詞。

以"N 行"爲處所主語的"有"字存在句文獻中難得一見,我們在敦煌變文中搜得一例:

皇宫行有諸伎女,免得交人别猜疑。(《太子成道變文》(一)伯 3496,《敦煌變文集》第 318 頁,這是淨飯大王勸説太子不要出家時説的話)

"皇宫行"指"皇宫裏",在"有"字存在句中充當處所狀語,"行"的功能由"三人行"的指示人的範圍擴展到指示物的處所。拿"皇宫行有諸伎女"跟"三人行,必有我師焉"(可簡化爲"三人行有我師")相對照,可以説其結構及組成成分是完全相對應的:皇宫行有諸伎女~三人行有我師。

"三人行"跟"皇宫行"都是處所短語做存在句的狀語,"三人行"的"行"跟"皇宫行"的"行"都是指示空間範圍或處所方位的後置詞,只不過一個用在集合名詞"三人"後面,一個用在處所名詞"皇宫"後面。

搜檢先秦文獻語料庫,《莊子·天地第十二》有一處"三人行"用例:

> 知其愚者,非大愚也;知其惑者,非大惑也。大惑者,終身不解;大愚者,終身不靈。三人行而一人惑,所適者猶可致也,惑者少也;二人惑則勞而不至,惑者勝也。而今也以天下惑,予雖有祈向,不可得也。不亦悲乎!

這段話的意思按筆者的理解可譯爲:知道自己愚蠢的人不算特別愚蠢,知道自己糊塗的人不算特別糊塗。特別糊塗的人是一輩子糊塗;特別愚蠢的人是一輩子愚蠢。三個人裏如果只有一個人糊塗,那麼所追求的目標還可以達到,因爲糊塗者占少數;如果有兩個人糊塗,則勞而無功,達不到目標,因爲糊塗者占了多數。如今天下全是糊塗人,我雖有追求的目標,也不可能實現,豈不是很可悲嗎?

能否把"三人行而一人惑,所適者猶可致也,惑者少也"一句中的"行"理解爲"行走、走路"呢?筆者以爲不可。因爲"三人行而一人惑"句隱含着動詞"有",即"三人行而(有)一人惑",實際是個隱形的存在句,只要是存在句,其主語部分"三人行"被限定爲空間詞語,所以《莊子》此例中的"三人行"也應該理解爲"三人之中、三個人裏"。這是從句法層面的解釋。同樣從邏輯層面來看,三個人一起走路,跟同行的人糊塗不糊塗沒有邏輯上的聯繫,而在三個人裏有的糊塗有的不糊塗卻合乎道理。而且"所適者"理解爲"所要達到的目的"跟後面的"祈向"完全對應。如果上説可以成立,則《莊子·天地第十二》中的"三人行"就爲《論語》的"三人行(háng)"説提供了一個戰國時代的寶貴旁證。

三、後置詞"行"考

(一)後置詞"行"的語源推測

後置詞"行"的語源應是名詞"行列"的"行"。"行列"的"行"詞義沿着兩條路徑分別引申。

其一:行列 > 行輩(丈人行、大父行、曾大父行、父母行) > 排行(行六) > 類別、複數詞尾(僧行、女娘行、姊妹行);

其二:行列(軍行、車行、雁行) > 範圍指示詞(三人行) > 處所指示詞(王宮行、誰行、伊行) > 名詞詞綴(爹行、娘行、賤妾行、蠟炬行)。

第一種演變路徑與本文關係不大,且置;下面只説第二條演變路徑的理據。

我國古代兵制,五人爲伍,五伍爲行。"行"是個集合名詞,是多人組成的集合體,"三人行"就指三個人的行列,二人成雙,三人成衆,三人是成其爲行列的底綫。孔子所言"三人"是虛指,極言範圍之小。當"三人行"不是實指三個人的行列時,它就泛指"三人的範圍"。"範圍"指空間的界限,表示某一區域、地方,因而後置的"行"會由指示範圍擴大到指示處所(相當於"那裏、這裏")。當"N行"的"行"進一步虛化,失去處所義時,它就虛化爲名詞詞綴。後置詞"行"的處所義比較抽象、模糊,不像處所名詞"所、許、處"那麽明顯,因此先秦文獻中後置詞"行"極爲罕見,晚唐五代也極少見,後置詞"行"的大量使用是從北宋開始的,宋元明時期白話文獻中多見,清代仍有其餘緒,現代漢語方言如晉語等西北方言中還在使用。

(二)後置詞"行"的語義和功能

張相《詩詞曲語詞匯釋》卷六"行"條列舉"行"用作後置詞例甚夥,釋爲相當於"這邊、那邊"或"這裏、那裏"。張説過於籠統,實際上那些例子的詞義和句法功能是不一樣的,其中不少例子不能用"這裏、那裏"對釋(參看余志鴻 1983、1987 年,江藍生 1998年),本文把張書中的後置詞"行"用例區分爲三種:

甲:N 行 =N 這裏 / 那裏("行"爲處所指示詞,"N 行"做賓語)

> 最苦夢魂,今宵不到伊行。(周邦彦詞,夢魂不到他那裏)
> 今宵魂夢先到伊行。(蔡伸詞,魂夢先到他那裏)
> 你在我行,口强,硬抵著頭皮撞。(《西厢》一之二,在我這裏、在我面前)

乙:N 行 =N("行"不爲義,是名詞、代詞詞綴,"N 行"做賓語、主語)

> 衷腸説與誰行? (《琵琶記》二十三,衷腸跟誰説,誰行 = 誰)
> 離魂暗逐郎行遠。(姜夔詞,離魂暗隨着情郎越走越遠,郎行 = 郎)
> 忒過分爹行所爲。(《琵琶記》十四,爹爹所爲太過分,爹行 = 爹)
> 則恐怕夫人行厮葬送。(《西厢》二之四,怕被夫人葬送,夫人行 = 夫人)
> 怎生向賤妾行告耽饒。(《㑇梅香》,怎麽向我求饒,賤妾行 = 賤妾)

可以看出,乙式的"N行"是甲式的"N行"虛化的結果,例如下例可做兩解:

　　　若言無意向咱行,爲甚夢中頻夢見?（柳永詞,如果説無意到我這裏 / 如果説對我無意）

再如"誰行"既可釋爲"誰那裏、何處",又可釋爲"誰、何人":

　　　低聲問向誰行宿?（周邦彥詞,誰那裏、何處）
　　　衷腸説與誰行?（《琵琶記》,何人、誰）

可見,"行"的名詞、代詞詞綴用法是從"行"的後置處所指代詞義虛化的結果。
　　丙:N行 +VP=（介 +N）+VP （N爲賓語,"行"爲賓格標記）

　　　又道是丈夫行親熱,耶娘行特地心別。（《拜月亭》,對丈夫親熱,對耶娘心別）
　　　大師行深深地拜了。（《西廂》一之二,朝着大師拜）
　　　將俊名雙漸行且權除,把俏字兒馮奎行暫時與。（周仲彬套曲,雙漸、馮奎皆人名,把俊名除給雙漸,把俏字給予馮奎）

　　拙文（1998 年）對宋元時期兩種使用後置詞"行"的句式的來源加以區別:
　　A）動 / 介 +N行(+VP）:

　　　最苦夢魂,今宵不到伊行。（周邦彥詞,夢魂不到他那裏）
　　　他怎肯去君王行保奏。（元曲《氣英布》,到君王那裏保奏）

　　B）N行 +VP:

　　　我官人行説了。（元曲《魔合羅》,我對官人説了）
　　　動不動君王行奏。（元曲《金錢記》,動不動向君王奏）

文中認爲 A 式是漢語自古以來就有的,其中 "N行" 意思是 "N那裏";B 式是元代受蒙古語語序影響而産生的新型句式。B 式中 "N行" 的 "行" 已演變爲一個賓格標記,而且很顯然是從後置的處所指示詞(這裏 / 那裏)演變來的。正因爲如此,宋代只見 "行" 的甲、乙兩種用法並存,而元代則甲、乙、丙三式並存①。

―――――――――

① 《周易·損》中有 "三人行" 例:"六三,三人行則損一人,一人行則得其友。《象》曰:一人行,三則疑也。" 周振甫（1991 年）釋爲:"三人同行,意見分歧,意見不同的一人會受損。一人獨行,會得到友人的幫助。""'一人行' 可以, '三人行' 就發生疑惑。"（第 144 ～ 145 頁）按:此處 "三人行、一人行" 的 "行" 也可釋爲没有實義的詞綴,"三人行" 即 "三人","一人行" 即 "一人"。到底應該怎麽解釋? 存疑。

“N 行”的 N 一般都指人,變文中 “皇宫行” 指處所,元代偶見指物例:

　　蠟炬行明知人情意,也垂下數行紅淚。(元侯克中《菩薩蠻·客中寄情》)

直到清代,仍可見 “N 行” 的 “行” 做親屬名詞詞綴的用例:

　　一天好事娘行應,指望著今宵歡慶。(清佚名《金蘭誼》三出)

　　我只得屈身軀代親哀告,難道是我爹行錯認賢豪? (清楊潮觀《荀灌娘圍城救父》)

(三)晉語裏的後置詞 “行”

温端政《忻州方言詞典》(第 101 頁)“行” [xɛ](略去調值,下同)條下説明 “行” 是表示處所的後置詞,相當於北京話的 “這裏、那裏”,有時特指 “家裏”。現稍加整合選取幾例引録於下。

1.用在人稱代詞(包括疑問代詞 “誰”)和指人名詞後面,表示 “那裏、這裏”。

　　俺行有四個人。(俺這裏,特指俺家)

　　他行買下個車子自行車。(他那裏,特指他家)

　　你行有我哩支水筆。(你那裏)

　　誰行有未那本書哩? (誰那裏)

　　我在俺舅家行吃了一頓飯。(俺舅舅家)

　　他在姥姥行拿了十塊錢。(姥姥那裏)

2.用在指物名詞後面,表示 “這裏、那裏”。

　　牆行有個窨。(牆這裏)

　　豬圈行有個籬頭。(豬圈那裏)

以上用法跟宋元時期的甲式 “N 行 =N 這裏 / 那裏” 相同,其中 “俺舅家行” 的 “行” 已虚化,跟宋元時期的乙式 “N 行 =N”(“行” 爲詞綴)相當。

　　温端政把上述用法的 [xɛ] 的本字斷爲 “行”,可以信據。“行” 上古陽部,中古爲宕攝開口一等字,“行家” 忻州話讀爲 [xɛtɕiɑ]。而且,忻州話上古陽部、中古開口一等和三等宕攝字的韻母大都讀 [-ɛ],如:莽 [mɛ]、湯 [tʻɛ]、囊 [nɛ]、狼 [lɛ]、葬 [tsɛ]、蒼 [tsʻɛ]、桑 [sɛ]、丈 [tʂɛ]、長 [tʂʻɛ]、上 [ʂɛ]” 等(見温書第 86 ～ 101 頁)。筆者曾在山西吕梁地區的孝義縣工作過,當地有類似的白讀現象,郭建榮(2013 年)記音爲 [-ɐ],如 “打場 [tʂɐ]、牆 [tɕʻiɐ]、

躺 [t′ɛ]、丈 [tʂɛ]、長 [tʂ′ɛ]、上 [ʂɛ]" 等（見郭書第 20、38 頁）。我在孝義話裏聽到的 "俺 [xɛ]（我家）、你 [xɛ]（你家）、居 [xɛ]（家）" 等，[xɛ] 的本字也應是 "行"。

李景泉《清水河方言志》（第 127 頁）也記録了後置詞 "行" [xɚr] 的用例，其中 "有" 字存在句的例子如：

> 你家行有電話没有？
> 誰家行有電話？
> 牆那行有一堆磚。

從上面對宋元以來後置詞 "行" 的分析考察來看，《論語》"三人行" 的 "行"（表空間）應是宋元後置詞 "行" 用法的濫觴。遺憾的是，不僅先秦材料極少，而且迄今未能找到兩漢魏晉南北朝的用例，只能勾勒出一個極爲粗略的脈絡：

> 三人行必有我師焉。（《論語》）
> 皇宫行有諸伎女。（變文）
> 最苦夢魂，今宵不到伊行。（宋詞）
> 他怎肯去君王行保奏。（元曲）
> 俺行有四個人。（晉語）
> 豬圈行有個籬頭。（晉語）

不足和抱憾之處只能寄希望於今後的繼續研究。

四、甲本試讀

（一）各家之説與本文拙見

據阮元《論語校勘記》和黄懷信《論語新校釋》知：《釋文》、皇本、正平本、定州簡本同作 "我三人行必得我師焉"；朱熹本、邢昺本以下皆無前 "我" 字，"得" 作 "有"。

其中的 "定州簡本" 是 1973 年河北省定州漢墓出土的《論語》殘簡，篇幅爲今本《論語》一半，爲漢初抄本，文字多與今本不同，但《述而》此句與宋以前各本相同。故可以確信甲本是真實的存在，即 "三人行" 前有 "我" 字，"有" 作 "得"：

> 子曰：我三人行，必得我師焉。擇其善者而從之，其不善者而改之。

關於甲本的 "我三人行"，何晏、朱熹都釋爲定中短語，"我" 是三人中的一個，朱熹的集注更是明確:"三人同行,其一我也。彼二人者,一善一惡,則我從其善而改其惡焉,是二人者皆我師也。"後人解釋也大都同此。同一句中出現兩個定中短語"我三人""我師",略嫌重複,乙本删去前一"我"字恐即出於這個原因。

甲本應如何釋讀? 筆者有兩點不成熟的想法。其一,句前的"我"並非"三人"的修飾語,而是全句的話題主語。其二,"三人行"前隱含介詞"於","於三人行"爲介賓短語做處所狀語,而古今漢語處所狀語前用不用介詞"於"或"在"是兩可的。下面三例爲句末有"焉"的"有"字存在句,即"空間短語 + 有 + 賓語 + 焉",跟"三人行,必有我師焉"結構基本相同:

　　　　西方有九國焉。(《禮記·文王世子》)
　　　　於此有人焉。(《孟子·滕文公下》)
　　　　於我心有戚戚焉。(《孟子·梁惠王上》)

第一例無介詞"於",後兩例有介詞"於",有無"於",在表意上並無不同,加"於"是把隱含的成分明示在句子表層(有時是出於韻律的考慮)。所以可以認爲,"我三人行,必得我師焉"可以理解爲"我(於)三人行,必得我師焉"。

如此,甲本"我三人行,必得我師焉"從字面上可直譯爲:我,在三個人裏面,必能得到我的老師。更傳意的解釋則爲:對於我來說,即使是在三個人的範圍裏也能得到堪爲我師者。我選擇他們的長處來學習,對照他們的缺點來改正。我覺得這樣解釋才文從句順,體現了聖人無常師的思想。

本文對《論語·述而》中孔夫子的名言"三人行,必有我師焉"做了與傳統説法不同的解釋,這種新的解釋主要基於對句法結構及句法成分的語義和功能的分析,是否站得住脚,還請方家指教。不管如何,我們在解讀古文獻時應該突破傳統訓詁學的局限,樹立應有的語法觀念,吸收現代詞彙學、語法學的研究成果。

(二)餘論一:處所介詞"於"的省略

有介句:古代介引處所時通常要用介詞"於"或"在",如"達於君所"(《左傳·哀公十五年》)、"質在主所"(《墨子·雜守》)、"有士十人於吾所"(《吕氏春秋·期賢》)、"書及璽皆在趙高所"(《史記·李斯列傳》)等。向某人學術業也要用介詞"於",如"學黃老術於樂巨公所"(《史記·田叔列傳》)、"學申商刑名於軹張恢先所"(《史記·袁盎晁錯列傳》)、"嘗受《韓子》、雜家説於騶田生所"(《史記·韓長孺列傳》)等。但與此同時期或同一作品中,處所介詞被省略的現象也很常見。

省介句:如"死夫人所"(《韓非子·姦劫弑臣》)、"言之趙王張敖所"(《史記·田叔列傳》）、"不賣諸侯所"（《史記·扁鵲倉公列傳》）等。特別説明問題的是下例：

公孫光曰："吾方盡矣，不爲愛公所。"（《史記·扁鵲倉公列傳》）

"不爲愛公所"，司馬貞《索隱》："言於意所，不愛惜方術也。"（意，指淳于意）原文省略介詞 "於"，而司馬貞《索隱》補上 "於" 字，可見無處所介詞句確爲有處所介詞句的省略。

　　古漢語文獻中，省略介詞是常見現象，不光表現在引進處所的 "於 NP 所" 句。楊伯峻、何樂士（1992 年）第十一章專門介紹古漢語的各種省略現象，其中第五節就講到介詞 "于、於" 的省略，引《史記》《漢書》例很多，這裏就不再轉引了。根據古漢語文獻的這一特點，我推測 "我三人行，必得我師焉" 應解讀爲 "我於三人行，必得我師焉"。

　　（三）餘論二：兩種譯本

　　友生何瑛告知，在《中國古代經典名句英譯》（商務印書館 2012 年，第 228 頁）中，"三人行必有我師焉" 的翻譯爲：

a. When I am in the company of two others, I can always find something to learn from them.

b. In the company of two others, I can always find one worthy of being my teacher.

這兩種譯法均用 "in the company of two others" 來表達三人行的含義。

　　另有兩個外國人翻譯的本子分別譯作：

When the three of us are walking［行］……（《論語英譯及評注》，廣西師範大學出版社，第 123 頁）

Even when walking in the company of two other men……（*The Analects*，企鵝出版社，第 88 頁）

商務譯本是南開大學劉士聰、谷啟楠編譯的，他們没有把 "行" 譯成 walking，是非常高明的。

參考文獻

白維國　《近代漢語詞典》，上海教育出版社 2016 年
陳　濤　《古漢語常用詞詞典》，語文出版社 2006 年
儲澤祥　《漢語存在句的歷時性考察》，《古漢語研究》1997 年第 4 期

董秀芳 《古漢語中的後置詞 “所”：兼論古漢語中表方位的後置詞系統》，《四川大學學報》（哲學社會科學版）1999 年第 2 期

郭建榮 《鄉言研究》，山西人民出版社 2013 年

黄懷信 《論語新校釋》，三秦出版社 2006 年

江藍生 《後置詞 “行” 考辨》，《語文研究》1998 年第 1 期

蔣紹愚 《論語研讀》，中西書局 2018 年

——— 《古漢語辭書的編纂和資料的運用》，《辭書研究》2019 年第 1 期

李景泉 《清水河方言志》，内蒙古大學出版社 1996 年

李佐豐 《文言實詞》，語文出版社 1994 年

梁銀峰 《論後置詞 “所” 的功能、形成途徑和動因》，《漢語史研究集刊》（第 24 輯），四川大學出版社 2018 年

劉毓慶 《論語繹解》，商務印書館 2017 年

吕叔湘 《現代漢語八百詞》，商務印書館 1980 年

（清）阮元 《論語校勘記》，《無求備齋論語集成》，臺北藝文印書館 1966 年

石　鋟 《論語簡釋》，商務印書館 2018 年

王建軍 《漢語存在句歷時研究》，天津古籍出版社 2003 年

王　力 《王力古漢語字典》，中華書局 2000 年

温端政 《忻州方言詞典》，江蘇教育出版社 1998 年

向　熹 《詩經詞典》（修訂本），四川人民出版社 1997 年

肖路、王偉民 《〈論語〉中 “行” 字考察》，《牡丹江大學學報》（社會科學版）2014 年第 8 期

楊伯峻 《論語譯注》，中華書局 1980 年

楊伯峻、何樂士 《古漢語語法及其發展》，語文出版社 1992 年

楊逢彬著、陳雲豪校 《論語新注新譯》，北京大學出版社 2016 年

余志鴻 《元代漢語中的後置詞 “行”》，《語文研究》1983 年第 3 期

——— 《元代漢語 “～行” 的語法意義》，《語文研究》1987 年第 2 期

張　相 《詩詞曲語詞匯釋》，中華書局 1953 年

趙長才 《中古漢譯佛經中後置詞 “所” 和 “邊”》，《中國語文》2009 年第 5 期

周振甫 《周易譯注》，中華書局 1991 年

文獻語言學（20）:13～41,2025

《段注》"形""聲""形聲"考述①

李運富　趙禕凡

（鄭州大學文學院、國家語委科研機構中華漢字文明研究中心、
"古文字與中華文明傳承發展工程"協同攻關創新平臺,鄭州,450001）

提　要:如何理解《說文解字》中的"形聲",衆說紛紜。作爲許慎功臣的段玉裁,他的意見值得參考。但段玉裁對"形聲"的理解散見各處,後人對段玉裁的觀點或有誤解,或有忽略。本文全面考察《說文解字注》中"形""聲""形聲"的使用和解說情況,發現其内涵豐富,關係多樣。《段注》使用的"形聲",有的沿襲前人,有的獨出心裁,並不是表述漢字結構類型的單一用語,所指涉及語言文字的不同層面,有時出現前後不一致甚至自相矛盾的說法。這種歧義異解現象反映了漢語字詞關係的複雜性和歷代學者的不同解讀,也反映了段氏學術觀點的變化和猶疑,或許還有定稿統合時的疏漏。

關鍵詞:段玉裁;《說文解字注》;形;聲;形聲

一、引言

許慎在《說文解字·敘》中有兩處共三次提及"形聲":

> 倉頡之初作書,蓋依類象形,故謂之文;其後**形聲**相益,即謂之字。（第754頁）②
> 三曰**形聲**。**形聲**者,以事爲名,取譬相成,江河是也。（第755頁）

《說文》正文未見"形聲"。後人將"從某,某聲""從某,某省聲"等看作許慎說解"形聲"的體例,認爲有此類說解的篆文字頭都是合體的"形聲字",即由形符（形旁、義符）和聲符（聲旁）組合而成的字。由此形成"形聲"等於形符加聲符的形聲字這樣一種"共識"。

---

① 本文爲國家社科基金重大項目"清代《說文》學新材料的普查、整理和研究"（21&ZD299）、古文字與中華文明發展工程規劃項目"中華文化基因的漢字闡釋研究"（G1908）的階段性成果之一。

② 本文例句均出自《說文解字注》上海古籍出版社1988年。本文分析的是段玉裁的學術思想,不探討其研究《說文》文本的正誤,故《段注》與《說文》正文相異之處皆依《段注》。

　　較早將"形聲"看作形符加聲符的是晉代衛恒《四體書勢》，其中解釋《説文》的"三曰形聲"爲"以類爲形，配以聲也"。唐代賈公彦《周禮·保氏疏》承此説，認爲"諧聲者，即形聲，一也。江、河之類是也。皆以水爲形，以工、可爲聲。……若江、河之類，是左形右聲"。宋代的鄭樵和戴侗也是把"形聲"看作形符加聲符的合體形聲字的。這種看法通過清代學者的進一步發揮沿襲至今。

　　但這樣理解其實是有問題的。在許慎之前，班固《漢書·藝文志》中就有"六書"之名，分別爲"象形、象事、象意、象聲、轉注、假借"；鄭衆在《周禮·地官·保氏》注中也提到"六書"，名稱爲"象形、會意、轉注、處事、假借、諧聲也"。班固的"象聲"和鄭衆的"諧聲"對應於許慎"六書"中的"形聲"。據姚孝遂（1983 年，第 21～22 頁）考察，班固、鄭衆、許慎的"六書"學説都承自劉歆，那麼"象聲""諧聲""形聲"應該是異名同實關係。而"象聲""諧聲"都是動賓結構關係，"形聲"怎麼會是並列語義關係呢！

　　這個問題在段玉裁的《説文解字注》中有所反映，導致他對"形聲"的注解出現不一致甚至矛盾的説法。先看這兩處注解：

　　　　《説文·敘》：其後形聲相益，即謂之字。 《段注》：形聲相益，謂形聲、會意二者也。有形則必有聲，聲與形相軵爲*形聲*，形與形相軵爲會意。其後，爲倉頡以後也。倉頡有指事、象形二者而已。其後文與文相合而爲*形聲*、爲會意，謂之字。（第 754 頁）
　　　　《説文·敘》：形聲者，以事爲名，取譬相成，江河是也。 《段注》：事兼指事之事、象形之物，言物亦事也。名即"古曰名，今曰字"之名。譬者，諭也。諭者，告也。以事爲名，謂*半義*也；取譬相成，謂*半聲*也。江河之字，以水爲名，譬其聲如工、可，因取工、可成其名。其別於指事、象形者，指事、象形獨體，*形聲*合體。其別於會意者，會意合體主義，*形聲*合體主聲。（第 755 頁）

　　段玉裁認爲"形聲"從構件功能角度看是形與聲相軵，從文字形體角度看是文與文相軵。這是把"形聲"看作並列關係的，"形"對應"以事爲名"是"半義"，"聲"對應"取譬相成"是"半聲"，因此"形聲"是指"合體主聲"的全字結構①，即"形聲字"。段玉裁"半義半聲"（或稱"半主義、半主聲"）的説法，對後人影響很深，如馬敘倫（1933 年，第 92～93 頁）、朱宗萊（1936 年，第 13～14 頁）、容庚（2011 年，第 281 頁）、王寧（2023 年，第 397 頁）等都將"形聲"理解爲形符和聲符加合的全字結構。但段玉裁在另兩個地方卻是按動賓關係來理解"形聲"的：

---

① "全字"是指某個字符的整體字樣或全體字形，不是專指字中的某一部分。

　　《説文·敘》:三曰形聲。　《段注》:劉歆、班固謂之象聲。**形聲**即象聲也。其字半主義、半主聲。半主義者,取其義而形之;半主聲者,<u>取其聲而形之</u>。<u>不言義者,不待言也</u>。<u>得其聲之近似</u>,故曰象聲,曰**形聲**。(第755頁)

　　《説文·彡部》:形,象也。　《段注》:各本作"象形也",今依《韻會》本正。象當作像,謂像似可見者也。《人部》曰:"像,似也。似,像也。"形容謂之形,因而形容之亦謂之形。六書二曰"像形"者,謂形其形也。四曰"**形聲**"者,謂形其聲之形也。(第424頁)

　　這兩處對"形聲"的説解明顯是動賓關係,與前面的並列關係不同。按動賓結構理解,"形聲"即"形其聲"或"取其聲而形之",表示把文字之語音可視化爲某個形體,是就全字中"半主聲"的標音構件功能而言。而全字中"半主義者,取其義而形之"的表義構件並不包含在"形聲"的名稱中,所以段玉裁特別指出"不言義者,不待言也"。就是説,許慎對"形聲"的解釋"以事爲名,取譬相成"可能不是針對"義音合體字"(即後人所謂"形聲字")的全字而言,而是只指全字中的標音構件,舉例如"江、河"二字中就包含"工、可"這樣的"形聲"構件。

　　上述可見,段玉裁對"形聲"的認識並不統一,有時看作並列結構,指由形符和聲符構成的合體字;有時看作動賓結構,指合體字中譬況讀音的標音構件。對段玉裁這種矛盾的認識,後人很少注意,更缺乏分析①。

　　那麽,段玉裁這種矛盾的認識是如何産生的?他自己的真實看法應該是哪一種?他的認識是否符合許慎的原意?這不僅要看段玉裁對"形聲"的解釋,還應該考察他是如何使用"形聲"這個詞,以及與這個詞相關的"形"和"聲"的。因此,本文擬窮盡性考察《段注》中"形""聲"和"形聲"的所有用例,分類歸納"形""聲""形聲"的具體內涵和實際所指,進而探究段玉裁對"形聲"的真實看法並給予分析評議。

二、《段注》之"形"

　　《説文·彡部》:"形,象形也。"段玉裁改作"形,象也",又訂正"象"爲"像"。"象"本指"南越大獸",與"形"義無關。段氏曰:《周易·繫辭》曰:'象也者,像也。'此謂古《周

---

① 少數學者如齊佩瑢(1942年,第381~382頁)曾注意到段玉裁將"形聲"看作動賓關係;李運富(2017年)在考證"形聲"屬於動賓結構的用法時,也引用《段注》的這些説法作證,認爲段氏對"形聲"是"按照動賓關係來理解的",並且指出《段注》中"形聲"的説解前後存在矛盾。

易》象字即像字之假借。《韓非》曰:'人希見生象,而案其圖以想其生,故諸人之所以意想者,皆謂之象。'似古有象無像。然像字未製以前,想像之義已起,故《周易》用象爲想像之義。……皆於聲得義,非於字得義也。《韓非》説同俚語,而非'本無其字,依聲托事'之恉。"(第459頁)古代文獻常借"象"字表圖像、想象義,"像"是後起本字。"形"訓"像",可表示形象、相似義。"形"作名詞指形象、形體,即物體之外形,如《易》"在天成象,在地成形";作動詞指形容、描寫,如《七發》:"雖有心略辭給,固未能縷形其所由然也。"

《段注》中有752條注解包含"形",内涵豐富。其用法考察如下。

(一)名詞意義之"形"

《段注》中名詞"形",既可以指物體之外形、事物之特徵或情態,又可以指人的身體或容貌;既可以指文字之書寫外形、文字内部之部分形體、文字之結構與構造理據、文字結構單位構件,又可以指記錄音義結合體的字符。其中物體之外形義是本義,餘爲形體義的引申義。

1. 指物體之外形

《段注》中"形"常用其本義指物體的外部形象,共有211例。如:

> 《攴部》:敔,禁也。一曰樂器,椌楬也,形如木虎。 《段注》:<u>柷形如㯮桶,敔狀如伏虎</u>,不得併二爲一。(第126頁)
>
> 《囧部》:囧,窗牖麗廔闓明也。象形。 《段注》:謂<u>象窗牖玲瓏形</u>。(第314頁)
>
> 《宀部》:向,北出牖也。从宀,从口。 《段注》:按,宀下曰:"从口,中有户牖。"是皆从口,<u>象形</u>也。(第338頁)

上例中,"形"指"柷""窗牖""户牖"可觀可模的外部形象。"狀"本"犬形"義,引申指物體外形,故可與"形"對舉。"柷形""敔狀"皆指樂器的外形。"象窗牖玲瓏形"指精巧窗牖的外形,注解的是許書中的"象形"。段氏直接用"象……形"描述文字代表的物體,"形"即物體的外形。注解時,物體名稱可省略,如"从口,象形"指構件"口"象户牖形。《段注》中"形像"亦可連用指與物體之"形"相似的符號。

2. 指事物之特徵或情態

"形"指真實存在的事物時,可以不描繪實物形狀,而指事物某種較突出的特徵,或事物呈現出的某種情態。此類有156例。如:

> 《采部》:采,辨別也。<u>象獸指爪分別也</u>。 《段注》:<u>采字取獸指爪分別之形</u>。(第

50 頁）

　　《桼部》:桼,木汁,可以鬃物。象形。桼如水滴而下也。　《段注》:謂左右各三,皆象汁自木出之*形*也。……説象形之意也。左右各三,象水滴下。(第 276 頁)

　　"采"字的創製依仿的是野獸指爪分開的特徵。"桼"字中左右三點與木呈現的是汁水從木頭中流出的情態。這類"形"常有某種描述來修飾,表示某種情態,如"汁自木出"呈現木汁流出的狀態。

　　《段注》中這兩類"形"與《説文》中的"含形字"關係密切[①],是用相關的具體事物之形來分析文字中某個形體的作用。文字産生之初,主要用圖像直接描繪物體之形或事類之象,即許慎所説的"畫成其物,隨體詰詘",這就使得用"象形"方式創造的文字有了直觀的具象性。小篆系統雖然已經"發展爲嚴密複雜成熟的構形系統"(齊元濤 2017 年,第 282 頁),但仍未徹底擺脱文字的象形性。

　　3. 指人的身體或相貌

　　"形"的本義指物體的外在形態,引申指人的身體形態或相貌。此類有 30 例。如:

　　《吕部》:躳,身也。从吕,从身。　《段注》:从吕者,身以吕爲柱也。"侯執信圭",伸圭人*形*直。"伯執躬圭",躬圭人*形*曲。鞠躳者,斂曲之皃也。(第 343 頁)

　　《髟部》:鬏,女鬢垂皃。　《段注》:九侯之女,裝飾兩結,垂鬢下髮,*形*貌詭異。(第 426 頁)

前例之"人形"直曲,指人的身體伸直或彎曲的狀態。後例之"形貌"指人的外形容貌,包括頭部裝飾等。

　　4. 指文字之書寫外形

　　文字是記錄語言的書面符號,有可視可察的外在形體。因此物體之"形"可以引申指文字之"形"。文字之"形"的内涵豐富,又層次不一。《段注》中最常見的文字之"形"指文字書寫下來的全字外形。此類共有 146 條。如:

　　《艸部》:蒷,萯菜也。　《段注》:尋《説文》之例,云荚菜、……萯菜,以釋篆文。"蒷"者,*字形*;"荚菜也"者,字義。……若云此篆文是"荚,菜也",……概以爲複字而删之,此不學之過。(第 24 頁)

　　《口部》:告,牛觸人,角箸橫木,所以告人也。从口,从牛。　《段注》:如許説,則

告即楅衡也。於牛之角寓人之口爲會意。然牛與人口非一體，牛口爲文，未見告義。
且字*形*中無木，則告意未顯。（第 53 頁）

　　《手部》：捼，撮取也。……捬，捼或从斤，从示。兩手急持人也。　《段注》：其義
有別。《廣韻》不云<u>二*形*一字</u>。（第 600 頁）

　　"形"指文字書寫下來的整體形狀，不可拆分文字形體去描述。"字形"指"葵""告"
書寫出的篆文形體。告"字形中無木"，是指整體字形中不能分析出"木"的形態，造成
篆文形體和構形分析與字義脱節而"告意未顯"。此類"字形"連用突出的是文字外形
方面的屬性，尤其是全字的形態。"字、形"分用時，"形"更明確地指向文字的外形屬性，
如"二形一字"即兩個字形表示同一個詞。書寫之"形"不同的"捼"與"捬"記録的詞不
同，並非"一字"。

　　對比多字形體的異同時，"形"也是指全字外形，不特指筆劃、部分形體或構件的異
同。如：

　　《臼部》：臼，用也。从反臼。　《段注》：與"臼"篆<u>*形*勢略相反</u>也。臼主乎止，臼
主乎行，<u>故*形*相反</u>。（第 746 頁）

　　《几部》：凨，新生羽而飛。　《段注》：此與《彡部》"彡"音同，*形*似，而義殊。（第
120 頁）

　　《水部》：沇，沇水，出河東垣東王屋山。……沿，古文沇如此。　《段注》：沿字，在
籀文則訓順，在小篆則訓慕，皆<u>同*形*</u>而古今異義也。古文作沿，小篆作沇，隸變作兖。
此同義而古今<u>異*形*</u>也。（第 527～528 頁）

　　"臼"與"臼"的篆文是"𠯑"與"𠃎"，由一筆寫成，因此一個筆劃就是一個構件，也
就是一個字，其"形相反"指兩字的整個形體顛倒。"凨"與"彡""形似"指篆文"彡"與
"𠃨"整字形體相似，不受筆畫詰屈的影響。"同形"指不同的詞可以用相同的形體"沿"，
"異形"指記録同詞的古今文字形體不同，可作"沿、沇、兖"。可見，書寫元素的不同會造
成漢字內部有差異，但是觀察"形"的視角着眼於外部的整字形態時，差異可以忽略，即
使文字記録的詞或同或異也不影響整體書寫之形的比較。

　　"形"還可以用在書體風格語境中，指文字在某一類書體風格中的形態。如：

　　《方部》：㫋，旌旗之游㫋蹇之皃。……𣃨，古文㫋字。象旌旗之游及㫋之形。
《段注》：其篆*形*各本古文與上小篆文皆不可分別，惟小徐本牽連其上端略異，與《古文
四聲韻》及《汗簡》合。（第 308 頁）

《民部》:民,衆萌也。从古文之象。　《段注》:仿佛古文之體少整齊之也。凡許書有从古文之*形*者四,曰革、曰弟、曰民、曰酉。(第 627 頁)

"篆形"相當於《段注》中的"篆體",這裏指"㧰"的篆文書寫形體,區別於古文形體"㚸"。後例《説文》言"古文之象",《段注》稱"古文之體""古文之形",指的都是"民"的古文書寫形態。可見,"象、形、體"皆可指文字之書寫外形。

段玉裁論説文字三要素時常將形、音、義並舉,此時"形"指的就是文字的視覺形態,也是文字書寫産生的外形。如:

《言部》:詞,意内而言外也。　《段注》:凡許之説字義皆意内也。凡許之説形、説聲皆言外也。有義而後有聲,有聲而後有*形*,造字之本也。*形*在而聲在焉,*形*、聲在而義在焉。(第 429～430 頁)

《一部》:元,始也。从一,兀聲。　《段注》:凡文字有義、有*形*、有音。《爾雅》已下,義書也。《聲類》已下,音書也。《説文》,*形*書也。凡篆一字,先訓其義,若"始也""顛也"是;次釋其*形*,若"从某,某聲"是;次釋其音,若"某聲"及"讀若某"是。合三者以完一篆,故曰*形*書也。(第 1 頁)

《一部》:文五。重一　《段注》:凡部之先後,以*形*之相近爲次。凡每部中字之先後,以義之相引爲次。(第 1 頁)

《二部》:旁,溥也。从二,闕,方聲。……雺,籀文。　《段注》:《詩》:"雨雪其雺。"《故訓傳》曰:"雺,盛皃。"即此字也。籀文从雨,衆多如雨意也。毛云"盛"與許云"溥"正合。今人不知旁、雺同字,音讀各殊,古*形*、古音、古義皆廢矣。(第 2 頁)

"文字有義、有形、有音"三種屬性與古人把文字看作文獻解讀符號有關,正如段玉裁所説先有字義,再有字音,才會形成文字的書寫之形,而考證字義則要憑藉文字外在的形體和其形反映出的字音。作爲"形書",《説文》與訓詁音韻書籍的區別在於注解字義、字音之外,更重視分析篆文的形體。因此,許慎"凡篆一字"的體例包括"訓其義""釋其形""釋其音",這三個方面的分析幾乎都離不開篆文的書寫外形。《説文》對篆文形體的重視還體現在五百四十個部首按照形體的相近程度依次編排上,段氏總結爲"部之先後,以形之相近爲次",如"二部,古文上字,蒙一而次之。……示部,示从二,蒙二而次之。……三部,蒙示有三垂,而以三次之"(第 765 頁)等。"古形、古音、古義"與"今形、今音、今義"相對而言,六者相合形成段玉裁研究文字遵從的"六者互相求"方法。"古形"指的是文字古代的書寫形體,如"雺"就是今形"旁"的古代書寫形體。由於兩個字的語音不同並且後人不解“盛”與“溥”同義,“雺”的形體就被廢除了。

此類“形”指的都是文字的書寫外形,是針對全字而言的,與文字內部筆劃、部分形體和構件的具體樣貌或某種功能無關。“形”既可以確指一個字書寫出來的整體外形或某種書寫風格下的形體,也可以泛指所有文字共有的形態屬性。

5. 指文字内部之部分形體

“形”由指文字的整體外形,縮小範圍也可以指文字中的部分形體。此類有 10 例。如:

《角部》:角,獸角也。象形。角與刀、魚相似。 《段注》:其字**形**與刀、魚相似也。此龜頭似蛇頭、虎足似人足之例。(第 184 頁)

《怠部》:怠,怠獸也。似兔,青色而大。象形。頭與兔同,足與鹿同。 《段注》:**合二形**爲一形也。(第 472 頁)

《叩部》:單,大也。从叩毌,叩亦聲。闕。 《段注》:當云“毌闕”,謂毌**形**未聞也。(第 63 頁)

《卯部》:卯,事之制也。从𠃜𠃜。……闕。 《段注》:此“闕”謂闕其音也。……《玉篇》《廣韻》皆云《説文》音“卿”,此蓋淺人肊以“卿”讀讀之。卿用卯爲**義形**,不爲**聲形**也。(第 432 頁)

“其字形”“合二形”“毌形”指從“角”“怠”“單”的整體字形中拆分來的部分形體,即“角”字頭、“怠”字的上部與下部、“單”字中的“毌”,以便與其他文字形體溝通,比如“角”字頭與“刀”和“魚”字頭相似,“怠”字上部和“兔”字的上部相似,“怠”字下部與“鹿”字的下部相似;而“毌”這個形體功能不明,故謂其“闕”。“義形”是指全字中具有表義功能的形體,“聲形”是指全字中具有標音功能的形體。“卯”本爲辦事有制之義,作爲表義構件可表現“卿”字章善明理義,與“卿”的讀音無涉,所以説“卿”字中的“卯”是“表義之形”而不是“標音之形”。這些“形”都是指整字中的部分形體。

6. 指文字之結構關係與構形理據

“從古代的研究實踐看,‘形’主要指‘結構’,《説文解字》就是專門分析結構的。”[①]許慎分析文字的結構,大都是爲了解釋構形理據,並據此説明文字形體與音、義的關係,包括每個構件的功能。段玉裁充分繼承並總結了許慎對文字結構及構形理據的研究,常

---

① 李運富《“漢字學三平面理論”申論》,《漢語字詞關係與漢字職用學》,商務印書館 2023 年第 24 頁。此篇原載《北京師範大學學報》(社會科學版)2016 年第 3 期,收入此集時略有增減。

用"形"來指稱,並把《說文》看作"形書",所以《段注》中的"形"可以指文字的結構關係和構形理據。結構關係包括:結構的單位(構件)、構件的功能(作用)、結構的類型(組合)。這些含義有時能清晰地確指,有時是模糊的兼含,籠統地指向漢字構形。此類共有164條。如:

> 《說文·敘》:聞疑載疑,演贊其志。次列微辭,知此者稀。 《段注》:許以九千三百五十三文,當《爾雅》《史籀篇》《倉頡篇》之字形。以每字之義,當《爾雅》《倉頡傳》《倉頡故》之訓釋。以"象某形""从某形""从某聲"*說其形*。以"某聲""讀若某"說其音,二者補古人所未備。(第783頁)

> 《一部》:一,惟初大極,道立於一。造分天地,化成萬物。 《段注》:《倉頡》《訓纂》《滂喜》,及《凡將》《急就》《元尚》《飛龍》《聖皇》諸篇,僅以四言、七言成文,皆不言字*形*原委。以字*形*爲書,俾學者因*形*以考音與義,實始於許,功莫大焉。(第1頁)

段玉裁認識到《說文》與其他識字文字書的本質區別在於對"字形原委"的探討,如"說其形"指書中"象某形、从某形、从某聲"的內容,是許慎分析文字構形原委的術語。"說其形"說的是文字的構形,實指文字的結構關係與構形理據。"字形原委""以字形爲書"之"形"皆屬此類。

許慎說解文字有時試圖爲文字的構形尋找不同的理據,或用"一曰"之類的術語表示,或用引書證的方式表示。《段注》涉及這類材料時,常用"字形"來指稱其構形理據。如:

> 《卜部》:卜,灼剝龜也。象灸龜之形。一曰象龜兆之縱衡也。 《段注》:*字形之別說也*。(第127頁)

文字"卜"的構形理據既可析爲"灸龜之形",又可析爲"象龜兆之縱衡"。這都是對同一個文字形體不同構形理據的說解。《段注》中此類"字形"之"形"指的就是構形理據。

基於這種認識,段玉裁常常揭示出《說文》中分析文字構形理據的特殊用意。如:

> 《艸部》:蓏,在木曰果,在艸曰蓏。从艸胍。 《段注》:各本作"在地曰蓏",今正。考《齊民要術》引《說文》"在木曰果,在艸曰蓏",以別於許慎注《淮南》云"在樹曰果,在地曰蓏"。……惟"在艸曰蓏",故蓏字从艸。凡爲傳注者主說大義,*造字書者主說字形*。此所以注《淮南》、作《說文》出一手而互異也。(第22頁)

《艸部》：藶，艸木生箸土。从艸，麗聲。《易》曰："百穀艸木麗於地。"《段注》：此當云"从艸麗，麗亦聲"。……此引《易》象傳説從艸麗之意也。凡引經傳，有證字義者，有證字*形*者，有證字音者。如"艸木麗於地"説"從艸麗"……皆論字*形*耳。（第42頁）

《工部》：工，巧飾也。象人有規榘。與巫同意。　《段注》：衛有規榘，而彡象其善飾；*巫*事無形，亦有規榘，而𠂯象其兩褎，故曰同意。凡言某與某同意者，皆謂字*形*之意有相似者。（第201頁）

《丂部》：丂，气欲舒出，勹上礙於一也。　《段注》：勹者，气欲舒出之象。一其上，不能徑達。此釋字義而字*形*已見，故不別言形也。（第203頁）

《段注》中這些"形"都是指向文字的構形理據，是基於許慎對文字構造之意的闡發。前例中，段玉裁分析許慎對同字而兩書兩解是因爲注解經傳偏重解釋"藶"的文獻語境義，編纂字書重視講明"藶"形體的構形理據。"主説字形"指"藶字从艸"，所以許慎《説文》説解爲"在艸曰藶"；許慎注《淮南》作"在地曰藶"，則是幫助理解"藶"與"果"的大致區別，與字形無關。《説文》引經傳"證字形"通常也是爲了説明構形理據，如"百穀艸木麗於地"的書證説明"藶"字的構形理據爲"从艸麗"會意，"麗"的功能不只是標音。除了整字，構形理據的分析還可以指向構件，如構件"工"在參構"工""巠""巫"時理據爲"有規矩"，所以説它們"意有相似"。段玉裁用"字形之意"與前例"主説字形""證字形"相當，表示構形理據，"形"指構形，"意"指理據或意圖①。《説文》中文字的構形理據可蘊含於義，如"气欲舒出，勹上礙於一"之義已見"丂"從一從勹的結構與構形理據，"故不別言形"。可見，段玉裁已經清楚認識到許慎説解文字不局限於結構的分析，還有構形理據的説明，並且明白許慎會通過構形理據系聯文字構形與文字本義。

許慎説解文字有時没有説明構形理據，《段注》往往把它揭示出來，其中"形"指的就是文字的構形理據。如：

《甘部》：某，酸果也。从木甘。闕。　《段注》：此闕謂義訓酸而*形從甘*，不得其解也。玉裁謂：甘者，酸之母也。凡食，甘多易作酸味。（第248頁）

《自部》：臭，宀宀不見也。闕。　《段注》：上從自，下不知其何意，故云"闕"，謂闕其形也。（第136頁）

---

① 《段注》解釋許慎"同意"乃"作字之恉同"或"製字之意同"，並進一步從"構形有意"的角度闡釋"部件（即本文所説構件）功能及其組合之意（圖）"。段玉裁基於小篆構形系統分析構字意圖（即本文所説構形理據）的原則與規律，構建出《説文》的"構意系統"，參馮勝利、彭展賜（2024年，第44～45頁）。

《説文》"於其所不知,蓋闕如也","不知"而"闕"的不只是字的外形(如"串闕"),還有"字的結構和功用"(李運富,2024 年)。"某"字下段氏認爲許慎作"闕"是不知道爲什麼這個字意義爲"酸"而字形結構從"甘",也就是雖然作了字形結構分析(从木甘)卻缺少對文字構件功能的説明(甘與酸的形義聯繫),於是補充説明"甘甜過度就會産生酸味"的構形理據。有些字的構形理據段氏也解釋不清楚就注爲"闕其形"。

在傳統文字學中,"六書"中的前"四書"常被看作四種文字結構類型,段玉裁也持這種觀點。文字構形理據的不同可呈現出不同的結構類型,因此"形"還可以指文字的結構類型,如"一"下段氏注"一之形,於六書爲指事"(第 1 頁),"勾"下段氏注"此稱逐安説,以説字形會意"(第 634 ～ 635 頁),皆此類。

7. 指文字結構中具有表義功能的構件

當"形聲"被後人理解爲半形半聲的結構關係時,"形"與"聲"分別産生了"形符"與"聲符"的意義,"形"指表義構件,"聲"指標音構件。這種理解不一定符合許慎的原意,因爲在許慎時代及其前代,"形"和"聲"沒有類似用例。但《段注》中有 14 條"形"應該是采用了後人的這種理解,用"形"指表義構件,常與指標音構件的"聲"一同出現,作"某形某聲"。"某"通常是方位詞,構成"方位＋形"或"形＋方位"的表達格式,説明處於某個方位的是具有表義功能的構件或表義構件處於某個方位。如:

> 《鬼部》:蒐,陽气也。从鬼,云聲。 《段注》:各本篆體作魂,今正。李文仲《字鑑》曰:"《説文》本下形上聲。今作魂,右形左聲。……今從隸變。又召字,形在左則爲叩;含字,聲在右則爲吟。字畫稍改,則爲別字。"(第 435 頁)

"下形""右形""形在左"是説位置在下或在右的"鬼"構件、在左的"口"構件都是表義構件。段玉裁引用《字鑑》説明構件位置的變化可以是"隸變"的結果而不影響文字的職能,如"下形上聲"的"蒐"可變爲"右形左聲"的"魂";也可以改變文字的職能,"字畫稍改,則爲別字",如"召"與"叩"、"含"與"吟"等。這種根據形符、聲符的不同位置來分析文字結構類型的辦法唐代已有,即賈公彦所説"聲形之等有六"。可見"形"在唐代已可專指表義構件。

《段注》14 條中有 1 條直接稱某個構件爲"形"而連爲"構件＋形"的格式,用來説明某個構件是表義構件(另一個並列的構件是標音構件),見下。

> 《玉部》:瑱,以玉充耳也。……珥,瑱或从耳。 《段注》:《釋文》曰:"瑱本或作珥。"耳形真聲。(第 13 頁)

“耳形真聲”意爲“耳是表義構件,真是標音構件”,其中的“形”提示構件“耳”與“聑”的本義“以玉充耳”有關,屬於表義構件。

《段注》中有另 1 條“形”指構件而表述爲“象形”,實際仍應理解爲表義構件,大概是説這個表義構件寫法上是“用虫爲象形”的。

> 《虫部》:虫,一名蝮。博三寸,首大如擘指。象其臥形。物之散細,或行或飛,或毛或羸,或介或鱗,以虫爲象。　《段注》:按,“以爲象”,言“以爲象形”也。从虫之字,<u>多左形右聲</u>,左皆用虫爲象形也。……<u>鱗介以虫爲形</u>,如螭、虯、盦、蚌是也;飛者<u>以虫爲形</u>,如蝙蝠是也;毛羸<u>以虫爲形</u>,如猨、蜼是也。(第 663 頁)

説“左形右聲”,“形”應該是表義構件,而段玉裁卻説从虫之字“左皆用虫爲象形”。實際上“以虫爲形”的“螭”“蝙蝠”“猨”等,其中的“虫”雖然篆體寫法上屬象形,而功能上都應視爲表義構件。段氏在這裏的表述不是很清晰。

8. 指字符表達功能,即字符負載的某種音義

傳統文字學認爲每個漢字都有形、音、義三要素。實際上形音義並非並列關係或鼎足關係,單個文字之“形”與語言之“音義”可以構成的對應關係有三種:“形–音義(結合體)”“形–音”“形–義”(李運富 2023 年,第 23 ~ 24 頁)。當“形”的指稱對象是語言“音義”(或單指語言之“音”或“義”)時,是就字符的表達功能而言,關注的是字符所記録的語言,並非着眼於字的外部形態和結構功能。《段注》中指字符表達功能的“形”有4 條。如:

> 《禾部》:秸,禾稾去其皮,祭天以爲席也。　《段注》:《禮器》曰:“莞簟之安,而稾秸之設。”鄭注:“穗去實曰秸。”引《禹貢》“三百里納秸服”。《禹貢·釋文》:“秸本或作稭。”然則秸、稭、秸三<i>形</i>同,又或作藉,亦同。謂禾莖既刈之,上去其穗,外去其皮,存其淨莖,是曰秸。(第 325 ~ 326 頁)

“秸、稭、秸、藉”的字形和組成構件明明都不相同,可段卻説“秸、稭、秸三形同”“又或作藉(形),亦同”,那麼這裏的“形”就不應該是指字形或構件組合,而是指四個字符負載的語言音義相同,即“秸、稭、秸、藉”這四個字符都是用來記録“禾稾去其皮”這個詞的,所以它們的表達功能相同。

(二)動詞意義之“形”

除了名詞用法,“形”還有動詞用法。此類有 16 條。

“形”的動詞意義是表現、呈現,如《段注》引《禮記·樂記》的“感於物而動,故形於

聲"（第 265 頁）。"形於聲"是指把某種情感用聲音表現出來。《段注》也有"形於某"的表達,如:

> 《頁部》:顏,眉之間也。　《段注》:凡羞媿喜憂必*形於顏*,謂之顏色。故"色"下曰"顏气也"。（第 415 ～ 416 頁）

> 《頁部》:頯,權兒也。从頁,㑒聲。　《段注》:齒差必*形於外*,故从頁。（第 417 頁）

"形於顏",是指人的某種情緒在臉部表現出來;"形於外",是指牙齒不整齊的話一定會呈現在嘴巴外。"形"都是動詞呈現、表現的意思。

《段注》中動詞"形"還有描繪某種狀態、摹擬某種形體義。如:

> 《水部》:泰,滑也。……夳,古文泰如此。　《段注》:後世凡言大,而以爲*形容未盡*則作太,如大宰俗作太宰、大子俗作太子、周大王俗作太王。（第 565 頁）

就是說,用"大"來描繪事物仍感到不充分的話,就用"太"。"形容"即"形其容","形"是動詞,就是段玉裁所謂"形容謂之形,因而形容之亦謂之形"的第二個"形",說見前文所舉《説文·彡部》"形"字條。在這一條注中,段氏還將"象形"解釋爲"形其形",第一個"形"是動詞,第二個"形"是名詞,作動詞的"形"就是指描繪、摹擬事物的形體;將"形聲"解釋爲"形其聲之形",第一個"形"也是動詞,指將文字的聲音用一個符號描繪、摹擬(形化)出來。

(三)借用爲"型"和"刑"

《段注》認爲"形"還可借用作"型"和"刑"。如:

> 《彡部》:形,象也。　《段注》:《左傳》"*形民之力*",假爲型模字也。《易》"*其形渥*",假爲刑罰字也。（第 424 頁）

《段注》"型"下又引"形民之力,而無醉飽之心",以"形"爲鑄器之模型,解釋爲"謂程量其力之所能爲而不過也"（第 688 頁）。這種解釋可能來自唐孔穎達疏:"鑄冶之家將作器而製其模謂之爲'形',今代猶名焉。用民之力,依模用之,故言'形民之力'也。"其實這種解釋有點迂曲,沒有必要看作假借,按"形"的動詞義理解即可。"形民之力"就是讓人們盡其所能地施展、呈現能力,也就是把能力充分展現出來。《易·鼎卦》九四爻辭:"鼎折足,覆公餗,其形渥。凶。"《段注》以"形"爲"刑",則是訓"渥"爲厚,"其形渥"指由於鼎足折斷打翻公卿的美味佳餚而受重刑。其實"形"也可能指鼎體或食物沾濡地面的情形,無需假借。王弼注"渥,沾濡之貌也"正是這樣理解的。所以段氏假"形"爲"型模字" 和 "刑罰字" 的説法值得懷疑,可不依從。

綜上所述,《段注》中 "形" 所指的内容豐富,以名詞爲主。名詞之 "形" 最常用的意義是指物體之外形和事物之特徵或情態,這由 "形" 的本義物象之形決定。"形" 所指對象爲人時可指身體或相貌。文字是記録語言的書寫符號,有可視可見的形體,故 "形" 可指文字之形,文字之 "形" 包括全字外形、部分形體、某種功能構件以及結構關係與構形理據等。文字記録語言,"形" 還可以指含有一定音義的書面語言單位即字符。

三、《段注》之 "聲"

《説文·耳部》的 "聲" 許慎訓爲 "音"。《段注》辨析了 "聲" "音" 之異同,注文如下:

《耳部》:聲,音也。 《段注》:音下曰:"聲也。" 二篆爲轉注。此渾言之也。析言之則曰:"生於心有節於外謂之音。宮商角徵羽,聲也。絲竹金石匏土革木,音也。"《樂記》曰:"知聲而不知音者,禽獸是也。" (第 592 頁)

《音部》:音,聲生於心有節於外謂之音。 《段注》:《樂記》曰:"聲成文謂之音。"(第 102 頁)

文獻中有 "五聲、八音" 之説,"五聲" 指古代的基本音階 "宮商角徵羽","八音" 指樂器,常用的材料有 "絲竹金石匏土革木",引申指音樂、樂曲。音階之 "聲" 通常不藴含意義,屬於自然性的。音樂之 "音" 則既有 "生於心" 的自然内力,又有 "節於外" 的恰切形式,屬於人爲性的,故段玉裁强調 "知音" 的重要性。這是 "聲" 與 "音" 的主要區別。渾言時 "聲" 與 "音" "二篆爲轉注",可以同義同指。

《段注》中有 2908 條注解包含 "聲",内涵豐富。其用法考察如下。

(一) 名詞意義之 "聲"

《段注》中名詞 "聲",既可以指一切聲響,又可以指語言的聲音或文字的字音;既可以指語音音節的聲紐、韻部、聲調,又可以指人的言語。由於文字可以記録語音,"聲" 既可以指字音,又可以指文字結構中具有標示語音功能的構件。這些名詞性的用法都是由 "聲" 的自然聲響義引申而來。

1. 指自然的聲響

"聲" 表示的聲音没有内在含義,可泛指一切自然的聲響。《説文》中有此類用法,如釋 "玉" 爲 "其聲舒揚",釋 "喈" 爲 "鳥鳴聲",釋 "喤" 爲 "小兒聲" 等。《段注》中的 "聲"也常指事物、動物或人發出的無意義的聲響。此類有 389 條。如:

《玉部》:瑣,玉聲。 《段注》:謂玉之小聲也。(第16頁)

《鳥部》:鵙,鵙鳩,鶻鵙也。 《段注》:《小雅》:"宛彼鳴鳩。"……鶻鵙春來冬去而多聲,故《詩·小宛》謂之鳴鳩。(第149頁)

《口部》:嗁,号也。 《段注》:号各本作號,今正。号下曰:"痛聲也。"此可證嗁号與嘷號不同字也。号,痛聲。哭,哀聲。痛在内,哀形於外。此嗁與哭之别也。(第61頁)

"玉之小聲""(鶻鵙)多聲""痛聲""哀聲"之"聲"是指相應事物發出的聲響,屬於自然性的。其中"痛聲""哀聲"的主體雖然是人,但通常只能表現人處於某種情感狀態,發出聲響的目的不是溝通思想與傳遞信息,故區别於人類語言之"聲"。

2.指語言的聲音

人發出的聲音與特定的意義相結合就成了語言,然後便有了記録語言的文字。傳統文字學認爲文字有"形、聲(音)、義"三要素,其中"聲"常被説爲字音。段玉裁並舉"形、聲、義"時,將"聲"看作溝通"形"與"義"的橋梁,如段玉裁説"有義而後有聲,有聲而後有形,……形在而聲在焉,形、聲在而義在"(第429頁)。這裏段氏已揭示出聲音溝通文字與語言之義的作用,但是因爲過去學者没有詞或語言的概念,説字音實際上就是在説語音,因此"聲"既可指文字的讀音,也可指語言的聲音。此類有276條。

《段注》分析《説文》體例時常常"形聲義"並舉,指向文字的三要素。如:

《示部》:祝,祭主贊詞者。从示,从儿口。一曰从兑省。《易》曰:"兑爲口,爲巫。"《段注》:凡引經傳,有證義者,有證形者,有證聲者。此引《易》證形也。(第6頁)

"凡引經傳……有證聲者"之"聲"即語音。"形聲義"還可作"形音義",如"屮"下段氏總結《説文》中"博采通人"的體例曰"凡言某説者,所謂博采通人也,有説其義者,有説其形者,有説其音者"(第21頁)。可見,"聲、音"都可以指語音。

段玉裁不僅注意到"聲"的橋梁作用,也注意到文字(形)和語言(聲義)的不同,認爲"聲"與"義"的聯繫更密切,"形"只是表現形式,所以説"皆於聲得義,非於字形得義也"。如:

《象部》:象,南越大獸。長鼻牙。三年一乳。 《段注》:然像字未製以前,想像之義已起,故《周易》用象爲想像之義,如用易爲簡易、變易之義,皆於聲得義,非於字形得義也。(第459頁)

《犬部》:猶,玃屬。 《段注》:《曲禮》曰:"使民決嫌疑,定猶豫。"正義云:"《説文》'猶，玃屬''豫，象屬'，此二獸皆進退多疑，人多疑惑者似之，故謂之猶豫。"按，<u>古有以**聲**不以義者</u>，如"猶豫"雙聲，亦作"猶與"，亦作"允豫"，皆遲疑之皃。（第477頁）

文字的通假與假借通常是由於語音相同或相近而産生的文字借用現象，語言的"聲"就起到了溝通文字之"形"與語言之"義"的作用。越南長鼻象之"象"記録想像義，以及蜥蝪之"易"記録簡易義，是用相近的語音作憑藉。記録遲疑貌之義的"猶豫、猶與、允豫"，都是用兩個字一起記録一個雙音節聯綿詞的語音，與字形無關。"以聲不以義者"强調文字關聯的是"聲"，而非"義"。這就是説"猶豫"等字形與遲疑貌義的溝通依靠的是語音，變換的字形不影響詞義的表達。

獨立運用的文字通常已有較穩固的音和義，通過組合可以創造新的文字，發揮不同的功能。標音構件在獨立運用時的語音可以反映新造字的語音，有的語音相同，有的語音近似，都能起到提示文字語音的作用。段玉裁充分認識到這一點，於是突破文字形體的限制，探求"聲與義同原"的語言現象。如：

《示部》：禛，以真受福也。从示，真聲。《段注》：此亦當云"从示，从真，真亦聲"。不言者，省也。**聲與義同原**，故諧聲之偏旁多與字義相近，此會意、形聲兩兼之字致多也。《説文》或稱其會意，略其形聲；或稱其形聲，略其會意。雖則淆文，實欲互見。不知此，則**聲與義隔**。又或如宋人《字説》只有會意，別無**形聲**。（第2頁）

學者通常將段玉裁"聲與義同原"的觀點看作是對"右文説"的闡發，即文字中標音構件帶義，有示源的功能[1]。劉麗群（2015年）説："清儒在古音學昌明的條件下，將右文説推闡爲右音説，從音義關係的角度利用右文而不囿於形體。"段玉裁這裏着眼的就是聲訓，是要擺脱字形的限制，用語音作爲綫索追溯語源。語音的體現則要借助文字中的諧聲偏旁（構件）。正是基於這種聲中帶義的認識，他認爲"真聲"當云"从真，真亦聲"而"不言（義）者，省也"，即指出"禛"字的構件"真"的標音功能就已經能夠表現出其義與僊人相關，不用再説"真"的表義功能。其後所言"諧聲之偏旁多與字義相近""會意、形聲兩兼之字致多"等都是"聲與義同原"在字形上的具體體現。

段玉裁進一步指出義近的字通常有相同的語音，在字形上表現爲使用相同的構件標

---

[1] 有人從文字的角度分析，孫雍長（1997年，第117頁）認爲："段氏'聲與義同原'是對漢字而言，是指'會意形聲兩兼之字'聲中有義。"有人認爲段氏從語言層面分析音與義之間的密切關係，郭在貽（2002年，第366～367頁）即持此觀點。

音;有些義微別的字通常會用語音區別,在字形上表現爲使用不同的構件標音。如:

《日部》:晤,明也。从日,吾聲。　《段注》:晤者,启之明也。心部之悟、癙部之寤,皆訓覺,覺亦明也。同**聲**之義必相近。(第 303 頁)

《牛部》:犥,牛黄白色。从牛,麃聲。　《段注》:黄馬發白色曰驃。票、麃同**聲**。然則犥者,黄牛發白色也。《内則》“鳥皫色”,亦謂發白色。(第 51 頁)

《心部》:悲,痛也。从心,非聲。　《段注》:按,憯者,痛之深者也。恫者,痛之專者也。悲者,痛之上騰者也。各從其**聲**而得之。(第 512 頁)

“晤、悟、寤”三字音同義近,故用相同的構件標音。但“同聲”者不一定都用相同形體的構件標音,不同形體的構件有相同的語音也可以體現其義之相近。如“犥、皫、驃”音近義近而標音構件不同,故段氏説“票、麃同聲”而皆“謂發白色”。可見,“同聲”指構件的語音相同,非形體相同。文字中構件的語音不同可以區别近義詞,如“憯、恫、悲”三字皆訓“痛”而聲、義有别,構字時選擇了語音不同的構件“朁、同、非”來標音。《段注》中又有“字之義必得諸字之聲”“某字有某義,故言某義之字從之爲聲”“聲與義近、聲同義同”等表述,“聲”與“義”相對都是指語音。

可見,語音之“聲”在文字層面有不同的表現形式,既可以用兩個及以上的字符表現(如“猶與、尤豫”),也可以用一個字符表現(如“象”或“禛”),還可以用文字結構中標音功能的構件表現(如“朁、同、非”),事實上《段注》中的這些“聲”反映的都是語言層面的内容。

3. 指語音音節的聲紐

“聲”以語言的語音爲基礎,可以特指語音音節中的組成部分——聲紐。《段注》中“聲”指聲紐的有 350 條。

《段注》常用“雙聲”指多個語音音節有相同的聲紐,是爲了説明詞與詞音近義通的關係,或文字與構件的語音關係。如:

《耳部》:聰,察也。　《段注》:察者,覈也。聰、察以雙**聲**爲訓。(第 592 頁)

《又部》:曼,引也。从又,冒聲。　《段注》:此以雙**聲**爲聲也。(第 115 頁)

“以雙聲爲訓”解釋的是詞與詞音近義通的關係,如“聰”與“察”雙聲音近,故能遞訓表“覈”義。“以雙聲爲聲”解釋的是文字與構件之間的語音關係,如標音構件“冒”與“曼”雙聲音近。此類還有“雙聲字”“雙聲互訓”“雙聲叠韻”等注解,也是段氏對語音音節中聲紐關係的説明。“一聲之轉”或“語聲之轉”指的是在雙聲義近的情況下轉變了韻部。"聲"仍指聲紐。

4. 指語音音節的韻部

《段注》中的"聲"還可以特指語音音節中的韻部。此類有313條。

段玉裁將古韻分爲十七部,並統領《説文》小篆的古韻,"一"字下段注云:"凡注言一部、二部以至十七部者,謂古韻也。"(第1頁)《段注》常用"某聲在某部""某聲、某聲古同在第某部"的表達,是指標音構件的古韻在十七韻部中的歸屬。如:

> 《木部》:楛,梡也。从木,音聲。 《段注》:按,音**聲**在四部。(第263頁)
>
> 《艸部》:菿,艸大也。 《段注》:《毛詩》"倬彼甫田",《韓詩》作"菿彼圃田"。《釋詁》曰:"菿,大也。"卓**聲**、到**聲**,古同在第二部。(第41~42頁)

"音聲在四部"是説標音構件"音"的古韻在第四部。"卓聲、到聲,古同在第二部"是爲了説明"菿"與"倬"語音相近,因此文獻中可通用爲"艸大"義。段玉裁認爲合韻者其音必近。有些字可以假借正是由於古韻部相同或相合,韻合而聲近,聲近而義可通借。

5. 指語音音節的聲調

"聲"還可以特指語音音節中的聲調,即語音音節高低升降的變化。《段注》中聲調之"聲"常與平、上、去、入相搭配,被稱爲"四聲",是古代漢語的四種聲調。此類有248條。如:

> 《女部》:嫋,姍也。 《段注》:按,《楚辭》讀上**聲**,《上林賦》讀入**聲**。實無二義也。(第619頁)
>
> 《哭部》:喪,亡也。 《段注》:此喪字之本義也。凡喪失字本皆平**聲**,俗讀去**聲**,以別於死喪平**聲**,非古也。(第63頁)

"嫋"有上聲入聲兩讀,段注認爲只是聲調不同而"實無二義",注明聲調是爲了説明語音變化。"喪"本是平聲表死喪義,後來引申出喪失義而俗讀去聲,段注説明這種聲調變化以反映字詞關係的變化。

6. 指文字結構之標音構件

段玉裁常用"聲"指稱形聲字中的標音構件,也就是所謂聲符。此類有134條。如:

> 《説文·敘》:形聲者,以事爲名,取譬相成,江河是也。 《段注》:其別於會意者,會意合體主義,形**聲**合體主**聲**。**聲**或在左、或在右、或在上、或在下、或在中、或在外,亦有一字二**聲**者。(第755頁)

這是把"形聲"的"聲"看作跟"形"（義符）並列的聲符,"聲或在左……或在外""一字二聲"都是對形聲字聲符的説明,即聲符的位置可以變换,一個字可以有兩個聲符。位置可以變换者如異構字"䰟"與"魂"都表陽氣,標音構件"云"或在上、或在左;"含"與"吟"爲兩個字,標音構件"今"或在上、或在右。"一字二聲者"如段氏認爲《説文》的"與、䆐、竊"都有兩個標音構件。

《段注》中有"以 / 從某爲聲"的表述,是從文字的結構層面説明"某"字是聲符。"聲"即指標音構件。如:

> 《角部》:觶,鄉飲酒觶。从角,單聲。《段注》:按,鄭駁《異義》云:"今《禮》角旁單。"然則是今文《禮》作觶也。單聲而支義切,由古文本作觗,從氏聲,後遞變其形從辰、從單爲聲,而古音終不改也。(第 187 頁)
>
> 《艸部》:菑,不耕田也。从艸田,巛聲。《段注》:鍇本原有"聲"字,惟田、巛二字倒易,又誤合爲一字。鍇欲作"從艸、巛、田",無"聲"字,非也。初耕反艸,故從艸、田會意,以巛爲聲也。(第 41 頁)
>
> 《玉部》:珉,石之美者。从王,民聲。《段注》:昏不以民爲聲也。《聘義》注曰:"碈或作玟。"凡文聲、昏聲同部,瑉、碈字皆玟之或體,不與珉同字,其譌亂久矣。(第 17 頁)

"觗"本"從氏聲","遞變其形從辰、從單爲聲"指"觗"的聲符變成了"辰"或"單",替代了構件"氏","而古音終不改"。"以巛爲聲"是段玉裁通過分析"菑"字所有構件的功能認爲"巛"是聲符,並校正《説文》文本爲"从艸田,巛聲"。"菑"的耕地除草義由構件"艸"及"田"表現。"昏不以民爲聲"辨析"昏"的聲符不是"民"。此外,段玉裁注"豩"説"許書豳、燹二篆皆用豩爲聲也"（第 456 頁）,注"㤅"説"'飲食屰气不得息曰㤅',古文作𡆧。此用古文爲聲也"（第 506 頁）等,也都是從構形層面用"聲"來説明"豩"和"𡆧"是聲符。"以某爲聲"還可以表達爲"以某爲形聲","聲"與"形聲"都指聲符,詳見下文。

7. 指言語

"聲"有時不是指某個具體的語音(音節或聲或韻或調),而是泛指言語。此類有 14 條。如:

> 《口部》:音,語相訶岠也。从口辛。辛,惡聲也。《段注》:口辛,以口拒惡聲也。(第 59 頁)

《言部》:譶,疾言也。从三言。讀若沓。　《段注》:《文選·琴賦》:"紛礛譶以流漫。"注:"礛譶,聲多也。"(第102頁)

"惡聲"指不好的言語。"聲多"指話多。

(二)動詞意義之"聲"

"聲"作動詞用表示發聲、聲張、説話等義無需證明。《段注》中的"聲"在"某聲""某非聲"等表述中是標音的意思。《説文》有"从某,某聲"的解説體例。過去對"某聲"是釋音用語的認識比較一致,但"聲"的内涵少有闡釋。陸宗達(2020年,第114頁)指出"釋音"的部分不是孤立的,要與形體、字義密切聯繫。段玉裁也認識到"某聲"不孤立,曰:"凡篆一字,……次釋其形,若'从某,某聲'是;次釋其音,若'某聲'及'讀若某'是。"(第1頁)又曰:"許君之書……次釋其形,若'元'下云'从一,从兀……'是也;次説其音,若'兀爲聲''不爲聲'及凡'讀若某'皆是也。"(第764頁)段玉裁分析《説文》體例時從兩個角度看待"某聲"的功能。從文字的形體組成看,"从某,某聲"是對文字形體的分解,相當於"从某,从某","某聲"與"从某"的"某"都是文字整體的組成部分。從文字的組合理據看,"某聲"是許書説明構件功能的術語。所以段氏在"釋其形"中提到"某聲",在"釋其音""説其音"時也提到"某聲"。可見對"某聲"要從構件類别(標音構件)和構件功能(構件標音)兩個層面來理解,前者是名詞,後者是動詞。其中,動詞"聲"有1184條。"聲"指標音構件的名詞用法前文已述,這裏只分析標音的動詞用法。如:

《攴部》:敉,坺也。从攴,从厂。厂之性坺,果孰有味亦坺,故从未。　《段注》:各本"故謂之敉,从未聲",衍四字。此説从未之意,非説形聲。未與敉不爲聲也。未下曰:"味也,六月滋味也。"利下曰:"從刀,從未。未,物成有滋味,可裁斷也。"未即味。此云"果孰有味亦坺,故从未"正同。果坺者,如《左思賦》云"榻栗罅發,石榴競裂"也。此合三字會意。(第126頁)

前文舉例《卯部》"卯"字條段注"卿用卯爲義形,不爲聲形也",意即"卿用卯作爲表義構件,不用作標音構件"。"聲形"指標音構件,"聲"是動詞,"形"是名詞。此例説"未與敉不爲聲也",也是指"未在敉字中不能標音",包括段氏所謂"次説其音,若'兀爲聲''不爲聲'及凡'讀若某'皆是也",其中的"爲聲"和"讀若某"都是就注音而言。"某爲聲","某"是構件,"爲聲"是説構件的功能,即顯示字音或標示文字記錄的語音。《段注》中"某爲聲"的通常表述是"某,聲(也)",如:

《示部》:祺,吉也。从示,其聲。禥,籀文从基。　《段注》:基,聲也。古其、基通

用。(第 3 頁)

　　《竹部》:簋,……匭,古文簋。从匚食九。　《段注》:各本作"从匚飢"。飢,非**聲**也。从匚从食,**九**,**聲**也。(第 193 ～ 194 頁)

　　上例中,"基,聲也""飢,非聲也""九,聲也"中的"聲"都是動詞標音的意思。即在所構字中,"基、九"是用來標音的,"飢"不是用來標音的。通常把這種"某聲"看作"某是聲符","聲"當名詞講。説"某是聲符",意在替構件歸類,判斷構件的類别屬性,這不一定符合許慎、段玉裁的本意。分析形體結構的目的在於説明構件的功能即形義關係,而不是構件或文字的分類歸類。儘管根據形義分析可以歸納出某些類型,但那是研究者的事,不是解説者的事。

　　《段注》中還用"某聲字"表示用相同聲符標音的群組字。如:

　　《示部》:祇,敬也。从示,氏聲。　《段注》:古音凡氏**聲字**在第十五部,凡氐**聲字**在第十六部。(第 3 頁)

　　《艸部》:芋,大葉,實根,駭人,故謂之芌也。从艸,亏聲。　《段注》:《口部》曰:"吁,驚也。"毛傳曰:"訏,大也。"凡于**聲字**多訓大。芋之爲物,葉大、根實,二者皆堪駭人,故謂之芋。其字"从艸,于聲"也。(第 24 頁)

　　"凡某聲字在第幾部"指《説文》中用"某"作爲標音構件(聲符)標音的字的古韻屬於《六書音韻表》的第幾部。前例中的"氏聲字、氐聲字"指用聲符"氏""氐"標音的字,也就是含有"氏"聲符和"氐"聲符的字分别屬於《六書音韻表》的第十五、第十六韻部。"凡某聲字多訓某"是指用"某"作爲聲符標音的字由於音近,義源多相同。後例所言"于聲字",指用聲符"于"標音的字,"于聲字"多有大義,所以"芋"的詞義也與"大"有關:"葉大、根實""皆堪駭人","吁、訏"亦同。

　　《説文》常見"某亦聲"的表述。"亦"表示還、又、也,在《説文》中用來説明某個字有多個字形、字音、字義,或某個構件有多種功能。這種"亦"是副詞,後面跟着的通常應該是動詞而不是名詞,所以"某亦聲"當理解爲"某又標音",即"某"在構字中除表義或象形功能外,又起標音作用。段玉裁也是這樣來使用"亦聲"的。如:

　　《舁部》:與,黨與也。从舁与。　《段注》:黨當作"攩"。攩,朋群也。與當作"与"。与,賜予也。會意。共舉而与之也。**舁、与皆亦聲**。(第 105 頁)

　　《屮部》:毒,厚也。……葍,古文毒。从刀葍。　《段注》:从刀者,刀所以害人也。从葍爲聲。葍,厚也。讀若篤。……古文築作篰,**亦葍聲**。(第 22 頁)

　　"與"的"攩輿"義跟構件"舁、与"的"共舉而与之"有關,故爲"从舁与"。段玉裁認爲"舁、与"既可以表義,同時還可以標音,故曰"皆亦聲"。"亦某聲"指一個構件可以在多個字中標音,如"簜,亦管聲"是説除"箭"外"簜"也用構件"管"標音。

　　《説文》又有"省某聲""某省聲"之類表述,通常統稱爲"省聲"字。這種"省聲"的"聲"與"亦聲"的"聲"用法相同,也是動詞。段注曰:"有省聲者,既非會意,又不得其聲,則知其省某字爲之聲也。"(第 755 頁)"省某字爲之聲"就是對"省聲"的解釋,即用減省了筆劃的某個字當構件來標明所構字的語音,可見"省"是針對構件形體而言,"聲"是針對構件功能而言,其結構關係應當分析爲"省某 / 聲"或"某省 / 聲"。"省某"與"某省"是説某字形體簡省,相當於現在所説的"省形"。段玉裁所謂"省某字爲之聲"實際上是將"省"和"聲"分開訓釋,"省"即"取一偏旁,不載全字,指爲某字之省"(第 63 頁),"聲"即動詞"爲之聲",就是替所構字標音。段氏對具體字例的分析如:

　　《示部》:齋,戒絜也。从示,齊省聲。　《段注》:謂減齊之二畫,使其字不絫重也。凡字有不知省**聲**,則昧其形聲者,如融、蠅之類是。(第 3 頁)

　　《艸部》:蒸,析麻中榦也。从艸,烝聲。菸,蒸或省火。　《段注》:<u>丞**聲**、烝**聲**一也</u>。《大射儀》注、《既夕禮》注皆作此菸。(第 44 頁)

　　前例説爲不使"齋"字篆形"絫重",標音構件"齊"減去"二畫"後再參與構字。"齊省聲"的語義關係不是"齊 / 省聲"而是"齊省 / 聲",即省減"齊"的形體而仍然起標音作用,"省"與"聲"都是動詞。後例中《説文》前面説過"从艸,烝聲"了,後面説"蒸或省火"實際就是指"烝省聲",所以《段注》作了補充説明:"丞聲、烝聲一也。"注意這裏的"一也"可以幫助我們判定"某聲"的"聲"是表述功能的,因爲作爲聲符或構件看待的話,"丞"與"烝"顯然不同一,説它們"一也"只能是説"丞"與"烝"的標音功能相同。

　　《段注》中又有"聲旁、聲形"的説法,"旁"和"形"是對構件的指稱,而"聲"指這個構件的功能,是標音的意思,作"旁"和"形"的定語。"聲形"之例如《卵部》段注:"卵……不爲聲形。""不爲聲形"即不是標音的構件。"聲旁"之例如《齒部》"齒"的古文"齿"下段注:"古文獨體象形,不加聲旁。"(第 78 頁)"不加聲旁"即不加標音的偏旁。"聲"都是標音的意思。

　　可見,段玉裁是將"某,聲(也)"之"聲"看作動詞的,意在指明某構件的功能是標音。"某亦聲"是針對某構件的多功能而言,"亦聲"表示該構件除前列功能外,同時又有標音的功能。"省聲"則是兩個動詞的連用,分別表示某構件形體上的省變和功能上的標音,"省"的對象是構件的形體而不是"聲"。"聲旁(形)"指具有標音功能的構件(偏旁或形體),其中"聲"也是動詞標音的意思。

綜上所述,《段注》中"聲"有動詞、名詞兩類。用爲名詞的"聲"內涵豐富,所指有三個層面:一是宏觀層面的"聲",指一切自然聲響,沒有約定俗成的意義;二是語言層面的"聲",由宏觀層面的"聲"縮小範圍而來,可泛指語音或言語,可專指語音的音節或音節的組成成分(聲紐、韻部、聲調);三是文字層面的"聲",指字形結構中的標音構件,即聲符。用爲動詞的"聲"內涵簡單,但是占比高達40%,是分析構件功能(標音)的主要術語。

四、《段注》之"形聲"

上述可以看出《段注》中"形"和"聲"的內涵非常豐富,語義指向的層面也不同。當"形聲"組合起來使用時,其含義和所指當然也會是多樣的,不能簡單地理解爲"形聲字"。"形"與"聲"的意義組合關係大致有兩種情況:一種是兩個單音詞連用構成並列關係的"形(形體)+聲(語音)",或者動賓關係的"形(標示)+聲(語音)";一種是複合成詞,或指由並列關係的義符與聲符構成的"形聲字",或由動賓結構轉指標示字符讀音的標音構件。其中,有些説法針對同一對象時是矛盾的,這與段玉裁對"形聲"的認識前後變化有關。《段注》中"形聲"共有345例。

(一)形聲=形(形體)+聲(語音)——並列結構詞組

《段注》中"形"與"聲"作單音節名詞時可以分別指文字的外形與語言的聲音,屬於書面語言層面。"形、聲"連綴出現時可以按名詞並列詞組"形(形體)+聲(語音)"理解。此類有12例。如:

> 《一部》:一,惟初大極,道立於一。造分天地,化成萬物。　《段注》:又恐學者未見六書音均之書,不知其所謂。乃於《説文》十五篇之後,附《六書音均表》五篇。俾**形聲**相表裏,因尚推究,於古形、古音、古義可互求焉。(第1頁)

"形聲相表裏"指文字的形體和讀音互相印證、呼應。段意是説《六書音均表》附於《説文》後合併刊行的目的在於幫助讀者根據形體與聲音推求字之古義。在他看來,文字的形體與讀音是外在表現的形式,義是內核,如"詞"下段氏注"許之説形、説聲皆言外……形聲在而義在焉"。過去學者研究字形與字音是爲了探究字義,最終目的是要解讀經書,即段氏所説"學者之考字,因形以得其音,因音以得其義。治經莫重於得義,得義莫切於得音"(王念孫《廣雅疏證·段序》)。

段玉裁強調語言文字研究要用形音義互相求的方法,在分析具體文字之"義"與"形"和"聲"的關係時,常用"形聲"表示形體與讀音,而與所訓之義相應。"形聲"也可倒序作"聲形"。如:

《萑部》:蒦,規蒦,商也。从又持萑。一曰視遽皃。　《段注》:五部。……瞿下云:"一曰視遽皃。"蒦與瞿*形聲*皆相似,故此義同。(第144頁)

《貝部》:責,求也。从貝,朿聲。　《段注》:引伸爲誅責、責任。《周禮·小宰》:"聽稱責以傅別。"稱責,即今之舉債。古無債字,俗作債,則*聲形*皆異矣。(第281頁)

"形聲皆相似,故此義同"是説"蒦"與"瞿"的形體相似(手持萑鳥、瞿鳥)、古音相近(第五部),故義訓相同("視遽皃")。"聲形皆異"是指"責"與"債"的語音和意義都不同。"責"本義求取,取聲於"朿",後造本字"債"表債務義,取聲於"責"。

(二)形聲=形(形符)+聲(聲符)——形聲字(並列結構關係的雙音詞)

《段注》中"形聲"多指"形聲字",是由並列結構關係通過轉指而形成的複合詞,屬於形符(義符)加聲符的結構類型。此類有312例。如:

《从部》:并,相从也。从从,开聲。一曰从持二干爲并。　《段注》:上言*形聲*,此言會意。(第386頁)

《尢部》:尢,𨂽也。曲脛人也。从大。象偏曲之形。尪,篆文从㞷。　《段注》:尢者,古文*象形字*。尪者,*小篆形聲字*。……尪見《左傳》,《檀弓》鄭注釋爲"面鄉天",或云"短小曰尪"。本从㞷聲,省作尪。(第495頁)

"上言形聲"指"从从,开聲"是對形聲字"并"的結構分析。《段注》通常將這類字形結構表述爲"形聲",也可直接作"形聲字",如小篆"尪"就是在古文字形上增加了標音構件組成形聲結構的形聲字。"形聲字"與"會意字"常有糾葛,所以《段注》常將"形聲"與"會意"關聯説解。如:

《土部》:埤,增也。从土,卑聲。　《段注》:《詩·北門》曰:"政事一埤益我。"傳曰:"埤,厚也。"此與《會部》𤲃、《衣部》裨音義皆同。凡从曾之字,皆取加高之意。《會部》曰"曾者,益也"是其意也。凡从卑之字,皆取自卑加高之意。……*凡形聲中有會意者例此*。(第689頁)

《魚部》:魾,大鱯也。其小者名鮡。从魚,丕聲。　《段注》:丕訓大。此*會意兼形聲*也。《爾雅》"魴魾",亦謂魴之大者爲魾。(第577頁)

前文已知"聲與義同原"指聲符的語音能夠顯示意義的來源。從構件功能角度看，聲符所表示的語音和意義都來源於獨立運用時已穩固的音義，故而"某聲"能夠顯示"從某，某亦聲"的功能，在《説文》中"雖則省文，實欲互見"。從結構類型層面看，文字結構可分析爲"形聲中有會意"，如"埤、增"的標音構件"卑、曾"都有加高義，故"埤、增"是形聲字，也是會意字。標音構件"丕"可以顯示大意，故"鉟"的字形結構可以屬於形聲字，也可同時屬於會意字。《段注》中"形聲兼會意、會意包形聲"之類的結構分析，其中的"形聲、會意"都是作爲表示字形結構類型的雙音詞來使用的。

《段注》分析一字爲多種結構類型的情況不限於"形聲"與"會意"，"形聲"亦可兼"象形"。如：

> 《日部》：厢，日在西方時側也。从日，仄聲。 《段注》：此舉**形聲**包會意。隸作昃，亦作吳。……夫製字各有意義，晏、景、暑、旱之日在上，皆不可易也。日在上而干聲，則爲不雨；日在旁而干聲，則爲晚。然則厢訓爲日在西方，豈容移日在上？**形聲之内非無象形**也。（第 305 頁）

"形聲之内非無象形"指形聲結構的字可以同時象似某種情景。段玉裁認爲"厢"不當隸變爲"昃、吳"的理由是字形中的"日"及其位置象"日在西方時側"之場景，正如"晏、景、暑、旱"字中"日"的位置也象相應場景下太陽的位置。形聲字的構件組合同時具有情景象似功能，在"旱"字和"旰"字的比較中也能體現：太陽在干上則"旱"，訓爲"不雨"，太陽在側面則"旰"，訓爲"時晚"。

（三）形聲＝形（標示）＋聲（語音）——動賓結構詞組

前文説過，段玉裁有將"形聲"看作"形其聲之形"的動賓關係的論述。"形"指標示，"聲"指語音。"形聲"作動賓結構講，指的是某個構件的功能爲標示語音，相當於上文講動詞"聲"的意義是標示語音，即聲（動）＝形聲（動賓）＝標示語音。此類有 12 例。如：

> 《米部》：竊，盜自中出曰竊。……从穴米，禼、廿皆聲也。廿，古文疾。禼，偰字也。《段注》：米自穴出，此盜自中出之象也。會意。一字有以二字**形聲**者。（第 333～334 頁）
>
> 《糸部》：綏，車中靶也。从糸，妥聲。 《段注》：毛公曰："妥，安坐也。"綏以妥會意，即以妥**形聲**。（第 662 頁）
>
> 《竹部》：笑，喜也。从竹，从犬。 《段注》：此字之从竹犬，孫親見其然，是以唐人無不从犬作者。……自唐玄度《九經字樣》始先笑後笑，引楊承慶《字統》異説云："从

竹,从夭。竹爲樂器,君子樂然後笑。"……蓋楊氏求从犬之故不得,是用改夭**形聲**,唐氏从之。(第 198～199 頁)

"以二字形聲""以妥形聲""改夭形聲"是指"竊、綏、笑"字用構件"卨、廿""妥""夭"標示讀音,其中"二字"指的是"卨、廿"兩個構件。"以妥會意"則是指出構件"妥"表義。此類"形聲"的用法相當於"某爲聲"的"爲聲"或"某,聲"的"聲",如"檈"下段氏解釋構件"未"有果熟有味之義而"非説(未)形聲",因爲"未……不爲聲",其中的"聲"也是説構件"未"對"檈"字來説不能標音。

(四)形聲 = 形(標示)+ 聲(語音)——動賓語義關係轉指動賓主體——具有標音功能的構件(複合名詞)

《段注》還會用動賓結構的"形聲"指具有標音功能的構件,相當於上文講名詞的"聲"指標音構件義,即聲(名)=形聲(動賓)=標音構件。此類有 9 例。

　　《鹿部》:麗,旅行也。……丽,古文。𪋯,篆文麗字。 《段注》:疑丽者,古文;麗者,籀文;𪋯者,小篆也。然小篆多用麗爲**形聲**。(第 471 頁)

"用某爲形聲"相當於"以某爲聲",指用某個字作標音構件,"形聲"與"聲"都是名詞。"小篆多用麗爲形聲"是指《説文》小篆形體多用籀文"麗"作標音構件,如"麗、邐、𨅜"等字中"麗"就是"形聲"構件。

有時,段玉裁會對作爲標音構件的"形聲"跟全字之義或音的關係加以説明。如:

　　《里部》:里,尻也。从田,从土。一曰士聲也。 《段注》:有田有土而可居矣。一説以推十合一之士爲**形聲**。(第 694 頁)

　　《匚部》:匿,亡也。从匚,若聲。 《段注》:此取雙聲爲**形聲**也。(第 635 頁)

　　《艸部》:茸,艸茸茸皃。从艸,耳聲。 《段注》:今本作"聰省聲",此淺人所肊改。此**形聲**之取雙聲不取疊韻者。(第 47 頁)

"里"字的構形有兩種分析,段玉裁説明"推十合一之士"與"里"的意義無關,所以分析爲"士"的話,就只能是作爲"形聲"構件。"取雙聲爲形聲""形聲之取雙聲"則是在説明"若、耳"與"匿、茸"具有雙聲關係,因而取"若、耳"作"匿、茸"的"形聲"構件。"㦪"下有"以貪獸之夒爲聲"和"以有角之夒爲聲"(第 52 頁),與此類同,"聲"相當於此處的"形聲"構件。

綜上可知,《段注》中"形聲"不能單純理解爲結構類型的形聲字,實際上"形聲"的内涵很豐富,且所屬的層面也不同,需要仔細甄別。

五、總結

在段玉裁的話語體系之中,“形”與“聲”都是多義詞,“形聲”則是多義結構。“形”本指物體的外形與事物的形態。“聲”本指自然的聲響。段玉裁用“形”與“聲”注解《説文》時,作爲名詞,所指對象豐富,所屬層次不一,幾乎涉及語言文字的各個層面;作爲動詞,意義相對穩定單一。“形”與“聲”的豐富内涵使“形聲”形成了不同的結構類型和語義關係,所處的層次也不同。段玉裁對《説文》“形聲”的解讀與應用體現了這種異構多義的情況。具體如下表所示:

表一　《段注》中“形”“聲”“形聲”用義統計表

用語	用法	語義	舉例	數量
形	名詞	物體的外形	枳形如棗桶	211
		事物的特徵或狀態	象汁自木出之形	156
		人的身體或相貌	人形直	30
		文字書寫外形	形似,而義殊	146
		文字部分形體	(單之)串形未聞	10
		文字結構理據	説其形;闕其形	164
		文字構件	形在左則爲叩;耳形	15
		字符(書面語符)	楷秸稑三形同	4
	動詞	表現、描繪、摹擬	形於聲;形於顔	16
聲	名詞	自然的聲響	玉之小聲	389
		語言的聲音	聲與義同源	276
		聲紐	雙聲	350
		韻部	音聲在四部	313
		聲調	平聲;上聲	248
		標音構件	聲或在左、或在右	134
		言語	惡聲	14
	動詞	標示語音	从某,某聲;亦聲;省聲	1184

續表

用語	用法	語義	舉例	數量
形聲	並列詞組	形體和語音	形聲皆相似	12
	複合名詞	形聲字	形聲之内非無象形	312
	動賓詞組	標示語音	以妥形聲	12
	複合名詞	標音構件	以付爲形聲	9

　　造成多義歧解的原因大致有三個方面：一是漢語字詞本身具有多義性和不固定的對應關係，因而《説文》中的"形""聲"和"形聲"本身就有歧義。如"象形"的"形"和"形聲"的"形"有名動之别，"形聲"的"聲"和"从某，某聲"的"聲"也有名動之别，而"形聲相益"的"形聲"和"形聲者，以事爲名，取譬相成"的"形聲"實際含義也不相同。二是歷代學者主觀認識不同，他們在整理、研究和解讀《説文》時不斷加入自己的學術思想，導致逐漸偏離了許慎最初的用意。例如晉代的衛宏就開始把"形聲"理解爲形符加聲符的結構類型了，唐宋以後的"六書學"也已不是秦漢時期的教學"六書"（李運富2012年）。三是段玉裁本人學術觀點有變化，存在前後不一致的説法。《段注》的成書過程非常漫長，從編纂、修改到刊印耗時近40年。段玉裁面對内涵如此豐富的"形"與"聲"，對"形聲"產生多義的解讀與應用屬於正常的學術現象，定稿時由於篇幅浩繁，留下一些未能統一的表述甚至矛盾的説法也在所難免。對於段氏的異説歧解，我們不宜只取其一而不知其餘，如果依據他對《説文·叙》中"形聲"的注解，就認定段玉裁的"形聲"是指"半義半音"的結構類型，那就難免片面失真。全面考察《段注》分析用例可以發現，段玉裁雖也受晉唐宋以來把《説文》"形聲"誤解爲名詞性並列結構關係的影響，但同時不囿於成見，能從實際材料出發，揭示"形"與"聲"的動詞用法，解讀"形聲"爲動賓關係。如果説把"形聲"理解爲"形符＋聲符"的形聲字是沿襲古人的不自覺和潛意識，那把"形聲"理解爲"標示讀音"和"具有標音功能的構件"，可能才是段玉裁自己的本意，也是他的發明。所以我們要全面考察，整體理解，區别對待，儘量避免以偏概全，顧此失彼，從而還原和再現真實的段學。

參考文獻

馮勝利、彭展賜　《〈説文段注〉對漢字構形之"意"的闡釋與發展》，《古漢語研究》2024年第3期
郭在貽　《從〈説文段注〉看中國傳統語言學的研究方法》，《郭在貽文集》（第1卷），中華書局2002年

李運富 《〈説文解字〉"含形字"分析——許慎漢字字體分析研究之一》,《民俗典籍文字研究》(第 6 輯),商務印書館 2009 年

—— 《"六書"性質及價值的重新認識》,《世界漢語教學》2012 年第 1 期

—— 《"漢字學三平面理論"申論》,《北京師範大學學報》(社會科學版)2016 年第 3 期;又見《漢語字詞關係與漢字職用學》,商務印書館 2023 年

—— 《"形聲相益"新解與"文""字"關係辨正》,《語言科學》2017 年第 2 期

—— 《〈説文解字〉的"字用"思想發微》,《井岡山大學學報》(社會科學版)2024 年第 4 期

劉麗群 《也談段玉裁"聲與義同源"》,《國學學刊》2015 年第 1 期

陸宗達 《訓詁淺談》,商務印書館 2020 年

馬敘倫 《説文解字研究法》,商務印書館 1933 年

齊佩瑢著,趙蔭棠校 《中國文字學概要》,華北編譯館 1942 年

齊元濤 《漢字構形與漢字書寫的非同步發展》,《勵耘語言學刊》2017 年第 2 期

容 庚 《中國文字學》,《容庚學術著作全集》,中華書局 2011 年

孫雍長 《訓詁原理》,語文出版社 1997 年

王 寧 《訓詁學原理》(增補本),中華書局 2023 年

姚孝遂 《許慎與説文解字》,中華書局 1983 年

朱宗萊 《文字學形義篇》,北京大學 1936 年

文獻語言學（20）:42～58,2025

詞語的原形擴展與理據探求①

楊　琳

（南開大學文學院,天津,300071）

提　要:漢語詞語的縮略現象已經有了廣泛而深入的研究,取得了豐碩的成果。與縮略相反的詞彙現象是原形擴展,對此學界很少關注,其後果是很多擴展的詞語我們只知其然而不知其所以然。擴展是通過音程的加長對詞語意義加以強調的一種手段,其原則是插入擴展成分後不能改變原詞語的基本含義,否則就不是強調表義,而是另表其意了。詞語的原形擴展可從形式上分爲四種類型,即仿詞接應、詞素均擴、插嵌虛字、同義重複。

關鍵詞:原形擴展;詞源理據;《金瓶梅詞話》

　　詞語的縮略是一種常見的詞彙現象,其動因是語言經濟原則。它是將詞組壓縮成複音詞,或是將複音詞壓縮成單音詞或詞素,如將"高級中學"縮略成雙音詞"高中","高中"又可縮略成詞素"高"用來組詞,如"高三、職高、普高、藝高(藝術高中)"等。對縮略現象關注者衆多,相關的研究成果也很豐富。與縮略相反的詞彙現象是詞語的原形擴展,對此學界很少關注,其後果是很多擴展的詞語我們只知其然而不知其所以然。如"兩面三刀"大家都知道形容玩弄兩面手法,但其中的"三刀"字面上不知所云,看不出與玩弄兩面手法有什麼聯繫,未見有辭書做出解釋。本文將對漢語中的詞語擴展現象作一粗淺的探討,希望引起更多學者對這一現象的關注。

　　原形擴展不是泛指詞語的自由組合,它必須符合下面兩個條件:一、擴展必須有一個先行詞語作爲原形,沒有原形,也就無所謂擴展。二、擴展的原則是插入擴展成分後不能改變原詞語的基本含義,否則就不是原形的擴展,而是另表其意的自由組合。打個比方,原形擴展是把小尺寸的磚改變成了大尺寸的磚,仍然是一塊磚,自由組合則是多塊小磚的拼砌組裝。例如"油腔滑調",我們不能視爲"油腔"或"滑調"的原形擴展,因爲不存在"油腔"或"滑調"這樣的原形;我們也不能認爲"油腔滑調"是"腔調"的原形擴展,雖然"腔調"原形是存在的,但"油腔滑調"與"腔調"表義不同。

---

① 本文爲國家社科基金重點項目《金瓶梅》語言考釋詞典"（23FYYA003）的階段性成果之一。

　　既然不改變表義,爲什麼還要對原形加以擴展、多費口舌? 這主要是爲了滿足兩種表達需求:一是要對原形的意義加以強調,二是協調語流節拍,説來和諧上口。強調意義、協調節拍只是語言使用者對既定表意的修飾潤色,以便收到更好的表達效果。

　　根據擴展采用的方式,可將詞語的原形擴展分爲四種類型,即仿詞接應、詞素均擴、插嵌虚字、同義重複。下面分別舉例闡釋。辨析的擴展詞語主要出自《金瓶梅詞話》,下文簡稱《詞話》,以省篇幅。

一、仿詞接應

　　仿詞接應指擴展的成分是仿照原形而添加的,添加的成分與原形對應的詞或詞素含義相同相近或相關。仿接成分大都是臨時生造的,一般不能脱離原形而單用。

(一)兩面三刀

　　《漢語大詞典》:"兩面三刀,比喻當面一套背後一套,玩弄欺騙手法。"理據不明。"兩面三刀"是"兩面刀"的擴展。"兩面刀"原指左右兩面都有刃的刀。元鄭德輝《三戰吕布》第一折:"左先鋒手持兩面刀,右先鋒拏着精光棍。"明朱燮元《督蜀疏草》卷九:"得獲酋器等物一百二十六件,龍桌一張,銀衮龍椅一把,銷金彩畫龍傘一把,金瓜三隊,三尖兩面刀二把。"語言中常用"兩面"表示言行前後不一,反復無常。《舊唐書·僕固懷恩傳》:"爾等與我兒約爲兄弟,今又親雲京,何兩面乎?"爲了表達的形象生動,就移用"兩面刀"比喻玩弄兩面手法。《詞話》第二十回:"他自吃人在他根前那等花麗狐哨、喬龍畫虎的兩面刀哄他。"也比喻玩弄兩面手法的人或嘴。《詞話》第四十六回:"寧逢虎摘三生路,休遇人前兩面刀。"明沈鯨《雙珠記》第二十七齣:"一生口舌兩面刀,説是説非能聒噪。"這在修辭上稱爲"斷取",其中的刀只起形象化的作用,並不表義。爲了增強"兩面刀"的表義,又將其擴展爲"兩面三刀","三"是順着"兩"添加的。"兩面刀"有理據可講,但"三刀"無理據可講。"兩面三刀"流行後,人們又反過來拿它當"兩面刀"來用,以達到幽默詼諧的效果。清落魄道人《常言道》第六回(嘉慶十九年刊本):"施利仁看見,連忙拏出兩面三刀,用力一刀斫去,把他尾巴剄下,那狗就負痛而逃。"剄後世排印本皆作割,臆改。剄即劓、剄之異體。上云"一刀斫去",下云"剄下",文意相應。

(二)一絲兩氣

　　《詞話》第八十九回:"哭的奴一絲兒雨(兩)氣。"王利器(第4頁):"一絲兩氣,氣息微弱,有氣無力。"徐複嶺(第831頁):"一絲兒兩氣,形容氣息微弱,奄奄一息。"《漢語大詞典》:"一絲兩氣,1.猶言上氣不接下氣,形容心力俱疲。2.猶言氣息奄奄,形容生命垂危。"均不解釋理據。語言中常説"一絲氣"。明沈守正《四書説叢》卷十二《敢問告子二節》："蓋有一絲氣在,則志猶存也。"明張大復《醉菩提傳奇》第十四折："太尉冷厥了,人事不省,只有一絲氣兒,怎麼處?""一絲兩氣"是"一絲氣"的擴展,"兩"是順着"一"添加的,主要作用是湊成四字音節,增强語氣,並無實義。如果不知"一絲兩氣"的造詞機制,將"兩氣"理解爲上氣、下氣,或出的氣、入的氣,就不免牽附了。

清夏敬渠《野叟曝言》第五十四回(光緒七年毗陵匯珍樓活字本)："這信一傳出去,真如火上澆油,任夫人哭得一絲兩縷,只存一口氣兒。""一絲兩縷"是對"一絲兩氣"的改造,改氣爲縷是爲了與絲對稱。

(三)沙三趙四

元高文秀《遇上皇》第一折【金盞兒】："每日價風吹日炙將田構,和那沙三趙四受風霜。"《漢語大詞典》："沙三,元曲中常用的農村青年的名字。""趙四"之名元曲中並不常見,它是仿照"沙三"而作的臨時擴展。沙有粗俗、呆傻義。《漢語大詞典》："沙,粗野;粗俗。"趙也有粗俗、呆傻義。明李詡《戒庵老人漫筆》卷三："今人以虛罔不實而斥其妄行者則曰趙。"詳見楊琳(第 204 ～ 206 頁)。這就是何以用"趙四"來擴展"沙三"的緣由。

(四)一佛出世,二佛生天

《漢語大詞典》："一佛出世,二佛生天,死去活來之意。出世,生;生天,死。"這是僅據"出世"和"生天"的字面義加以附會,而將"一佛"與"二佛"置之不理。"死去活來"的解釋在不少用例中行不通。《水滸傳》第九回："林沖只罵的一佛出世,那裏敢擡頭應答。"明馮夢龍《醒世恒言》卷三十八:"(李清)直等到一佛出世,二佛升天,方纔有個青衣童子開門出來。"清俞萬春《蕩寇志》第七十八回："蔡京看了,驚得個一佛出世,二佛涅槃。"清李海觀《歧路燈》第四十回："鄧祥來説書房有幾位客候着説話,把惠養民急得一佛出世。"清曾樸《孽海花》第三十回："張夫人陡受了這意外的頂撞,氣得一佛出世,二佛涅槃。"易和元《熱嘲集》(四川人民出版社 1983 年,第 113 頁)："諸般解數會使,看家本領是吹,吹得一佛出世,吹得天花亂墜。"這些用例理解爲死去活來顯然不合適。造成釋義失當的原因是沒有弄清"一佛出世,二佛生天(涅槃)"的構造機制。佛教認爲世界每經歷一小劫,纔有一佛出世。《隋書·經籍志四》："每一一小劫,則一佛出世。"小劫是一個相當長的時間。《漢語大詞典》："小劫,佛教語。釋氏以'劫'(劫波)爲假設的記時之號。謂人的壽命從十歲增至八萬,復從八萬還至十歲,經二十返爲一小劫。具體説法尚有不同,合成大劫爲時則一。"世俗便用"一佛出世"比喻事情非常不易。宋葉廷珪《海錄碎事》卷十一引宋孔平仲《談苑》："文宗尤重內外制之任,嘗謂近臣曰:'詞臣之選,古今尤重。朕聞朝廷除一舍人,六親相賀,諺以爲一佛出世,豈容易哉!'"末句謂豈容不慎重。由時間的漫長、事情的不易又引申爲程度很重,很厲害,所有用例都可作如此理解。至於"二佛生天(涅槃)",是爲了增强語義而對"一佛出世"進行的仿詞擴展。這就是説,該俗語的實際表義不是字面上呈現的佛的生死,所以照字面釋爲"死去活來"扞格難通。

(五)大呼小叫/大驚小怪

《漢語大詞典》:"大呼小叫,謂大聲叫呼。""大驚小怪,形容對不足爲奇的事情過分慌張或詫異。"元馬致遠《青衫淚》第三折:"這船上是甚麽人,半夜三更,大呼小叫的。"元紀君祥《趙氏孤兒》第四折:"小主人,你休大驚小怪的,恐怕屠賊知道。""大聲叫呼"與"小叫"無關,"過分慌張或詫異"與"小怪"無關,"小叫、小怪"分別只是"大呼、大驚"的仿詞接應,本身不能單説。

(六)瓶姨鳥姨

《詞話》第十八回:"西門慶道:'我對你説了罷。當初你瓶夷(姨)和我常如此幹,叫他家迎春在傍執壺斟酒,到好耍子。'婦人道:'我不好罵出來的,甚麽瓶姨鳥姨,題那淫婦則甚。'""瓶姨"指李瓶兒,"鳥姨"是對"瓶姨"的擴展。爲何用"鳥姨"來擴展"瓶姨"?"鳥姨"之"鳥"(diǎo)是罵人之詞,根據仿詞接應的擴展原則,與"鳥"對應的"瓶"當取諧音"牝"。"牝"元代以來北方話讀滂母,《中原音韻·真文韻·上聲》"牝品"同音,明徐孝《合併字學集韻》卷八《十八恨·滂母》牝音批信切,跟今天的讀音相同。《詞話》中前後鼻音常混同不别。如第二十三回"還冷的打競",競爲噤之音借;第六十一回"連身響喨",身爲聲之音借;第七十一回"歸後邊暖房内請歇去了",請爲寢之音借;第七十四回"何人似你念經剛",經爲金之音借;第七十七回"俺每都到苗親家住了兩日",親爲青之音借。因此,作者方言中瓶、牝除了聲調不一定相同外,聲韻是一樣的,這就是根據"瓶姨"仿造"鳥姨"的緣由。

(七)良心美腹

《詞話》第五十七回:"前日老檀越餞行各位老爹的時[候],悲憐本寺廢壞,也有個良心美腹,要和本寺作主。"明顧憲成《涇皋藏稿》卷五《與周念潛太史》:"待鄉人,無衆寡,無大小,渾是一團和氣,良心美腹,兒童走卒,莫不信之。""美腹"是"良心"的仿詞擴展。

(八)行茶過水

《詞話》第八十四回:"你要尋妻室,等宋江替你做媒,保一個實女(處女)好的,行茶過水,娶來做個夫人。"這裏的"行茶過水"指舉行正式的訂婚儀式,明媒正娶。"行茶"義爲行茶禮,也就是今天常説的"下定茶、送定茶"。《詞話》第九十一回:"既然好,已是見過,不必再相,命陰陽擇吉日良時,行茶禮過去就是了。"清陳朗《雪月梅》第三十一回:"今承面允,就要拜煩嚴老相公爲媒,擇日便好行茶禮過來。"明楊柔勝《玉環記》第二十四齣：“下禮行茶都莫提，我自有施爲。”但婚禮中並無“過水”儀式，“過水”是爲了強調“行茶”的表義仿照“行茶”而作的擴展。“行茶”還有遞送茶水的意思。唐白居易《春盡勸客酒》：“嘗酒留閑客，行茶使小娃。”“過”也有遞送義。唐王建《宮詞》之七：“天子下簾親考試，宮人手裏過茶湯。”“過水”與“行茶”含義相當，這類似於修辭上的借對，借“行茶”的遞送茶水義來對。

《詞話》第二十回：“誰知道人在背地裏把圈套做的成成的，每日行茶過水，自瞞我一個兒，把我合在缸底下。”白維國（2005年，第440頁）：“行茶過水，比喻來往應酬。”徐複嶺（第793頁）：“行茶過水，指來往應酬。”此解未得其義。明馮夢龍《萬事足》第七折：“只聽得語低低，聲細細，帳兒搖，牀兒響，一會顛狂，借車過水，美不可量。”《漢語大詞典》：“過水，褻語。指男女交合。”“每日行茶過水”是説西門慶每天與李瓶兒幽會交合。過有泄精義。《詞話》第五十一回：“兩個足纏了一個更次，西門慶精還不過。”這裏的“過水”婉指泄精，是實義，“行茶”則成了虛設的陪襯。

（九）潑皮賴虎／潑皮賴肉

《詞話》第五十七回：“卻被那些潑皮賴虎常常作酒撈錢，抵當不過一會兒，把袈裟也當了，鍾兒罄兒多典了。”白維國（2005年，第294頁）：“潑皮賴虎，耍無賴的人。”徐複嶺（第562頁）：“潑皮賴虎，流氓惡霸。”蓋謂虎比喻惡霸。張惠英（第228頁）：“賴虎，用作‘賴貨’，和‘潑皮’同義並列，都是無賴之徒。吳語‘虎、貨’單字調不同，連讀調常同，所以‘賴虎’音同‘賴貨’。”

“賴虎、賴貨”的説法均典籍未見，二解不可取。虎當爲肉之形誤，手書肉作宍（唐魏棲梧）𠕎（敦煌甘博4-5），虎作𥤓（唐顏真卿）𧆞（明文徵明），二者形近。《詞話》第七十五回：“那潑皮賴肉的，氣的我身子軟癱兒熱化。”明胡文煥《群音類選·北腔》卷四《黃花峪跌打蔡紉絛》第一折：“花花太歲爲第一，浪子喪門有誰入？堦下居民聞吾怕，只某是潑皮賴肉的蔡衙內。”可爲佐證。“潑皮賴肉”是“潑皮”基礎上的擴展，即先有“潑皮”一詞，使用者想要強化“潑皮”的表義，便用仿詞的方法創造了“賴肉”，正如仿照“没心”配上“没肺”，仿照“白説”配上“綠道”（參看楊琳，第51～53頁）。

（十）腳兒徒弟

《詞話》第八十四回：“雖爲腳兒徒弟，實爲師父大小老婆。”梅節（第430頁）：“‘腳’館硃改‘師’，非。‘腳兒’應爲上文所説‘廟祝道士’之‘廟祝’，即石伯才。底本二字磨損，繕寫上板誤爲‘腳兒’。崇本刪此下一段文字。”改腳爲師不通，這裏説的是徒弟郭守清、郭守禮與師傅石伯才之間的關係，師傅怎能稱爲“師兄”？“廟祝”與“腳兒”形音相遠，難以致誤。“腳兒”的説法文獻中未見其他用例，此當是“徒弟”一詞的擴展。“兄”是順着"弟"説的。腳有跑腿奔走義。《漢語大詞典》:"腳士,舊時奉官府差遣辦事的人。"明馮夢龍《醒世恒言》第二十三卷:"府中規矩,從來男子不許擅入中堂。便是那人來,也有個女待詔做牽頭,小妮子做腳力,纔走得進來。""腳力"指帶路人。《明實錄·明太祖高皇帝實錄》卷二百四十三(梁鴻志影本):"甲子,詔從直隸、蘇州等十七府州及浙江等六布政使司所屬府州縣小民二萬户赴京,占籍於上元江寧二縣,以充各倉夫役,名曰倉腳夫。"許寶華、宮田一郎(第5157頁):"家腳,長工。吳語。"徒弟要爲師傅跑腿效勞,故仿造"腳兄"。

(十一)罵人不吐核

明洪楩《清平山堂話本·快嘴李翠蓮記》:"且是罵人不吐核,動腳動手便來攄。"劉振鐸(第460頁):"罵人不吐核,形容特别能罵人。"韓旭(第280頁):"罵人不吐核(hú)兒:污言穢語,什麼寒磣罵什麼,而且罵起來没完。"均不言"不吐核"與罵人有何關聯。傅璇琮(第127頁):"罵人不吐核:罵人罵得很流利,很快。是拿吃東西吃得很快來比擬。"這大約是把"不吐核"理解爲吃得快來不及吐核,故用來比喻罵人流利。此解不免牽附。"罵人不吐核"是説罵人很厲害,並無罵人很快之義。其實"核"是順着"人"説的,"人"諧音"仁"(果仁之仁原本寫作人)。《詞話》第二十五回:"那個没個娘老子? 就是石頭狢剌兒裏迸出來,也有個窩巢兒。棗胡兒生的,也有個仁兒。"這裏是"胡"(核)"仁"關聯。吃堅果時,吃了仁要把核殼吐掉,如果連核殼都不吐,那就是胡吃海塞了,故用"不吐核"來强調罵人很厲害。

二、詞素均擴

詞素均擴指對原形的詞素分别加以擴展,一般利用包含原形詞素的現成詞。

(一)絲麻皁綫

《詞話》第八十二回:"我經濟若與他有一字絲麻皁綫,靈的是東嶽城隍,活不到三十歲。""絲麻皁綫"含義不明,理據不詳,學者們有多種解釋。

A. 王利器(第115頁):"絲麻皁綫,些微私弊。'絲'是'私'的諧音。亦作'半絲麻綫'、'皁絲麻綫'。"李申(第191頁):"'絲'與'私'諧音。絲麻皁綫,比喻微小的瓜葛、私弊。"

B. 毛德彪、朱俊亭(第672頁):"絲麻皁綫,皁,黑。絲麻黑綫,黑白相間。比喻是非糾葛。亦作'皁絲麻綫'。"白維國(2015年,第1443頁):"絲麻皁綫,指瓜葛;牽扯。"

C.《漢語大詞典》:"皁絲麻線,亦作'皁絲麻綫'。比喻是非混亂,糾纏不清。"

D. 劉敬林（第255頁）：“‘絲麻皂綫’是‘皂絲麻綫’或‘麻絲皂綫’的誤乙。……‘皂絲麻綫’，從詞結構看，是由同義詞‘皂絲’與‘麻綫’構成的並列短語。‘皂’本指‘黑’，常義不贅。與‘黑’並列的‘麻’亦爲‘黑’。……‘絲’確是‘私’的諧音，指私情。‘皂絲’即不白之私：不正當的男女交往。”

E. 白維國（2015年，第2585頁）：“皂絲麻綫，比喻細小的差錯、疏漏。”

各家釋義均未明源流，有欠允當。“皂絲麻綫”是“絲綫”基礎上的擴展。“絲綫”一詞早已流行。唐王建《織錦曲》：“回花側葉與人別，唯恐秋天絲綫乾。”五代王仁裕《開元天寶遺事》卷上《牽紅絲娶婦》：“元振欣然從命，遂牽一紅絲綫，得第三女，大有姿色，後果然隨夫貴達也。”“絲綫”常用來縫合布料或繫連兩物，故用來比喻細小的牽連、瓜葛。明馮夢龍《掛枝兒·私部·虛名》：“蜂針兒尖尖的刺不得繡，螢火兒亮亮的點不得油，蛛絲兒密密的上不得箔，白頭翁舉不得鄉約長，紡織娘叫不得女工頭。有甚麼絲綫兒的相干也，把虛名掛在旁人口。”宋黎靖德《朱子語類》卷三十四：“但顔子得聖人説一句，直是傾腸倒肚便都了，更無許多廉纖纏擾，絲來綫去。”《漢語大詞典》：“絲來綫去，謂牽扯糾纏。”爲了強調“絲綫”的表義，便擴展爲“皂絲麻綫”。“皂絲”即黑色的絲，“麻綫”即麻紡的綫，兩者都是語言中現成的詞。唐杜佑《通典》卷一百四十六：“疎勒樂二人，皂絲布頭巾，白絲布袍。”宋高承《事物紀原》卷九：“六纛，《實録》曰：‘商有纛，皂絲爲之，似蚩尤首。’”唐張鷟《朝野僉載》卷一：“景雲中謠曰：‘一條麻綫挽天樞。’絶去也。”“皂絲麻綫”的説法也很早就有。宋惟白《建中靖國續燈録》卷十八《歙州普滿明禪師》：“問：‘一佛出世，各坐一花。師今出世，爲什麼卻陞此座？’師云：‘一片紅雲起，千山地布金。’僧拈起坐具云：‘且道遮箇是什麼？’師云：‘不用皂絲麻綫。’”這裏的“皂絲麻綫”用的是皂絲和麻綫的本義，意爲坐具不用皂絲麻綫製作。“麻綫”之所以拿“皂絲”相配，自然是麻有黑義，可與皂構成借對的效果。在否定句中，爲了表示沒有絲毫瓜葛，又將“皂絲麻綫”改爲“半絲麻綫”。明馮夢龍《古今小説》卷第三十八：“他便是我爹爹結義的妹子養的兒子，我的爹娘記掛我，時常教他來望我，有甚麼半絲麻綫？”“半絲”比“一絲”要少。這裏的“絲”已變成了“麻綫”的量詞。

“絲麻皂綫”是“皂絲麻綫”的變異，變異的動因有二。一是漢語並列結構的詞語其成分的排列傾向於按四聲先後排序，“絲麻皂綫”的説法能滿足這一韻律要求。二是語言中原本存在“絲麻”和“皂綫”兩詞，爲變異提供了可能和便利。“絲麻”先秦以來常見，無須贅述。“皂綫”的用例如唐道世《法苑珠林》卷七十五《咒術篇第六十八之二·禳咒部》：“行此法用者，須黑羊毛繩咒七徧，繫左臂，若無羊毛，用皂綫亦得。”明申時行《大明會典》卷六十《禮部十八·冠服一·皇太子妃冠服》：“烏用青綺，飾以描金雲鳳文，皂綫純。"多音節的俗語發生變異是常見現象,只要變體能講得通,就不存在訛誤問題。參看楊琳(第 63 ～ 72 頁)。

由於"皂絲麻綫"多用在男女瓜葛方面,所以前人有"絲"諧"私"、指私情的説法。但"皂絲麻綫"也有用在其他方面的。《水滸傳》第二十六回:"若是停喪在家,待武松歸來出殯,這個便沒甚麼皂絲麻綫。若他便出去埋葬了,也不妨。若是他便要出去燒他時,必有蹺蹊。你到臨時只做去送喪,張人眼錯,拿了兩塊骨頭,和這十兩銀子收着,便是個老大證見。"驗屍官何九叔看出武大郎是被毒死的,迫於西門慶的淫威他没敢聲張,但又擔心武松回來追究此事,找他算賬,所以憂愁苦惱。上面的話是何九叔的老婆給他出的主意,意思是説如果潘金蓮等武松回來再將武大出殯,那就跟你没什麼干係了;如果不等武松回來就將武大火化了,你就偷取兩塊屍骨作爲證據,一旦武松追究,你提交證據,也就没事了。這裏的"皂絲麻綫"説的是何九叔與武大之死的瓜葛,與男女私情無關。可見"皂絲麻綫"(包括各種變體)的本義是瓜葛、干係。

因"皂絲麻綫"多用在不正當的男女瓜葛方面,故引申指不正當男女關係的綫索、把柄。明天然癡叟《石點頭》卷四:"多承張相公不棄我女鳳姐,聘來爲妾。若是我女兒到了你家,有甚皂絲麻綫落在你眼裏,這便合應受打受罵受辱,便是斫頭也該。然也須捉姦捉雙方纔心服。"明馮夢龍《醒世恒言》卷三十三:"那後生道:'卻也作怪,我自半路遇見小娘子,偶然伴他行一程路兒,卻有甚皂絲麻綫,要勒掯我回去?'朱三老道:'他家有了殺人公事,不爭放你去了,卻打没對頭官司!'"明洪楩《清平山堂話本·錯認屍》:"周氏道:'大娘門前無人照管,不如留他在家使唤,待得丈夫回時打發他未遲。'高氏是箇清潔的人,心中想道:'在我家中我自照管着他,有甚皂絲麻綫?'遂留下交他看店。"

綜上,"皂絲麻綫"是"絲綫"的擴展,本義是瓜葛、干係,引申特指不正當男女關係的綫索、把柄。

(二)花馬掉嘴

《紅樓夢》第六十五回:"三姐兒聽了這話,就跳起來站在炕上,指着賈璉冷笑道:'你不用和我花馬掉嘴的,儹們清水下雜麵,你吃我看,提着影戲人子上場兒,好歹別戳破這層紙兒。'"《漢語大詞典》:"花麻調嘴,猶言花言巧語。亦作'花馬掉嘴'。"舉例有明佚名《南極登仙》第三折:"你則老實説,我那裏曉的這等花麻調嘴。""花馬(麻)掉嘴"的實用義是明確的,但理據不明。馮其庸、李希凡(第 33 頁):"花馬吊嘴,亦作'花馬掉嘴',較花言巧語之語意爲重。養熟的馬,喜歡搖着頭,用嘴在人身上蹭,謂之'掉嘴',因而含有將人比作牲口的貶蔑之意。"周培興(第 409 頁):"花馬掉嘴,主謂結構(花馬——掉嘴)。……掉嘴:失去籠嘴。'花馬掉嘴',比喻花言巧語、耍貧嘴、哄騙人。"上面對理據的解釋都不可信。

馬或作抹。蘇彩鳳、張秀蓮《佘塘關》（北京寶文堂書店 1958 年，第 28 頁）："你還是跟我'滑抹吊嘴'的，待我與她緊上三扣。"凸凹《玉碎》（新世界出版社 2004 年，第 112 頁）："想當初我就覺得那小子滑抹掉嘴、賊模鼠眼的，就不是什麼正經人家兒。"元代以來稱口才爲"嘴抹兒（子）"或"口抹"，多指口才好，抹是本領、能耐的意思（詳見楊琳，第 324～328 頁）。也寫作"口馬"。李榮（第 5361 頁）："賣口馬，南寧平話。戲稱憑口才賺錢：江湖佬都是賣口馬嘅。"引申指能説會道，花言巧語。元秦簡夫《陶母剪髮待賓》三折："俺兩個不會營生買賣，全憑嘴抹兒過其日月。"顧學頡、王學奇（1990 年，第 536 頁）："嘴抹兒，猶嘴末子、嘴皮子，意指花言巧語。"元鄭廷玉《後庭花》第三折："那恰便似一部鳴蛙，絮絮答答，叫叫吖吖，覷了他精神口抹，再言語還重打。"《漢語大詞典》："口抹，油嘴滑舌。""精神"謂氣力旺盛，指説得喋喋不休。談寶森《京城笑仙》下（北京燕山出版社 2016 年，第 883 頁）："春姐是個嘴抹子：'這孩子長得多穩重啊！'""嘴抹子"指能説會道的人。"花馬掉嘴"是"嘴抹"基礎上的擴展。"花馬"猶言"花言"。"掉嘴"謂搖唇鼓舌，耍貧嘴。明吳承恩《西遊記》第九回："但是一個掉嘴口討春的先生，我問他幾時下雨，他就説明日下雨。""掉嘴口討春"意爲耍嘴皮算命。明東魯古狂生《醉醒石》第九回："那小淫婦没好氣的，倒把咱嚷亂，不許咱上門。就是陳一，咱雖比不得待哥哥，也是名色兄弟，不攔這一攔，任他掉嘴。"也寫作"吊嘴"。《詞話》第五十三回："小奴才，你曉得甚的，別要吊嘴説，我老人家一年也大你三百六十日哩。"語言中凡是本字不明的詞或詞素往往有多種變異，這是因爲使用者總想使它有理可講，各自臆想，造成形形色色的變體。或擴展爲"花貓巧嘴"。明羅懋登《三寶太監西洋記》第二十五回："那聽你這個花貓巧嘴。"各地方言中還有花媽掉嘴、花末掉嘴、花貓吊嘴、滑磨調嘴、滑門掉嘴、嘩門吊嘴等寫法（許寶華、宮田一郎，第 2458、2462、2461、6295、4100 頁）。不難看出，對本字不明的抹，人們喜歡選擇具有形象色彩的字詞，如馬、麻、貓、磨、門等，形象化的語言更有吸引力。

明清溪道人（方汝浩）《禪真逸史》第八回："若説這沈全，又好計較了。他混名叫作蛇瘟，只圖自在食用，並無半點經營。今正在不足之中，老身用些嘴沫，假意勸他生理。"明伏雌教主《醋葫蘆》第六回："如今老身去説與員外作妾，料必不肯，須要我多費些嘴沫，院君也吝不得銀子，纔可成就。"白維國（2015 年，第 2769 頁）："嘴抹兒，即'嘴沫'。""嘴沫，口中唾沫，借指言語；言辭。""嘴沫"指口才，寫作沫是俗詞源的聯想，並非本字。

"花馬掉嘴"既然是"嘴抹"的擴展，其擴展形式爲何不是"掉嘴花馬"？如前所述，漢語並列結構的詞語,其成分的排列以平上去入爲序,入聲消失後產生的詞語以平上去爲序。媽、麻、貓、磨、門都是平聲,北京話中"花馬(末)掉嘴"的馬(末)讀輕聲,可見"花馬掉嘴"(包括"花貓吊嘴"等寫法)的排序是受聲調和諧律支配的結果。擦拭義的抹今天讀 mā,這一平聲讀音明代就已存在。明徐孝《合併字學篇韻便覽》(萬曆三十四年張元善刻本,《四庫存目叢書·經部》193 冊)所收《合併字學集韻》卷二《平聲·十五誇》抹音猛瓜切。清朱駿聲《説文通訓定聲·履部弟十二》"獘"下:"抹搬即摩挲也,亦疊韻連語。"《釋名·釋姿容》:"摩娑,猶末殺也。"清王先謙《釋名疏證補》:"今人讀末殺爲平聲,乃摩撫之意,其音即爲摩娑,知聲義通轉也。""摩娑"之摩今官話一般讀 mā,可知"抹搬"之抹讀 mā。因"嘴抹"之抹明代讀平聲,故其擴展形式爲"花馬掉嘴"而非"掉嘴花馬"。

三、插嵌虛字

插嵌虛字指在原形中插入沒有實際意義的襯字或虛詞。在"x 而 x 之"格式中,"而"和"之"往往是擴展用的襯字。金宏達《達觀》(人民文學出版社 2014 年,第 40 頁):"恰如起跑後本有差距,又跌一跤,運命多舛,此種心情,非幽而默之,真無以遣之。""幽而默之"是"幽默"的擴展。力人《力人茶坊》(中國三峽出版社 2002 年,第 71 頁):"想一想,作爲盛唐的'第一夫人'居然可以委身於這粗糙的澡池,那至高無上的帝王難道不可以傾天下之能工巧匠爲他的正妃娘娘建一座花色怡人、光滑細膩的水池嗎? 豈不滑而稽之! ""滑而稽之"是"滑稽"的擴展。其他如"擴而充之、籠而統之、堂而皇之、久而久之"等。下面舉一些不易察覺的插嵌虛字的詞語。

(一)烏七八糟

《漢語大詞典》:"十分雜亂、骯髒。""烏七八糟"的理據是什麼? 它是"烏糟"的擴展。清蘧園《負曝閒談》第十四回:"(領衣)白的漂亮是漂亮,然而一過三四天,就要換下來洗。那顏色的耐烏糟些,至少可以過七八天。"糟本指酒糟、糟粕,引申指朽爛污濁。"烏糟"也寫作"污(汙)糟",同義連文,"七八"是插嵌的襯字。同類的如:零碎 > 零七八碎,亂糟 > 亂七八糟,爛糟 > 爛七八糟,歪斜 > 歪七八斜,烏黑 > 烏七八黑,雜 > 雜七八雜。

(二)正麼剛

《詞話》第四十三回:"正麼剛遂進他門去,正走着,砭齊的把那兩條腿挫拆了。"梅節(第 203 頁):"正麼剛遂,四字崇本無,以費解刪去。'正'應爲'這'之訛。'遂'疑爲'逕'之誤。潘金蓮下文對月娘復述此事作'一直奔命往屋裏去了'。金蓮背地裏罵的話大概更惡毒，‘剛’或爲‘喪’音近之誤，又與‘奔’互倒。張鴻魁謂‘剛遂’爲‘剛邁’之誤。”白維國（2005 年，第 502 頁）：“正麽剛遂，恰恰；剛好。今口語説‘正麽剛兒’。”梅解臆改，白解近是。“進他門去”説的是潘金蓮，而非西門慶。正、剛都有正要、剛剛義。清醒世居士《八段錦》第三段：“却説楊二發火燒時，楊氏剛正睡着。”清李寶嘉《官場現形記》第三十一回：“老帥今天連老祖跟前的功課都没有做，此刻剛正吃過藥，蒙着兩條棉被在那裏出汗。”“剛正”同義連文。也説“正剛”。于志明主編《延安文藝·民間文學卷》（中國青年出版社 2004 年，第 202 頁）：“老拴正剛要出門看個究竟，門裏進來一個人。”天上天上《尋龍葬地訣之血玉咒》（珠海出版社 2008 年，第 193 頁）：“我正剛想喊他小心點兒，就見那高高的墓室上面突然掉下來一具骷髏架子，摇摇晃晃地朝着我們兩人撲來。”麽是口語中的襯字，如“好麽秧兒、悄麽聲兒地、甜麽梭兒的”等。所以應以“正麽剛”爲一詞，義爲正要，這有現代方言的印證。遂爲邁之形誤説可從，手書邁作𨖚（明祝允明），遂作𨔰（晉王羲之），二者形近。“正麽剛邁進他門去”意爲正要走進門去。

（三）通厮腳／軟斯金

《詞話》第六十四回：“玳安一面關上鋪子門，上炕和傅夥計兩個通厮腳兒睡下。”第七十二回：“俺娘兒兩個一炕兒通厮腳兒睡。”王利器（第 322 頁）：“通厮腳兒，即俗語所謂‘打通腿’，兩人同床而伸腳的方向相反。”《漢語大詞典》：“通厮腳兒，猶通腳。”“通腳，兩人同臥而伸腳的方向相反。”釋義是，但没有落實厮字。張惠英（第 243 頁）：“‘厮’這兒可能是‘相’的意思。‘通厮腳兒’可能是腳相對的意思。”相互義之厮只能加在動詞前面（如“厮打、厮混”），放在腳前講不通。一般説“通腳”。明吴承恩《西遊記》第四十四回：“原來八戒與沙僧通腳睡着。”明佚名《女真觀》第四折：“你記的一箇草鋪，與你通腳睡了一夜。”“通厮腳兒”是“通腳”的擴展，厮是襯字或是通的後綴（參看“毛司火性兒”條）。

《詞話》第四十二回：“借到許不與先生名下（不要説白銀）軟斯金三百兩。”王利器（第 210 頁）：“軟斯金，白銀的隱語。”《漢語大詞典》：“軟斯金，白銀的隱語。”未明理據。

白維國（2005 年，第 328 頁）：“軟厮金，胡謅的白銀的代稱。‘軟厮金’跟‘軟厮禁’諧音，軟癱、不硬掙的意思。用來打趣。”劉敬林（第 160 頁）：“‘軟厮金’，誠如《詞典》所説，爲‘軟厮禁’的諧音，但‘軟厮禁’並非‘軟癱、不硬掙’，而是軟纏厮磨。而作‘軟厮金’則爲修辭上的雙關，字面‘金’既是‘禁’的記音字，又與銀子爲金屬義相關聯，即‘胡謅的白銀的代稱’，而實又有‘軟纏厮磨來的借銀’之義。”徐複嶺（第 613 頁）：“軟斯金，語出元曲常用語‘軟厮禁’，表示用柔言蜜語等手段軟纏厮磨、巴結討好。諧音爲‘軟斯金’，用作諢語，戲指通過軟纏厮磨手段而借得或騙得的銀錢。”此解未免牽附。

古稱鑞、錫、鉛等質地柔軟的金屬爲“軟金”。明蔣一葵《堯山堂外紀》卷三十八：“莊宗小酌，進新橘，命諸侯詠之。唐朝美詩先成，曰：‘金香大丞相，兄弟八九人。剥皮去滓子，若箇是汝人。’帝大笑，賜所御軟金杯。”清杞廬主人等《時務通考》卷二十七《製銅襯》（光緒二十三年點石齋石印本）：“若以軟金類作襯，用八皮得之。”“軟斯金”是“軟金”的插嵌虚字擴展。《詞話》第九十二回：“這楊大郎到家收拾行李，没底兒褡褳裝着些軟簊金、榆錢兒，挈一張黑心鵰弓，騎一匹白眼龍馬，跟着經濟，從家中起身。”簊即厮之形誤。“軟簊金”與“榆錢兒”（薄小的低劣銅錢）連文，指假冒偽劣的銀子，故下文譏諷説“挈一張黑心鵰弓”。這裏的“軟斯金”跟軟纏厮磨毫無關係。明戴賢《盛世新聲》卷十一《喬木查》（明正德十二年刻本，國家圖書館藏本第 9 册）：“狠姨夫計深，刀斧般恩情甚，騰打鎗頭軟厮金，好姻緣若用心，他待獨樹成林。”《漢語大詞典訂補》（2010 年，第 1148 頁）：“軟厮禁，亦作‘軟厮金、軟絲筋’。謂用柔言軟語去巴結、討好。”白維國（2015 年，第 1842～1843 頁）：“軟厮金，同‘軟厮禁’。”“軟厮禁，用甜言蜜語籠絡。”此解文意未安。騰應爲鑞之音借，清周祥鈺、鄒金生等輯《新定九宫大成南北詞宫譜》（乾隆十一年刻本）卷六十五録此曲即作鑞。“鑞打鎗頭”即常説的“鑞鎗頭”。《漢語大詞典》：“銀樣鑞鎗頭，亦作‘銀樣鑞槍頭’。比喻表面看起來還不錯，其實中看不中用的人。鑞，錫鉛合金，即焊錫，色白似銀。……後常作‘銀樣蠟槍頭’。”由於是“鑞打鎗頭”，故謂之“軟厮金”。“鑞打鎗頭軟厮金”也是比喻中看不中用，而非用柔言軟語去巴結討好。

總之，“軟斯金”是“軟金”的擴展，厮爲襯字或詞綴；“軟斯金”本義爲質地柔軟的金屬，引申指假冒偽劣的銀子，“白銀的隱語”“胡諂的白銀的代稱”等解釋都不確切；“軟斯金”與“軟厮禁”没有關係。

（四）毛司火性兒

《詞話》第六十四回：“雖做（故）俺大娘好，毛司火性兒。”王利器（第 64 頁）：“毛司火性兒，容易發火的脾氣性情。”釋義是，理據不明。霍松林（第 287 頁）：“毛司火性兒，意爲臭焦躁脾氣。毛司，厠所。”認爲“毛司”形容臭。如此用法，未見他例。玳安總體上還是認爲“俺大娘好”，不至於對女主人使用“毛司”這樣的貶詞。李申（第 113 頁）：“毛司即厠所。大小便叫‘水火’，‘火’指大便。毛司火性兒，言就象到厠所拉大小便那樣等不得的性子。這是一句説人性子毛躁的粗俗話。”迂曲難從。白維國（2005 年，第 257 頁）：“毛司火，茅草火，易燃易過，比喻易發火也易平息的脾氣。毛司火是茅草火的粗俗説法。”釋毛司火爲茅草火，未見所據。劉敬林（第 205～206 頁）認爲這是歇後語的一部分，完整形式是“毛司火性兒———一觸即着”，“毛司”即“茅厠”，厠音轉爲 chái，故“毛司”即“茅柴”。此解繞彎太多，尤其是缺乏明代“司”有“柴”音的證據。

我們首先可以確定"火性"是一個詞。元鄭廷玉《楚昭公疎者下船》第一折:"若是那秦公子將卿傲慢,你則索將火性兒全然都放坦。"元高文秀《黑旋風雙獻功》第四折:"惱犯黑旋風,登時火性發。"明佚名《七十二朝人物演義》第十二卷《葉公問政》:"箴尹方纔捺下火性。"《詞話》第四十九回:"就是個形容古怪真羅漢,未除火性獨眼龍。"因此,"毛司火"連讀的解釋都不可取。

其次,毛有急躁義。明湯顯祖《牡丹亭》第十二齣:"一夜小姐忙躁,起來促水朝妝。""忙躁"即"毛躁"。或作"髦𩭞"。宋唐慎微《證類本草》卷十七《犀角》:"有鼻角、頂角,鼻角爲上。大寒無毒,主風毒攻心,髦𩭞熱悶,擁毒赤痢,小兒麩豆,風熱驚癇,並宜用之。"此謂焦躁。宋陳起《江湖後集》卷二十《寄淨慈寺修上人》:"幾回行到言詩處,水寺秋雲髦𩭞飛。"此謂匆匆飛去。敦煌《碎金》(P.3906):"人髦𥈭:冒燥。""冒燥"注音兼釋義,謂冒失急燥。參看楊琳(第333～334頁)。

"廝"(斯)有詞綴的用法(參看蔣宗許第108～111、164～165頁),這種用法早見於《詩經》,後世一直沿用,主要作用是協調音節。下面舉一些廝作詞尾的例子。《莊子·齊物論》"俄而有無矣,而未知有無之果孰有孰無也"晉郭象注:"此都忘其知也,爾乃俄然始了無耳,了無則天地萬物彼我是非豁然確斯也。"豁然確斯,明白透徹。金董解元《西廂記諸宮調》卷五:"休恁廝埋怨,休恁廝奚落! "恁廝,這般,這樣。明郭勛《雍熙樂府》卷一《醉花陰·春思》:"我和他九泉下熱廝粘,慢騰騰搧動描金鈷。"熱廝粘,熱切地纏磨。明湯顯祖《牡丹亭》第十六齣:"看他嬌啼隱忍,笑譫迷廝,睡眼懵憕。"迷廝,神思恍惚散亂。清呂熊《女仙外史》第八十八回:"船家躲在後艄,直等官員去得遠了,慢廝條兒走來。"慢廝條兒,慢慢悠悠地。清文康《兒女英雄傳》第四十回:"他把個腳步眼界鬧高了,熱廝嗖喇的,一心只想給他家一官大小也鬧個前程兒。"熱廝嗖喇,心情急切地。許寶華、宮田一郎(第2207、7179、7222頁):"冰斯骨冷,冰冷。西南官話。""熨斯熨貼,很整潔;很平整;很美觀。湘語。""撼廝,輕微而長久的撼動。北京官話。"這些詞語當中的廝都是詞尾。

所以,"毛司火性兒"中的"毛司"即"毛廝",義爲毛躁,廝是詞尾,與廁所無關。"毛司火性兒"類似於一些方言中所說的"雞毛猴性子"。"雞毛"即"急毛",寫作雞是諧音式的生動化,正如用"毛腳雞"比喻做事毛手毛腳的人。《紅樓夢》第二十五回:"這老三還是這麼毛腳雞似的。"

需要說明的是,漢語中的不少詞綴附着性不強,可以自由插用,廝就是如此。許寶華、宮田一郎(第849頁):"毛騰廝火,冒失,魯莽。北京官話。""毛騰"義爲毛躁(天津話中有"毛騰騰"的說法),本身已是雙音節,火是單音節,所以廝加在火前構成雙音節,它又成了詞頭。許寶華、宮田一郎（第 846 頁）："毛兒塞火,心急毛躁,不得安靜。中原官話。"塞當爲廝的音轉。

（五）米里馬拉

陳崎（第 578 頁）："米里馬拉,江蘇等地犯罪團夥。指男女性交。此係模擬迎親時所奏的樂曲來喻稱的。"此解未得。米、馬對文,均指代女子。馬指代女子的現象古今常見,如"青馬、瘦馬、入馬"等。李榮（第 3606、4300 頁）："黃米,太原:①糜米。②隱語,暗指女流氓。""量黃米,太原:流氓團夥隱語,暗指嫖妓。"于琴："黃米——一般指提供有償性服務的年輕女性（俗稱'小姐'）。米子——釋義同'黃米'。米隊——釋義同'黃米'。米媽媽——指老鴇。量米——指嫖娼行爲。"韓寬厚（第 295 頁）："量黃米,搞不正當的兩性關係的隱語。"金燕平《別拿村長不當幹部》（花山文藝出版社 2007 年,第 74 頁）："這裏的小姐就叫黃米。"《詞話》第七十四回："桂姐你起來,只顧跪着他,求告他黃米頭兒,教他張致。""黃米頭兒"指妓女的主顧。里、拉是分別是米、馬的擴展,類似的如"噼里啪啦、嘀里嗒啦、嘰里呱啦、稀里嘩啦"等,其中的里、拉（啦）是無實義的記音字。

（六）一 x 二 x

一、二是擴展詞語時常用的襯字。如"乾淨"擴展爲"一乾二淨","清楚"擴展爲"一清二楚","差錯"擴展爲"一差二錯","的確"擴展爲"的一確二",一、二無實義,只是延長音程加以強調。《漢語大詞典》："一真二實,謂完全真實。'真、實'前分別加'一、二',以加強語氣。"加強語氣的解釋是正確的。

語言中有"一模二樣"的説法。明湯顯祖《牡丹亭》第五十五齣:"〔旦起内〕聽旨。杜麗娘是真是假,就着伊父杜寶,狀元柳夢梅出班識認。〔生覷旦作悲介〕俺的麗娘妻也。〔外覷旦作惱介〕鬼乜些,真箇一模二樣。"明凌濛初《初刻拍案驚奇》卷十五:"又或有將金銀珠寶首飾來解的,他看得金子有十分成數,便一模二樣暗地裏打造來換了。"清曹雪芹《紅樓夢》第六十二回:"襲人上月做了一條和這個一模二樣的。""一模二樣"義爲一模一樣,它是對"一模一樣"的改造,是套用"一 x 二 x"格式的結果,"二"本身並無意義。若不知道這種構造機制,容易産生"二"爲"一"之訛誤的錯誤判斷,因爲"二樣"與"一樣"含義相反。

四、同義重複

同義重複即同義連文,古今常見。除了大量的兩個音節的同義連文外,三、四個音節的也不乏其例。在保持表義基本不變的前提下擴展既有的詞語,采用添加同義近義詞語是最爲便捷也是最爲常用的擴展手段。前人的研究只是局限於同義連文本身,我們把它看成是詞語擴展這一語言規律的一種表現。因這方面前人已有不少研究,我們不再贅述,只舉一個隱晦不明的同義重複的例子加以辨析,聊備一格。

下般的。《詞話》第六十八回:"你也下般的把俺每丢在這。"《漢語大詞典》:"下般,猶忍心。"王利器(第24頁):"下般的,竟然做得出的意思。""下般不的,放不下。魯南一帶群衆,把'丢、放、撂'都叫做'般'。"李申(第49頁):"下般的,猶言'這般下的',義即'這麽忍心','如此捨得'。'下的',或作'下得',義爲忍心、捨得。"白維國(2005年,第420頁):"下般,忍心;捨得。"許超(第77頁):"下般,土語,原指級別或方位,下邊、下頭、下級,方言中表示方位:下般兒。般兒,'邊兒'的近音詞。下般,其引申義爲'狠心捨棄、抛開不睬、安然處之或行爲低級、下等、下做、下流'等。含有多重貶義色彩。"王夕河(第428頁):"'下般的'即'下把的',實是指下得去手的意思。"各家對"下般"整體含義的理解大同小異,區別主要在對"般"的解釋不同。

"下般的"義爲捨得、忍心,否定的説法是"下般不得(的)",也音變寫作"下攀、下變"等。下面是一些用例:

(1)姑夫,我在家裏那一般兒不做? 掬火棒兒短,强似手不剌,下般的趕我出去呵? (元佚名《施仁義劉弘嫁婢》第一折)

(2)緊教人疼的魂也没了,還要那等撥弄人,虧你也下般的。(《詞話》第七十五回)

(3)月娘見他嚇得那等腔兒,心中又下般不的。(《詞話》第二十六回)

(4)老爺作難,全是爲他也有處好在咱身上,怎麽下攀的這個心? (清西周生《醒世姻緣傳》第十四回)

(5)我們不能庇護他罷了,反把他往死路裏推將出去,這,阿彌陀佛,我却下變不得。(《醒世姻緣傳》第十四回)

下有放下、去除義。《周禮·秋官·司民》:"司民掌登萬民之數,自生齒以上皆書於版……歲登下其死生。"鄭玄注:"下猶去也,每歲更著生去死。"此謂將死者除名。《新唐書·杜如晦傳》:"與玄齡共筦朝政,引士賢者,下不肖,咸得職。"宋羅大經《鶴林玉露》丙編卷一《檳榔》:"蓋酒後嚼之,則寬氣下痰,餘醒頓解。"由去除、捨棄引申爲捨得、忍心。宋袁去華《金蕉葉》:"舊日輕憐痛惜,卻如今、怨深恨極。不覺長籲嘆息,便直恁下得!"宋辛棄疾《粉蝶兒》:"甚無情,便下得,雨僝風僽,向園林、鋪作地衣紅縐。"金董解元《西廂記諸宮調》卷六:"薄倖的冤家好下得,甚把人抛趖?"《水滸傳》第八回:"我兒放心,雖是林沖恁的主張,我終不成下得將你來再嫁人?"顧學頡、王學奇(第26頁):"下得,即'捨得'的聲轉;忍心之意,猶云忍得、捨得。"此説未得,下自有捨得義。"下般的"與"下的"同義,"下般的"應該是"下的"基礎上的擴展。王利器説魯南地區般有丟、放、摞的意思。李榮(第1653頁):"扳,洛陽,把用不着的東西扔掉:這衣裳都爛了,把它扳了吧。"扳、般同音,應該是同一個詞。方言中也寫作拌。許寶華、宮田一郎(第3281頁):"拌,扔棄。"見於南北很多方言。拌可能是該詞的本字。《方言》第十:"拌,棄也。楚凡揮棄物謂之拌。"郭璞注:"今汝潁間語亦然。"宋蔡伸《西樓子》:"多少恨,多少淚,謾遲留,何似驀然拌捨去來休。""拌捨"同義連文,謂割捨。朱炳玉(第135頁)記客家方言:"拌得,捨得;唔拌得,不捨得。"字或作拼(挴)。宋李清照《怨王孫》:"多情自是多沾惹,難拼捨,又是寒食也。"宋文天祥《文山先生全集》卷十二(景烏程許氏藏明刊本):"握手論交挴一醉,東風散作滿城春。"白維國(2015年,第1515頁):"拼,豁出;捨得。"清彭養鷗《黑籍冤魂》第十一回:"講明白賞了三十兩銀子,子誠把煙拿回去,新娘雖然不拼得,也是無法。"《漢語大詞典》:"拼得,方言。捨得,不吝惜。"可見"下般"爲同義連文。

捨棄義之拌是判的分化。《説文》:"判,分也。"有分割義。《史記·龜策列傳》:"鐫石拌蚌,傳賣於市,聖人得之,以爲大寶。"唐司馬貞索隱:"拌,音判。判,割也。"引申爲割棄、割捨。張相(第526~527頁):"判,割捨之辭;亦甘願之辭。自宋以後多用挴字或拼字,而唐人則多用判字。……然其本字實作拌。"唐韓偓《見花》:"看卻東風歸去也,爭教判得最繁枝。"此謂春風歸去時怎教它捨得此花。王念孫認爲拌是播的音轉。《廣雅·釋詁一》:"拌,棄也。"王念孫疏證:"拌之言播棄也,《吳語》云'播棄黎老'是也。播與拌古聲相近。"此説不如判字分化説合理。

原形擴展的四種類型中,説同義重複型強調了表義,容易理解,但仿詞接應、詞素均擴、插嵌虛字三種類型擴展的成分並不直接重複原形既有的意義,甚至還可能對準確理解意義產生一定的干擾,爲什麽説它們是強調表義的手段?在口語表達中,説話人想要強調某個詞語或句子,可以放慢説話的語速,放慢語速便延長了音程,便於聽者準確接受信息,並在腦中增加信息逗留的時間,從而加深印象。仿詞接應等三種類型采用的就是延長音程的策略,所以也有強調表義的作用。

瞭解詞語原形擴展的機制對正確理解有關詞語的含義及其理據具有方法論的價值。它在研究方法上給我們的啟示是,對一些難以理解的詞語,不妨從原形擴展的角度加以考慮,或許就能認清其構造,探明其真相。比如俗語中有"一個頭兩個大"的説法,形容事情難以處理,讓人頭疼。龔鵬程《國學通識課》(岳麓書社2019年,第50頁):"中國人學外語,對這些格的變化,常感到一個頭兩個大。""一個頭兩個大"字面上不好理解。如果我們把它看成"頭大"（形容事情爲難或令人厭煩、害怕）的擴展，把"一個""兩個"理解爲常用擴展格式"一 x 二 x"的口語變換，疑難就煥然冰釋了。又如"三長兩短"根據原形擴展理論，可視爲"長短"的擴展。查有關辭書，"長短"確有"意外事故"的意義。而"長短"的擴展用字可以是一、二，可以是二、三或三、四。"三長兩短"是"三長二短"的變體，先三後二（兩）乃語音和諧律影響的結果。

參考文獻

白維國　《金瓶梅詞典》修訂本，綫裝書局 2005 年

———　《近代漢語詞典》，上海教育出版社 2015 年

陳剛等　《現代北京口語詞典》，語文出版社 1997 年

陳　崎　《中國秘密語大辭典》，漢語大詞典出版社 2002 年

馮其庸、李希凡　《紅樓夢大辭典》增訂本，文化藝術出版社 2010 年

傅璇琮　《宋元話本》，泰山出版社 2007 年

顧學頡、王學奇　《元曲釋詞》第 4 册，中國社會科學出版社，1990 年

韓寬厚　《府谷方言研究》，陝西人民出版社 2013 年

韓　旭　《京郊方言》，中國書店 2015 年

李　榮　《現代漢語方言大詞典》，江蘇教育出版社 2002 年

李　申　《金瓶梅方言俗語匯釋》，北京師範學院出版社 1992 年

劉敬林　《金瓶梅方俗難詞辨釋》，綫裝書局 2008 年

劉振鐸　《俗語詞典》，北方婦女兒童出版社 2002 年

毛德彪、朱俊亭　《金瓶梅注評》，廣西人民出版社 1990 年

梅　節　《金瓶梅詞話校讀記》，北京圖書館出版社 2004 年

王利器　《金瓶梅詞典》，吉林文史出版社 1988 年

王夕河　《金瓶梅原版文字揭秘》，灕江出版社 2012 年

徐複嶺　《金瓶梅詞話、醒世姻緣傳、聊齋俚曲集語言詞典》，上海辭書出版社 2018 年

許寶華、（日）宮田一郎　《漢語方言大詞典》，中華書局 1999 年

許　超　《金瓶梅清河方言考》，中國文聯出版社 2006 年

楊　琳　《漢語俗語詞詞源研究》，商務印書館 2020 年

于　琴　《太原犯罪隱語研究》，《中國社會語言學》2015 年第 1 期

張惠英　《金瓶梅俚俗難詞解》，社會科學文獻出版社 1992 年

張涌泉　《張涌泉敦煌文獻論叢》，上海古籍出版社 2011 年

周培興　《漢語慣用語新解》，青島海洋大學出版社 1995 年

朱炳玉　《客家方言詞語考釋》，廣東人民出版社 2019 年

文獻語言學（20）:59～72,2025

文獻語法學的幾個問題①

魏兆惠

（北京文獻語言與文化傳承研究基地／北京語言大學文學院,北京,100083）

提　要:文獻語法學是文獻語言學的一個分支學科,它重在研究不同種類的文獻包括口語文獻和書面語文獻、出土文獻與傳世文獻、本土文獻與域外文獻、普通文獻與專業文獻等所體現出來的語法特徵,既重視歷代文獻語法發展規律的揭示與歸納,也重視利用中外理論對古文獻所呈現的漢語語法進行闡釋。文獻語法研究經歷了漫長的萌芽、發展過程,與訓詁學、語法史有交叉但也有區別。

關鍵詞:文獻語法學;定義;歷史;材料與方法

一、文獻語法學的定義

　　"文獻語言學"的概念,是 20 世紀中後期陸宗達先生在吸收黃侃先生學術精髓的基礎上首先提出來的,這一新概念是對傳統音韻、文字、訓詁之學的突破。馮勝利（2016年）概括陸宗達先生的文獻語言學至少包括以下的内容和方向:結構原則的繼承、文獻語義學的方法、文獻語音學／音韻學、文獻句法學、文獻字法學／文字學、文獻韻律語法觀、文獻語體語法説等②。華學誠、張猛（2017 年）將"文獻語言學"學科理論進一步系統化,不僅給文獻語言學下了完整的定義,還第一次旗幟鮮明地將"文獻語法學"置於文獻語言學的學科框架之下。

　　此前國内關於"文獻語法學"的論述已經零星可見。如錢宗武（1998 年）説:

　　　　文言語法研究的方法論大致以《馬氏文通》爲界,其前是訓詁式的研究,其後多
　　　　爲模仿式的研究。訓詁式的研究偏重經驗,重語料而疏於闡釋規律演繹體系;模仿式
　　　　的研究偏重模式,重因襲而疏於對文言自身語法特點的認識和分析。訓詁式和模仿

① 本文爲北京社科基金規劃重點項目"明清至民國京津冀方言歷史文獻整理與研究"（22YYA004）的
　　階段性成果。
② 2015 年 8 月在北師大召開的"章黄學術思想研討會暨陸宗達先生誕辰 110 周年紀念會"上宣讀。

式都嚴重影響了對文言語法進行卓有成效的深入研究,文言語法尚有許多值得討論的問題,我們需要逐一進行認真的研究,扎扎實實地搜集豐富而又可靠的語料,進行細緻而又縝密的理論思維,建立起真正意義上的漢語文獻語法學。

錢文指出漢語文獻語法學將豐富可靠的語料和縝密的理論思維結合起來,可以彌補之前訓詁式和模仿式語法研究的不足,這和王寧先生"文獻語言學是用中國的方法、中國的材料,同時合理汲取國外的東西而形成的一個學科"(2015年"首屆文獻語言學國際研討會"發言)的思想是一致的,也與《文獻語言學》輯刊"立足事實分析語文現象,依據文獻研究漢語歷史,貫通古今探索演變規律,融會中外借鑒前沿理論,繼踵前賢實現自主創新"的辦刊宗旨不謀而合。

如果嘗試給文獻語法學下一個定義,可以表述如下:

文獻語法學是文獻語言學的一個分支學科,它重在研究不同種類的文獻包括口語文獻和書面語文獻、出土文獻與傳世文獻、本土文獻與域外文獻、普通文獻與專業文獻等所體現出來的語法特徵,同時也重視歷代文獻語法發展規律的揭示與歸納,重視利用中外理論對古文獻所呈現的漢語語法進行闡釋。

二、文獻語法研究的歷史

(一)早期國外的文獻語法研究

在國外,"文獻語法"的概念出現得非常早,是和理性語法(也稱唯理語法、哲學語法、合理語法)相對的一個語法流派。張惠民(1995年,第296頁)指出:"文獻語法是爲了通過分析去研究文獻而出現的一種語法。其研究方法主要是考證、解釋古代經典的語言。"

現存最早的一部語法書叫《波你尼經》,大約成書於公元前4世紀,它是由印度古代語言學家波你尼以"經"體寫成的梵語語法書。該書論述了梵語詞根、詞幹、詞尾、前綴、後綴、派生詞等語法現象,構建了一部完整的梵語詞法學體系。但因其語言簡略,不經專門教師的訓練教授不容易深入理解。它不僅是後人據以瞭解和掌握梵語語言的手段,其本身也成爲語法學家的研究對象。前3世紀和前2世紀,迦旃衍那和波顛闍利分別寫了《釋補》和《大疏》,前者注釋《波你尼經》,後者不僅再注《波你尼經》,並就《波你尼經》進行糾正和補充。梵語作爲口頭語言早在公元前數百年就已不再被使用,但作爲宗教語言和哲學、科學、文學等的創作語言,一直使用到19世紀。對於婆羅門祭司來説,準確的記憶和唱誦聖詩是職業成敗的關鍵,而他們在宗教上的純潔也有賴於對梵語的精通,因此與梵語相關的辭書和語法書便應運而生。

歐洲現存最早的語法專著是公元前1世紀狄奧尼修斯·特拉克斯的《讀寫技巧》,對希臘語的結構做了扼要分析。古印度語法的研究對象是古印度語言的文獻,古希臘語法的研究對象是古希臘語言的文獻,這些文獻都是有文字記錄的書面語言。正如契科巴瓦《語言學概論》(第6頁)所説:"活的語言(印度語、希臘語)向前發展了,而以手抄本形式保存下來的古代文獻中的語言變成不可理解的了。於是不得不給不懂的詞和語加以解釋。必須修正手抄本在繕寫過程中所造成的筆誤。由於這種對原文所下的文獻學工夫的結果,於是就産生文獻語法。"

(二)早期中國的文獻語法研究

中國早期文獻語法產生的原因和過程與國外非常相似。朱星(1957年,第4頁)説:"(梵文語法和古希臘)文獻語法是研究古代的書面經典,並加以考訂注釋,好像中國的校勘訓詁。"張世禄(1984年,第117頁)也認爲:"他們的目的,都是在誦讀古代的經典。又如猶太人因爲要研究《舊約全書》而編纂希伯來文典,亞拉伯人要研究《可蘭經》而編纂亞拉伯文典。那時言語的研究,當做誦讀經典的一種工具,所以言語學原來只是'文獻學'的一個附庸;這種情形正和中國人研究字書、音韻、訓詁以誦讀古經的很相類似。"

中國古代經學是古代文化的主體,小學是經學的附庸,訓詁又是小學的一個重要內容。中國古代的文獻語法思想其實是在對經書進行訓詁時產生的。如果説印度和歐洲的文獻語法研究是爲宗教和神學服務的話,中國早期的文獻語法則是在爲經學服務的過程中產生的。中國人語法意識的萌芽是很早的。從訓詁學產生開始,就有語法觀念萌發。陸宗達(1957年)説:"因訓詁學本是對於整個具體的語言作出分析,解釋它的全部內容,決不僅是單詞和詞義的問題,許多地方要涉及到語法。"他在《訓詁簡論》(第45～46頁)中甚至説:"訓詁書中也往往談到語言結構,可見語法統攝於訓詁之中,並非有所闕略。"

中國早期文獻語法思想主要體現在:

1. 漢語詞的分類意識

早在春秋戰國時期,中國人就有了把詞分類的意識。《墨經·經上》有:"名:達、類、私。"《經説上》進一步解釋:"名:物,達也,有實必待之名也。命之馬,類也,若實也者必以是名也。命之臧,私也,是名也止於是實也。"就是説,《墨經》把名稱分爲"達、類、私"三種,達名是最大的普遍概念,所有實際存在的東西都可以用達名來稱謂。"類"是表示不同類別的概念,如"馬"的外延包括"白馬、黑馬、大馬、小馬"等各種小類的馬,凡區別於牛羊等而屬馬類的都用"馬"來稱呼。私,則是個體名詞,"私名"相當於《馬氏文通》的"本名",指"某人某物",即專名或專有名詞,是表示專有對象的個別概念,如"臧"是奴隸名,"臧"的外延只限於"臧"這個人,臧之名也只能稱謂"臧"這個人。除此以外,《墨經·大取》還有一種名詞的分類:"以形貌命者,必智是之某也,焉智某也;不可以形貌命者,唯不智是之某也,智某可也。"名分兩類,一類是可以用形貌來命名的,另一類是不可以用形貌來命名的,就是具體名詞和抽象名詞。

唐宋時期,詩詞創作達到了鼎盛。爲了創作的需要,人們有了實字和虛字、死字和活字、動字和靜字的分類。活字多包括現在所謂的動詞、副詞、介詞、連詞、助詞等,相對而言,死字則多指名詞以及大部分形容詞;動字相當於現在的動詞,靜字相當於現在的形容詞。如宋代周輝《清波雜志》卷七説:

> 東坡教諸子作文,或辭多而意寡,或虛字多、實字少,皆批諭之。

張炎《詞源》説:

> 詞與詩不同,詞之句語有二字、三字、四字至六字、七八字者,若堆叠實字,讀且不通,況付之雪兒乎? 合用虛字呼喚,單字如"正、但、甚、任"之類,兩字如"莫是、還又、那堪"之類,三字如"更能消、最無端、又却是"之類。

不過,宋人提出"死字、活字"及"動字、靜字"的説法,都不是出於語法研究之目的,而是爲了吟詩作對之方便,正如劉克莊所説:"詞當叶律,使雪兒、春鶯輩可歌。"[①]

2. 關於虛詞的研究

清代阮元在爲王引之《經傳釋詞》所寫的序中説:"經傳中實字易訓,虛詞難釋。"古人很早就注意到虛詞的特殊性。漢、魏時期小學家常將個別無法釋義的詞語稱作"辭、詞、語助、發聲"等。西漢毛亨《毛詩故訓傳》:"采采芣苢,薄言采之。薄,辭也。"東漢許慎稱爲"詞"或"語",如《説文·白部》:"者,別事詞也。"梁朝劉勰《文心雕龍·章句篇》:"尋'兮'字成句,乃語助餘聲,舜詠《南風》,用之久矣,而魏武弗好,豈不以無益文義耶? 至于'夫、惟、蓋、故'者,發端之首唱;'之、而、于、以'者,乃劄句之舊體;'乎、哉、矣、也',亦送末之常科。據事似閑,在用實切;巧者迴運,彌縫文體,將令數句之外,得一字之助矣。"

元朝以後,虛詞研究進入了新階段。元人盧以緯的《語助》共收録 66 組虛詞或與虛

---

① 見劉克莊《跋劉瀾樂府》,《後村先生大全集》卷一〇九。

詞相關的詞組,共計 136 個詞條,周伯琦成書於元至正十一年(1351)的《六書正譌》卷一提出:"大抵古人制字,皆從事物上起。今之虛字,皆古之實字。""大抵古人因事物制字,今之語助,皆古人器物之字。"卷五有:"大抵古人制字,多自事物始,後之修辭者,每借實字爲虛字,用以達其意。"周伯琦認爲虛字多是從實字假借而來的①。

到了清代,虛詞著作更是盛況空前,蔚爲大觀,有劉淇的《助字辨略》、王引之的《經傳釋詞》、袁仁林的《虛字説》、王鳴昌的《辯字訣》、伍兆鰲的《虛字淺解》、張文炳的《虛字注釋》、朱孔彰的《經傳虛字義説》、丁守存的《四書虛字講義》、謝鼎卿的《虛字闡義》等數十種。其中最具學術價值影響也最大的是劉淇《助字辨略》和王引之《經傳釋詞》。袁仁林《虛字説》談到了實詞和虛詞的關係:"當其言事言理,事理實處,自有本字寫之。其隨本字而運以長短、疾徐、死活、輕重之聲,此無從以實字見之,則有虛字托之,而其聲如聞,其意自見。故虛字者,所以傳其聲,聲傳而情見焉。"馬建忠《馬氏文通》中明確界定説:"凡字有義理可解者,曰實字。無解而惟以助實字之情態者,曰虛字。"他將虛字分爲連字、介字、助字、嘆字四類,並對這四類虛字進行了詳細的論述。

3. 關於語序與句子結構的認知

廖庶謙(1940 年)指出:"依筆者的意見,認爲中國的語序,一般的是拿時間的先後做次序的。"戴浩一(1988 年)提出"時間順序原則":"兩個句法單位的相對次序決定於它們所表示的概念領域裏的狀態的時間順序。"其實早在春秋時期人們對漢語的語序已經有所認知。龔千炎(1997 年)指出有不少例證證明中國古人意識到詞語按照時間順序排列,如:

> 春,王正月。(《春秋·隱公元年》)
> ……曷爲先言"王"而後言"正月",王正月也(《公羊傳·隱公元年》)。何注:以上繫於王,知王者受命布政施教所制月也。
> 王正月戊申朔,霣石於宋,五。是月,六鶂退飛過宋都。(《春秋·僖公十六年》)
> 曷爲先言霣而後言石?霣石記聞,聞其磌然,視之則石,察之則五……曷爲先言六而後言鶂?"六鶂退飛"記見也,視之則六,察之則鶂,徐而察之則退飛。(《公羊傳·僖公十六年》)

---

① 有不少學者指出,周伯琦實詞虛化的説法比最早正式提出"語法化"這一術語的法國語言學家 Antoine Meillet 要早了 400 多年。這個理解有誤。周伯琦是從假借的角度説的,並不是從實詞虛化(語法化)的角度説的。認爲周伯琦有語法化思想的錯誤認知被輾轉引用,陳陳相因,必須被糾正,參見劉永華(2013 年)。

《公羊傳》指出"霣、石、五、六、鶂"等詞就是按照時間順序依次排列的,這可以説反映了古人朦朧地意識到了漢語語序的時間順序原則。

(三)中國古代是否有語法學?

一般認爲,《馬氏文通》是我國第一部漢語語法學著作,但也有學者認爲中國古代就有語法學,如鄭奠、麥梅翹編選的《古漢語語法學資料彙編》明確使用"語法學"一詞,第一部分包括詞論和句論兩項。詞論中"語助的意義"内即收集了許慎、孔穎達、賈公彥、盧以緯、劉淇等人的語法觀點。第二部分分别列出了一些諸子之書、文字訓詁之書和傳注之書中有關語法的重點資料。凡明確使用了古漢語語法術語,或在字裏行間中反映出語法意識的論述,一般都有收録,從中可使讀者看出古代漢語語法研究的發展情况。

許威漢、王大年爲孫良明《中國語法學探究》代序中説:"語法未曾獨立分科研究,却未可由此論定漢人古無語法學。不糾此偏,不特有礙古漢語句法之洞察研究,虚詞全面深入研究亦受影響。"孫良明(2001年)還認爲:"科學的態度是,以《馬氏文通》爲界,此前稱之爲中國古代語法學,此書開始稱之爲中國現代語法學……筆者認爲,不宜將《馬氏文通》以前兩千年來的古人語法研究認定爲'中國語法學的萌芽'或'語法學的萌芽時代'。"孫良明把古代語法學分爲萌芽(先秦至漢初)、産生(漢魏晋南北朝)、發展(隋唐宋元明)、大成(清代)四個時期,並從詞序、虚詞、句法結構規律、句法語義關係等角度對古人對語法的認識進行了精闢闡述。不過也有學者對孫良明的看法提出商榷,宋亞雲(2010年)認爲把古人的語義分析(包括詞義和句義)説成是語法分析,混淆了訓詁學和語法學的界限。把古人本來没有的語法觀念强加給古人,這是以今律古;把不自覺的語法意識的萌芽視爲自覺的語法學的誕生,這是拔高古人。

不可否認,鄭奠、麥梅翹、孫良明先生所提到的從《墨經》《荀子·正名》《大戴禮記·夏小正》《公羊傳》《穀梁傳》、漢魏晋的注疏文獻、唐代孔穎達及顔師古等的注疏文獻、元代盧以緯、清代王念孫、俞樾、袁仁林、劉淇的虚字研究,是現代語法思想的基礎。但正如方光燾(1959/1997年)指出:"漢代以來的語言研究注意到了一些語法現象,但這也不是獨立的研究,是附屬於訓詁學的。"這和早期印度、歐洲對經書的語法闡釋性質是一樣的,不一定能稱得上是"學",但可以算是文獻語法的研究,還是"前科學"。

(四)承上啟下——《馬氏文通》的文獻語法思想

馬建忠一方面有很深的中國傳統語言文字的造詣,另一方面精通法語、英語、拉丁語、希臘語等多種"泰西"語言,長期從事中西語言之間的翻譯工作,深受拉丁語語法體系的影響。他在《馬氏文通》例言中説:"此書在泰西名爲葛郎瑪。葛郎瑪者,音原希臘,訓曰字式,猶云學文之程式也。各國皆有本國之葛郎瑪,大旨相似,所異者音韻與字形耳。"《後序》則認爲:"若希臘、若拉丁之文詞而屬比之,見其字別種,而句司字,所以聲其心而形其意者,皆有一定不易之律;而因以律吾經籍子史諸書,其大綱蓋無不同。"同時,《馬氏文通》也直接或間接受到普遍唯理語法思想的影響。普遍唯理語法指出,人們應該在每一個語言的内在維度裹去尋找普遍語法。陳國華(1997年)認爲在理性和語言二者的關係問題上,《普遍唯理語法》和《文通》作者的觀點十分相似。貝羅貝(1998年)認爲《文通》和《普遍唯理語法》衆多概念的相似之處很難説只屬偶然的巧合。許國璋(1991年)則提出《文通》是馬建忠本人根據普世語法通理"勤求深探"的。儘管如此,《馬氏文通》一定程度上還是顯現了文獻語法思想。

1.《馬氏文通》無論從研究方法還是思想上都吸收了傳統文獻語法的精華

(1)語法研究以文獻爲基礎,材料非常豐富

《馬氏文通》初稿寫成後,曾經過其兄馬相伯的删改。馬相伯説:"《文通》原稿經我删去了三分之二有奇,因爲舉例太多,有礙青年讀者的時間與腦力,但是梁任公對於我所删節的本子還嫌舉例太多。殊不知此種研究中國文字的文法書,在《馬氏文通》出版時代,實在是破天荒。舉例過少,學者將由敬信而狐疑。"(陳樂素《相伯老人八十年之經過談》,《人文月刊》1930年)儘管删去三分之二的例子,《文通》仍有7000多條例證,可見馬建忠在搜集文獻方面所下的功夫。據張萬起(1984年)統計,《馬氏文通》的用例分別來自《史記》(18.94%)、《孟子》(15.8%)、《左傳》(13.44%)、《漢書》(10.67%)、韓愈(9.46%)、《論語》(7.59%)、《莊子》(7%)、《國策》(3.72%)、《禮記》(3.54%),另有《公羊傳》《詩經》《國語》《易經》及其他(共計9.82%)。吕叔湘重印《馬氏文通》序評價説:"《文通》收集了大量的古漢語例句,大約有七千到八千句。比它後出來的講古漢語語法的書好像還沒有一本裹邊的例句有它的多。"

(2)繼承了不少傳統訓詁學的正確觀點

除了套用西方語法,《馬氏文通》也有對中國傳統"經生家"(如段玉裁、劉淇、袁仁林、王引之和俞樾等)的繼承。龔千炎(第45頁)説:"它融匯了我國傳統語文學幾乎所有的研究成果,例如虛字、句讀之學、語序、省略、倒裝等等,在某種意義上它可以説是傳統語文學的集大成者。"對於其他詞類的分析,在傳統的漢語研究中也有相應的術語,如"哉,嘆詞也",這裹"嘆詞"來自《經傳釋詞》。"'東至於海,登丸山及岱宗',此'及'字,連及之辭也,""連及之辭"來自《助字辨略》。在某些具體的虛詞解釋中,馬氏也對前人有所繼承,如卷二指示代詞"慮"字:"《漢書·賈誼傳》最慣用……諸'慮'字師古皆訓爲'念慮'之'慮',似未是,經生家解作'率辭',猶云'大率'也。"這就是參考了《助字辨略》卷四的看法。

2.《馬氏文通》又在很多方面突破傳統訓詁學的限制,爲文獻語法學帶來了啓示與借鑒

（1）建立了完整的語法學科體系

黄侃先生（第 2 頁）説:"夫所謂學者,有系統條理,而可以因簡馭繁之法也。明其理而得其法,雖字不能遍識,義不能遍曉,亦得謂之學。不得其理與法,雖字書羅胸,亦不得名學。"馬建忠按照中國傳統小學的分類把詞分成實字、虚字兩大類:"凡字有事理可解者,曰實字。無解而惟以助實字之情態者,曰虚字。"實字表示實在的詞匯意義,虚字不表示實在的詞匯意義,只表示在句子中所形成的附加於實字之上的語法意義。雖然唐宋時期有"實字、虚字"的概念出現,但在中國語言學史上,《馬氏文通》第一次從語法學上明確了實字和虚字的概念,這也是對世界語言學的貢獻。馬建忠仿效拉丁語的語法體系,詞分 9 類,其中實字爲名字、代字、静字、動字和狀字 5 類,虚字分爲介字、連字、助字和嘆字 4 類。這種語法體系對於探索文獻語法學乃至文獻語言學學科的學科體系都大有裨益。

（2）擺脱訓詁學的窠臼,運用了科學的語法研究方法

"經生家"認爲"也、矣"兩個"助字"在經籍内可以互相代用,但是《馬氏文通》卷九從語法功能的角度辨析了二者的差異:"'也'字所以助論斷之辭氣,'矣'字惟以助敍説之辭氣。故凡句意之爲當然者,'也'字結之;已然者,'矣'字結之。所謂當然者,決是非,斷可否耳;所謂已然者,陳其事,必其效而已。""'矣'字者,所以決事理已然之口氣也。已然之口氣,俗間所謂'了'字也。凡'矣'字之助句讀也,皆可以'了'字解之。"

（3）盡力在語法上尋求"華文所獨"

吕叔湘、王海棻（第 462 頁）指出:"他不僅求其所同,同時也求其所不同。在這方面,大家只注意到他在因襲西方的八個詞類之外增加了一類助字,是華文所獨,却很少人注意到他還在好些别的地方指出華文所獨。"比如馬建忠在卷七"介字"卷末説:"介字用法與外動字大較相似,故外動字有用如介字者,反是,而介字用如外動字者,亦有之。"這裏他已經意識到介字都是從動字語法化而來的,只可惜的是認爲介詞和動字可以互相"用如",這一點就又回到字無定類的路子上了。

關於語序,在卷五説:"凡止詞爲代字,而動字有弗辭者,無不先也。"又説:"詢問代字爲止詞,則先其動字。"鄭玄等的注疏中雖然有關於"倒語"的零星論述,但是没有歸納其中的規律,《馬氏文通》的結論,至今還是被認可的。

《馬氏文通》後序指出該書"因西方已有之規矩,於經籍中求其所同所不同者,曲證繁引,以確知華文義例之所在"。比如卷三討論韻律的問題:

偏正兩次之間,"之"字參否無常,惟語欲其偶,便於口誦,故偏正兩奇,合之爲偶者,則不參"之"字。凡正次欲求醒目者,概參"之"字。《孟·公下》"天時不如地利,地利不如人和",猶云"天之時""地之利""人之和"也。而偏正各次皆奇,合而爲偶,故不參"之"字,便於口誦。

楊樹達曾在《詞詮》序例中評價説:"文法之學,篳路藍縷於劉淇,王氏繼之,大備於丹徒馬氏。"《馬氏文通》對於中國語言學的現代化起到了關鍵性作用。當然,其對西方語法體系的套用也深爲世人詬病。不過在當時的時代背景下,這是不可避免和不應苛責的。

(五)現代學者的文獻語法研究——以王力、丁聲樹、吕叔湘等的研究爲例

龔千炎(1997年)將1938~1949年稱爲中國文法的革新時期。自從《馬氏文通》和黎錦熙《新著國語文法》問世後,批評之聲一直不斷。可是由於主客觀條件,這些著作並未能打破"模仿之臼",脱離馬建忠和黎錦熙的影響。王力《中國文法學初探》(1936年)對於《馬氏文通》簡單比附的研究方法提出了批評,指出漢語語法研究要重視漢語語法的特點,並提出要區分古今語法的歷史觀點,開啟了中國文法革新之路。王力先生在《清華學報》1937年第1期發表了我國第一篇語法史研究論文《中國文法中的繫詞》,文章在分析大量文獻材料的基礎上得出結論:先秦史料中純粹的繫詞"是"原本是個表複指主語的指示代詞,到六朝(後修正爲漢代)才發展爲繫詞,這是中國語言學家首次真正擺脱西洋語法的束縛,歷史地、求實地研究漢語自身特點的成果。其後的《中國語法理論》與《中國現代語法》,以《紅樓夢》《兒女英雄傳》爲研究材料,不僅涉及古今漢語,也涉及英語、法語、梵語、希臘語、拉丁語、德語、越南語等十多種語言和蘇州話、廣州話、長沙話、昆明話等多種方言文獻材料。其《漢語史稿》和《漢語語法史》不僅系統論述了語法演變的規律,更是對許多重要語法現象的演變過程進行描寫與解釋。王力先生還吸收和借鑒了房德里耶斯、布龍菲爾德、葉斯柏森等的語法理論,這正是文獻語法學的思想與方法。

丁聲樹先生在1956年青島語法座談會上強調語法研究應該"從漢語的實際出發,具體地分析具體的問題,不要從現成的定義出發,不要簡單拿另外一個語言的語法系統硬套在漢語上。比如簡簡單單規定主語必須是動作者,賓語必須是動詞的動作所涉及的,把這個定義應用到漢語上就會遇到許多困難。希望多做一些專題研究,多做一些描寫性的工作。要先把事實真相弄清楚,先知道語言的事實'是'怎麼樣,然後才能説'應該'怎麼樣。"丁先生的語法研究始終是建立在文獻的基礎上的。早在1935年他發表的

《釋否定詞"弗""不"》通過對一百七十多個例句的比較辨析,指出"弗"字只用在省去賓語的外動詞或省去賓語的介詞之上,似乎是一個含有代名詞性的賓語的否定詞,略與"不之"二字相當;"不"字則用在内動詞、帶有賓語的外動詞、帶有賓語的介詞之上,只是一個單純的否定詞。1940年他發表了《〈詩·卷耳·芣苢〉"采采"説》。自漢至清,對"采采"一直有兩種解釋,一種認爲是動詞的叠詞,表示"采呀采",一種是形容詞,形容植物狀貌。文章將所有先秦文獻裏的叠詞都找了出來,認爲"采采"不是動詞的叠詞。龔千炎(第162頁)認爲丁先生的論文"滲透現代描寫主義精神,材料豐富,論證嚴密,見解精闢"。這種建立在語言事實基礎上的語法研究結論可靠,至今仍然值得稱道。

吕叔湘先生在語法研究中一方面繼承中國傳統語言學的精神,尤其是乾嘉樸學傳統,另一方面,也積極引進和吸收國外的語法理論,解決漢語語法的問題。如胡適和王靜如認爲漢語的複數標記"們"是從"俺、您、咱"的韻尾 -m 變來的,吕叔湘先生的《釋您、俺、咱、喒,附論們字》從金元文獻中發現這個結論恰好把演變的歷史顛倒了,引許多文獻證明先有"們","俺"是"我們"的合音,"您"是"你們"的合音,"咱"是"咱們"的合音。《釋〈景德傳燈録〉中"在""著"二助詞》一文指出,"在"本爲動詞、介詞,到晚唐宋初和尚的語録中變爲語氣詞,相當於"著呢"與"呢"。《中國文法要略》例證多來源於當時的教材,《語法修辭講話》《形容詞使用情況的一個考察》《方位詞使用情況的初步考察》有的以《聊齋》《駱駝祥子》爲材料來源,有的以當時的書刊文章爲材料來源。建立在語言事實基礎上的語法分析才最爲可靠。

王力、丁聲樹和吕叔湘諸先生立足於漢語事實,探求漢語自身的規律,可以説已經是有中國特色的文獻語法學了。

三、文獻語法學的材料與方法

(一)文獻語法學的材料

正如梅廣(第6頁)所説:"語法學家必須根據語言事實説話,研究古漢語必須對古代典籍下功夫。古書必須細讀,一字一義都不能放過。"文獻語法學的材料和漢語語法史有所不同。汪維輝、胡波(2013年)指出漢語史的語料要有口語性和可靠性:"我們所要研究的漢語史就是口語發展史,所以,據以得出結論的材料理應是口語性語料。"蔣紹愚(1998年)也早就指出:"在語法和詞彙研究方面,不少語料也是需要'剥離'的。語料分析最重要的一點其實就是'剥離',即把文言性成分和口語性成分'剥離'開來,因爲在浩如煙海的歷史文獻中,純口語資料是不多的,文獻語言的基本形態是文白混雜,只有把其中的口語性成分'剥離'出來,才能據此探明歷代口語的真相。"口語性材料才能反應漢語史(含語法史)各種新質要素的産生、舊質要素的消亡、新舊要素的嬗變。但是文獻語法學的學科目標在於共時呈現不同階段的文獻語法面貌,歷時呈現不同階段文獻語法的繼承、發展、變化。這一點與漢語語法史不同。可以説,文獻語法學的研究目標包含語法史的目標,又比語法史的目標更大,因此説文獻語法學材料的選取視角比漢語史更爲多樣,大致可以分爲以下幾個研究角度:

1. 從文獻的範圍來看,有普通文獻和專科文獻

普通文獻是大家都能接觸到的文學、歷史文獻,專科文獻是如經學文獻、史學文獻、諸子文獻等,當然諸子文獻裏又可以有儒學文獻、法學文獻、兵書文獻、科技文獻、宗教文獻、農書文獻等,宗教文獻裏又可以有佛教文獻、道教文獻、伊斯蘭教文獻等。比如梁啟超先生在《翻譯文學與佛典》(第198～199頁)中就對譯經文體加以總結,歸納出佛經語法的特點主要有:"(一)普通文章中所用'之乎者也矣焉哉'等字,佛典殆一概不用(除支謙流之譯本);……(三)倒裝句法極多;(四)提挈句法極多;……(七)有聯綴十餘字乃至數十字而成之名詞——名詞中,含形容格的名詞無數。"

2. 從文獻的地域來看,有通語文獻和方言文獻

漢民族的共同語,在不同時期被稱爲"雅言、通語"或"官話"。《荀子·榮辱》説:"越人安越,楚人安楚,君子安雅。"這裏的"越、楚"是指方言,"雅"是指"雅言",即"夏言"。共同語在秦漢時代被稱爲通語,明代則被稱爲官話。官話又分爲北方(京)官話和南方官話。如明末馮夢龍《山歌》就有很多吳方言語言現象。北京話廣義上屬於北方(京)官話,但也有官話文獻沒有的地域特徵,比如輔助代詞"所"是古代漢語就有的,如"所見所聞",但是在清末的京味兒小説中,有一個特殊的"所"字:"倒是善金大爺,後起來的,皆因是心裏有事,前午夜所没睡。"(蔡友梅《小額》)陳剛《北京方言詞典》(第263頁):"索性,乾脆。東家所不上櫃上去了。"齊如山《北京土話》(第172頁):"所:簡直也,成總也。如云'所不是那們回事','這們好好東西所吃不下客(去)'。"這個"所"在官話或者北京方言以外的文獻中没有找到用例。

3. 從文獻的來源來看,有本土文獻和域外文獻

陳寅恪先生在《王靜安先生遺書序》中概括王國維治學方法時提到"二重"或"三重"證據法:分别是"取地下之實物與紙上之遺文互相釋證""取異族之故書與吾國之舊籍互相補正""取外來之觀念,以固有之材料互相參證"。所謂異族之古書,包括域外文獻在內,"吾國之舊籍"則是本土文獻。《老乞大》《朴通事》是朝鮮時期的漢語教科書,《老乞大》中的方位詞"上"的格附加成分用法,如:"將這切了的草,豆子上蓋覆了。""上"是

位格,表場所。"我漢兒人上學文書。""上"是位格,表對象。"師傅上受了文書。""上"是離格,相當於"從"。"做滿月,老娘上賞銀子段匹。""上"是與格,相當於"對、給"。"誰是舅舅上孩兒。""上"是屬格,相當於"的"。這些"上"與本土文獻中的"上"用法不同。

4. 從文獻流傳和獲得的方式來分,有傳世文獻和出土文獻

傳世文獻指在世間流傳的文獻,又稱地上文獻。出土文獻泛指通過地下發掘獲得的古代文獻,以及地面保存的遺迹、遺物上的文字資料,如各種石刻文字。《詩經》的傳世本和安大簡本就有不同:《柏舟》的"母也天只,不諒人只",安大簡作"母可天氏,不京人氏"。關於"也、只"的語氣詞用法,學者們也結合傳世文獻和出土文獻展開了熱烈的討論。

(二)文獻語法學的研究方法

1. 比較法

呂叔湘《通過對比研究語法》説:"要認識漢語的特點,就要跟非漢語比較;要認識現代漢語的特點,就要跟古代漢語比較;要認識普通話的特點,就要跟方言比較。無論語音、語彙、語法,都可以通過對比來研究,這裏只講語法方面的對比研究。"如橋本萬太郎(1983年)通過比較英語、日語及漢語,指出英語和古代漢語都是後置型語言,日語是前置性語言。而古代漢語和現代漢語比較,又有一個發展變化,漢語名詞短語從修飾語後於被修飾語的類型,發展爲修飾語先於被修飾語的類型。

2. 二重甚至多重證據法

1925年,王國維在《古史新證》中提出二重證據法,其後有學者提出三重甚至多重證據法。二重甚至多重證據法也被運用於語法研究中。董琨(2001年)對郭店楚簡本《老子》與帛書本及其他重要傳本的若干異文進行考察,具體對比了"亡、無""其""之""此、斯、兹""夫、天、而""弗、不""古(故)、是以"等幾組異文,由此探求戰國秦漢時期漢語發展的某些現象和規律及部分同義虛詞的消長交替導致語義方面的變化脈絡,也爲判斷簡本及甲、乙、丙三組的書寫年代提供了參考。

3. 語言事實和理論闡釋結合的方法。

詞彙擴散理論是20世紀60年代末期由美籍華裔學者王士元首先提出的語言演變理論,余靄芹(1997年)將其運用在語法研究上,她發現北方話的反復問句從元代到現代發生很大變化。她認爲元代以來北京話反復問句的漸變過程可以用語法的詞彙擴散理論來解釋,新形式首先出現在繫詞"是"和存現動詞"有"做主要動詞的句子裏,進而發展到帶有希求語氣動詞的句子裏,每個階段新舊形式共存。演變的道路是沿着詞彙擴散的道路向前逐漸發生,從一種語法範疇擴展到另一種語法範疇,直到覆蓋所有類型。

四、結語

　　文獻語法學是從中國傳統的訓詁學脫胎而來的，但是在研究方法上比訓詁學更爲科學；文獻語法學是文獻學與漢語歷史語法研究的交叉學科，但它關注的主體是語法現象而不是文獻學所關注的校勘、輯佚、辨僞等。文獻語法學與漢語語法史又是密切相關的兩個研究方向，彼此關注重點各有不同。文獻語法學乃至文獻語言學作爲現代語言學的一個分支，它的性質、特點及與相關學科的界限仍是值得不斷探討的問題。

參考文獻

（法）貝羅貝　《二十世紀以前歐洲漢語語法學研究狀況》，《中國語文》1988 年第 5 期

陳　剛　《北京方言詞典》，商務印書館 1985 年

陳國華　《普遍唯理語法和〈馬氏文通〉》，《國外語言學》1997 年第 3 期

陳寅恪　《王靜安先生遺書序》，《金明館叢稿二編》，上海古籍出版社 1980 年

（美）戴浩一撰，黃河譯　《時間順序和漢語的語序》，《國外語言學》1988 年第 1 期

丁聲樹　《〈詩·卷耳·苤苢〉"采采"説》，《北京大學四十周年紀念論文集》乙編，北京大學出版組 1940 年

────《釋否定詞"弗""不"》，《慶祝蔡元培先生六十五歲論文集》，歷史語言研究所 1935 年

董　琨　《〈郭店楚簡老子〉異文的語法學考察》，《中國語文》2001 年第 4 期

方光燾　《六十年來的漢語語法研究》（油印稿），1959 年；又見《方光燾語言學論文集》，商務印書館 1997 年

馮勝利　《文獻語言學——陸宗達先生秉承章黃的學術精華》，《民俗典籍文字研究》2016 年第 1 期

龔千炎　《中國語法學史》（修訂本），語文出版社 1997 年

華學誠、張猛　《"文獻語言學"學科論綱》，《文獻語言學》第 4 輯，中華書局 2017 年

黃　侃　《文字聲韻訓詁學筆記》，上海古籍出版社 1983 年

蔣紹愚　《近十年間近代漢語研究的回顧與前瞻》，《古漢語研究》1998 年第 4 期

梁啟超　《翻譯文學與佛典》，《佛學研究十八篇》，上海古籍出版社 2001 年

廖庶謙　《對於"中國文法革新討論"的批評》，《理論與現實》1940 年第 2 卷第 2 期

劉永華　《"今之虛字，皆古之實字"考察》，《語言科學》2013 年第 2 期

陸宗達　《談談訓詁學》，《中國語文》1957 年 4 月號

────《訓詁簡論》，北京出版社 1980 年

呂叔湘　《通過對比研究語法》，《呂叔湘自選集》，上海教育出版社 2019 年

────《您、俺、咱、喒，附論們字》，《漢語語法論文集》（增訂本），商務印書館 1984 年

────《釋〈景德傳燈錄〉中"在""著"二助詞》，《漢語語法論文集》（增訂本），商務印書館 1984 年

呂叔湘、王海棻　《〈馬氏文通〉評述》，《中國語文》1984 年第 2 期

梅　廣　《上古漢語語法綱要》,上海教育出版社 2018 年

(日)橋本萬太郎　《北方漢語的結構發展》,《語言研究》1983 年第 3 期

齊如山　《北京土話》,北京燕山出版社 1991 年

(蘇)契科巴瓦著,周嘉桂、高名凱譯　《語言學概論》(第 1 編),高等教育出版社 1954 年

錢宗武　《"詞類活用説" 的系統辨正》,《邵陽師專學報》1998 年第 4 期

宋亞雲　《中國古代究竟有没有語法學——兼評孫良明先生的系列論著》,《華西語文學刊》第 2 輯,四川
　　文藝出版社 2010 年

孫良明　《中國古代語法學探究》(增訂本),商務印書館 2005 年

———　《兩千年來古人語法分析説略》(下),《山東師大學報》(人文社會科學版)2001 年第 2 期

汪維輝、胡波　《漢語史研究中的語料使用問題——兼論繫詞 "是" 發展成熟的時代》,《中國語文》2013
　　年第 4 期

王國維　《古史新證》,1935 年北平來薰閣影印

王　力　《中國文法學初探》,《清華學報》1936 年第 11 卷第 1 期

———　《中國文法中的繫詞》,《清華學報》1937 年第 12 卷第 1 期

許國璋　《〈馬氏文通〉及其語言哲學》,《中國語文》1991 第 3 期

許威漢、王大年　《漢語語法學歷史畫卷的成功展示——論〈中國古代語法學探究〉》,《古漢語研究》
　　2004 年第 1 期

楊樹達　《詞詮》,中華書局 1978 年

(美)余靄芹　《語法演變中的詞彙——漢語語法的詞彙擴散》,《漢語方言論集》,北京語言文化大學出版
　　社 1997 年

張惠民　《語言邏輯辭典》,世界圖書出版公司 1995 年

張世禄　《張世禄語言學論文集》,學林出版社 1984 年

張萬起　《〈馬氏文通〉用例小計》,《語文研究》1984 年第 2 期

鄭奠、麥梅翹　《古漢語語法學資料彙編》,中華書局 1965 年

朱星編著,黎錦熙校閲　《語言學概論》,天津人民出版社 1957 年

文獻語言學(20):73～85,2025

論"文獻語音學"①

梁慧婧

(北京文獻語言與文化傳承研究基地 / 北京語言大學文學院,北京,100083)

提 要:文獻語音學是文獻語言學的一個分支領域。它專注於利用文獻資料來探究語音的共時狀態和歷時演變,不僅全面分析書面音系,還涵蓋了對語音類文獻的文獻學研究。基於這一認識,我們明確了文獻語音學與音韻學、漢語語音史等相近學科之間的關係,並確定了文獻語音學的研究對象、研究任務以及其基本特徵。

關鍵詞:文獻語言學;文獻語音學;學科内涵

一、文獻語音學的"文獻"特色

文獻語音學,作爲文獻語言學學科體系中的一個分支,其研究對象、研究思路和研究方法等遵循文獻語言學的基本思想是自然的。華學誠(2017年)對文獻語言學的界定是:"文獻語言學是以文獻爲主要資源,綜合運用中外語言文字學理論和方法,研究中國語言文字及其歷史和内在規律的科學。"基於此,文獻語音學的定義可以概括爲:文獻語音學是以文獻爲主要資源,綜合運用中外音韻(音系)學、語音學理論和方法,研究中國語音的歷史和内在規律的科學。

文獻語音學的特色主要是基於文獻、面對文獻、研究文獻。在漢語語音的歷史研究中,文獻資料起到了至關重要的作用。儘管世界各地其他語言的語音歷史研究,對文獻資料的依賴程度各不相同,但只要有可能,語音學家們總是會充分利用這些文獻資料。值得注意的是,有些人以爲印歐語歷史的研究主要依賴於口語資料,其實這是誤解。只要對印歐語構擬的歷史稍作了解,就會清楚地看到文獻資料在語音史研究中是不可或缺的。正如高本漢在《漢語的本質和歷史》(第36頁)中所指出的:

> 無論人民怎樣熱心而周密地研究羅曼語言,比較法語、葡萄牙語、西班牙語、雷蒂
> 亞—羅曼語、意大利語和羅馬尼亞語,最多只能構擬出派生所有這些語言的俗拉丁語

---

① 本文受中國歷史研究院"絶學"學科扶持計劃"古典文獻語言學"資助(批准號2024JXZ002)。

的最粗略的輪廓。幸好我們還能從文字資料上了解俗拉丁語,否則這樣的構擬就要失之千里了。通過這樣的途徑我們清楚地瞭解到,即使有百十種分歧很大的漢語方言爲依據,也只能引導我們得出早期漢語非常粗略的構擬——除非我們能吸收其他類型的材料,幸好這類材料還可以收集到。

高本漢在此明確指出,文獻資料在印歐語系及各語族的建構和構擬過程中扮演着不可或缺的角色。他强調,早期漢語的構擬同樣依賴於文獻資料的支持。高本漢認爲中古音研究的主要文獻依據爲《切韻》,上古音研究最重要的資料則是《詩經》。他的研究思路與清代學者的方法若合符契。他在《漢語的本質和歷史》(第 35 頁)中還説到:

> 清代一批語文學大師已經對漢語歷史音韻進行了重要的研究,但是他們缺乏一套能用以從語音學角度分析漢語聲韻類的拼音字母,這就妨礙了他們得出滿意的結論。因而我爲自己規定了這樣一項任務,要繼續探究這些大儒首創的研究工作,並用現代西方語言學的方法審視他們所歸納的材料,以便構擬出某一階段的古漢語音系,而這個階段足以成爲我研究現代方言的必要基礎。

與依靠文獻研究漢語語音歷史傳統不一致的是普林斯頓學派。1966 年,普林斯頓大學福特基金會啟動了中國語言學計劃,在此背景下,羅傑瑞、余靄芹等提出了普林斯頓假説,主張擺脱《切韻》框架,優先構擬漢語各方言的原始語,在此基礎上再構擬原始漢語。有志於此的學者組成一個學術團體,即普林斯頓學派。普林斯頓學派關於原始方言的構擬在學界並未獲得廣泛認同。雖然羅傑瑞先生作爲方言學研究的專家,對很多問題有深刻的創見,但僅依賴現代方言資料進行漢語語音歷史研究的做法並不是最優選擇。

語音研究的文獻特色,是構建中國特色歷史語音學最有可能的途徑。今天,我們所倡導的文獻語音學已經積累了數千年的研究經驗和成果。若我們能從現代學術視角出發,深入挖掘這些寶貴的歷史經驗,並將其與現代理念相結合,必將在歷史語音學領域取得重大進展。

二、文獻語音學與相似學科

文獻語音學與音韻學、漢語語音史等學科有着密切的聯繫。音韻學最初是"小學"(傳統語言文字學)的一個分支學科。"小學"包括分析字形的文字學、研究字音的音韻學、疏通意義的訓詁學。這些學科最初圍繞解釋和解讀先秦典籍而發展,因此被視作是經學的附庸。實際上,傳統"小學"的某些内容已經超越了語文學的範疇,也不完全爲了經學而服務,表現最突出的是音韻學。音韻學濫觴於魏晉,隨着佛經翻譯以及詩律的探究,人們開始自覺認識到漢語語音的某些特性。這些認識並非完全出於解釋經典的需求,也並非完全服務於經典。隋唐時期,以《切韻》爲代表的韻書成爲了音韻學發展的里程碑,其創作目的在於規範文獻雅言系統的標準音。因此,我們可以説《切韻》服務於文獻或文學傳統,而非僅僅是經學附屬。到了宋元時期,音韻學的研究以韻圖的創製爲突出表現。韻圖的起源在釋家而非儒家,雖有實用價值,但也不完全是爲解釋經文而作。有清一代,古音學達到鼎盛,音韻、文字、訓詁在段玉裁、王念孫等人的研究中相互支持,他們的研究在一定程度上也超越了語文學的範疇。音韻、文字、訓詁三科中,音韻的研究最早脱離解經服務目的,或者説從一開始,音韻學科的産生就不完全是爲了解釋經典。中國音韻學的發展歷程一直是以文獻爲基礎的,因此傳統的音韻學在某種程度上可以被視爲文獻語音學。進入 20 世紀以來,傳統音韻學經歷了現代化,引入了記録語音的符號和歷史比較語言學,但音韻學以文獻爲根基的傳統並没有改變。主體雖未改變,但它的確利用了很多活語言材料,並且這種趨勢越來越明顯,因此從材料上來看,音韻學要大於文獻語音學,但是音韻學主要研究聲韻調系統,而文獻語音學則除了音系本身的研究外,還涉及文獻的研究,包括音韻文獻的整理、書面音系構成要素的分析,其文獻學視角比音韻學更清晰。傳統音韻學的語言學研究目標尚未完全明確,因而往往忽視了對語言規律等基礎問題的深入探討。文獻所反映的音韻現象有保守、有創新,現代音韻學更重視那些具有創新性的語音資料。文獻語音學則對各類資料的性質和價值進行細緻的分析與評估。

漢語語音史是研究漢語語音系統及其變化規律的學科,它探討了漢語從古至今的音韻體系、音變過程以及語音的地域差異。作爲漢語史的分支學科,漢語語音史的研究也以文獻爲主要材料,但不限於文獻材料。漢語語音史和文獻語音學是從不同角度提出的學科概念。漢語語音史這一學科概念是基於研究對象定義的,而文獻語音學則是根據研究材料和方法來界定的。文獻語音學也要解決文獻中與語音相關的文字、詞彙和語法等問題,但這不是漢語語音史的研究範疇,漢語語音史並不承擔這樣的任務。當然,文獻語音學也爲漢語語音的共時音系及歷史演變研究提供支持,這一目標和漢語語音史的目標是基本重合的。鑒於文獻資料本身具有歷史性,文獻語音學在歷史語音研究領域更能發揮其獨特的優勢。我們將文獻語音學的本質定義爲具有中國特色的歷史語音學,這有助於闡明它與漢語語音史學科之間的聯繫,同時凸顯兩者之間的共同點和差異性。通過這種界定,文獻語言學不僅服務於漢語的歷時音韻研究,還體現了中國語言學研究"重人文"的獨特視角和"重綜合"的研究方法。

三、文獻語音學的具體任務

語音學是研究語言聲音(即語音)的學科。在狹義上,語音學與英文術語"Phonetics"對應,它專注於具體語音的本質及其產生方式,包括對聲音的物理屬性和發音方式的詳細分析。與此相對的是音韻學(或稱音系學),它研究的是音位或語音區別特徵在某種語言中運作的抽象規則和系統。廣義的語音學則涵蓋了狹義的語音學和音韻學兩大領域,包括對語音的詳細描述和對它在語言系統中功能和結構的深入探討。文獻語音學中的"語音學"更精確地說應當是音韻學(Phonology)。這是因爲,從文獻中很難探究語音的發聲機制、物理屬性和聽覺感受,文獻所能發揮長處的方面主要是音韻學。我們之所以稱"文獻語音學",是爲了與文獻語法學、文獻詞彙學匹配,是用了廣義語音學概念。若稱爲"文獻音韻學",還容易與"小學"中的"音韻學"混淆。這樣的命名避免了與傳統學科的混淆,又確保了學科各分支名稱的統一性。因此我們可以明確地指出,文獻語音學的核心研究對象爲文獻中表現出的音韻現象、音韻系統及規律。這樣我們就能明確文獻語音學的具體研究任務:

第一、梳理能夠反映語音的文獻資料,做匯集與整理的工作。文獻語音學高度重視文獻在音韻研究中的作用,前輩學者已在此方面樹立了典範。以《切韻》研究爲例,清代陳澧的《切韻考》致力於從《廣韻》中恢復《切韻》的本來面目,但終究未能獲睹真正的《切韻》。20世紀初,敦煌莫高窟和吐魯番地區陸續發現了唐寫本《切韻》系韻書殘卷。這些珍貴文獻被英國人斯坦因、法國人伯希和等掠走。此外,在故宮博物院還發現了吳彩鸞書寫的王仁昫《刊謬補缺切韻》,雖非陸韻原本,卻是最接近早期《切韻》原貌的完整版本,具有極高的學術價值。1921年,王國維將斯坦因掠走的《切韻》殘卷三種抄録印行。1925年,劉復將從法國國家圖書館抄録的王仁昫《刊謬補缺切韻》和兩種《切韻》序收入《敦煌掇瑣》中。1936年,劉復又與魏建功、羅常培等將見世的《切韻》系韻書編成《十韻彙編》。後姜亮夫《瀛涯敦煌韻輯》、潘重規《瀛涯敦煌韻輯新編》《瀛涯敦煌韻輯別録》都在《切韻》系韻書的收集方面作出了重大貢獻。1983年,周祖謨將前代學者的成果匯集起來,著成《唐五代韻書集存》,收録了唐五代時期《切韻》系韻書三十種。沒有這些搜集整理工作,《切韻》的研究無法達到今天的高度。沒有王仁昫《刊謬補缺切韻》四聲韻目小注,我們也無法瞭解到五家分韻的情況,對《切韻》編纂程序和性質的認識也不會如此深刻。因此,文獻語音學的首要任務是對音韻文獻的搜集和整理。在此基礎上,還要對文獻進行系統的分類與評價,這樣才能爲文獻語音學打下堅實的文獻基礎。音韻文獻的分類有多種標準,既可以根據時代進行劃分,也可按文獻性質歸類。按照時代歸類便於做斷代音韻研究及語音歷史研究,按照文獻性質歸類則便於做音韻文獻類比及對比研究。如今,有更多的材料被發掘出來,有地下的,有地上的,這些文獻資料中有一些一眼便可以看出是有益於語音研究的,有些卻不一定能看出來,需要細心地發現、輯錄,因此就語音方面的資料,我們可以説還有很多可以發掘的空間。音韻文獻的搜集與整理要求學者既要有音韻功夫,也要具備版本、目録、校勘等知識與能力。王國維、劉復、魏建功、羅常培、姜亮夫、潘重規、周祖謨等先生無一不是兼有兩方面功夫的大學者。

　　第二、對某些音韻文獻做專書、專題研究。文獻語音學研究的基礎是一種種、一部部具體文獻的音韻系統,這好比是築造一座大廈所需的磚瓦。只有專書、專題的研究做好,才能談整個文獻語音學學科的建構。以近代語音音韻資料的研究爲例,近代語音的核心文獻是《中原音韻》,王力、羅常培、陸志韋、趙蔭棠、楊耐思、寧忌浮等先生都對《中原音韻》做過專書研究,因此我們今天才對《中原音韻》的音系有了系統的瞭解,也奠定了近代音研究的基礎。宋元之際的音系研究則有《古今韻會舉要》《蒙古字韻》等音韻資料,寧忌浮、王碩荃、李添富、竺家寧、花登正宏等對《古今韻會舉要》做過詳細的專書專題研究。楊耐思、照那思圖、沈鍾偉、宋洪民、龍果夫等先生對《蒙古字韻》也進行了專書專題研究。明清時期,韻書、韻圖增多,有《洪武正韻》《韻略易通》《韻略匯通》《西儒耳目資》《語言自邇集》《重訂司馬温公等韻圖經》《韻法直圖》《韻法橫圖》《五方元音》《李氏音鑒》等,韻書、韻圖不僅有中國人製作的,也有西洋人的創作。這些資料大大豐富了漢語近代語音研究的歷史,每一種資料都有不少學者進行過專門研究。每一種文獻也都有其特殊性。就文獻與音韻系統互動關係方面便有許多特殊的專題可做,如《中原音韻》韻譜和《正語作詞起例》的關係,《古今韻會舉要》中字母韻的問題,《李氏音鑒》的粗細音理論等等。要把每一部音韻文獻的特殊性及音韻表現方式搞清楚,音系的研究才能搞得清楚。除了音韻資料本身特殊性需要做專題研究外,近代語音重要的語音現象也要做專題研究,比如入聲的消變問題、知莊章合流的問題等。專題的研究要建立在專書研究的基礎上,不瞭解每一部音韻文獻的音系表達方式,在做專題研究時,也只能是簡單勾勒,甚至在某些環節上會出現錯誤。我們在研究實踐中,往往會發現不同的學者面對相同的文獻會得出不同的結論,這多半是由於對文獻觀察的視角不同或解讀不同引起的。結論可信者,往往是那些能夠深入文獻之中的學者,他們瞭解文獻音系構成方式,能夠結合文獻產生的學術背景進行研究。

　　第三、梳理文獻所反映的通語、雅言、方言、口語、新質、舊質等不同層面的音韻系統及音韻現象。文獻中所記錄下來的語音信息既豐富又複雜,既廣大又局限。它往往包含了不同的層次,因此我們需要綜合各種信息,運用各種手段,對文獻的複雜層次進行離析。譬如《集韻》,表面上看,它與《廣韻》206 韻的系統相差不多,但我們不能就此認爲《集韻》和《廣韻》的音系一致。要瞭解《集韻》所反映的語音特點,就必須要瞭解《集韻》新製的反切。通過《集韻》反切的排列順序、反切上下字的互動關係以及與《廣韻》反切的對比,我們才能夠發現《集韻》所透露出的不同於《廣韻》的新現象。《集韻》一書對《廣韻》有所繼承,但創作旨趣與《廣韻》完全不同,要從表面的層次看下去才能發現真實的層次。很多書面音系,都有舊瓶裝新酒的特點,又如《古今韻會舉要》的大框架是 107 詩韻的框架,但它通過字母韻將新的韻母系統編排其中。研究其系統,就要勾連起字母韻,才能得出真實韻母系統的初步框架。再從上古音研究來看,《説文》的諧聲系統是一種很重要的古音研究依據,但諧聲本身包含了不同的時、地層次。現代也有很多學者開始注意到這個問題,主張研究諧聲系統的層次和複雜性。趙誠(1996 年)指出:“古代的諧聲字,經過較爲細緻的分析,可以清楚地看出,並非是在同一個音系基礎上產生的,如果從地域而言,它們形成於不同的方言。”隨着出土材料的增加,這些時、地的層次的剝離,便多了幾分可能性。再比如近代語音資料《李氏音鑒》,它包含了北京音的層次,又兼列海州音。韓國的韻書《四聲通解》有正音、俗音、今俗音三個層次。正音是《洪武正韻》轉寫系統,而俗音是 14、15 世紀的北方官話實際語音的轉寫系統,今俗音則是 16 世紀的北方實際語音的轉寫系統。這兩種韻書的層次還算比較明晰,很多音韻資料常常是通語、方言、雅言、口語等層次混雜一起。這些情況則需要用一定的手段進行離析,如《慧琳音義》中的反切有秦音層次,也有吳音層次。這些層次有主有次,通常也能夠離析。域外譯音或少數民族語言對譯材料,都要照顧原語系統,因此反映出來的音系就是失真的。這種原語的層次需要回歸到兩種語言系統本身去探求,這樣才能把失真的部分剔除,還原出漢語語音的真面目來。

　　第四、梳理文獻音系所反映的漢語語音發展的歷史。文獻所記載的語音現象都是過去時,因此文獻所能研究的就是語音的歷史。我們對於漢語語音歷史的研究比其他民族語音的歷史研究要更連貫一些、更細緻一些,因爲我們有幾千年未曾中斷的文獻,這是我們語音史研究的優勢。孫玉文(2022 年)談到:

　　　　在漢語史各分支學科中,語音史最早建立起來,原來没有隸屬於漢語史學科。在國外,高本漢的研究已觸及漢語語音史……。王力《漢語史稿(上册)》(科學出版社

1957 年版）是中國大陸最早出版的全面、系統研究漢語語音史的著作,率先將漢語語音史歸屬於漢語史。由於這門學科歷史上的積累比較豐厚,很早就重視共時音系研究,因此漢語語音史在漢語史中是取得成就最大的分支學科。

漢語語音史的構建,最大的功臣無疑是豐富的歷史音韻資料。這些資料不僅具有專門性,還展現出連續性的特點。專門性是因爲音韻學在我國發展得比較早,四聲、反切、韻、字母七音、開合等第等,都爲我們今日的研究提供了極大的便利。連續性則體現在從上古至中古再到近代,音韻資料未曾中斷,儘管不同時期的資料性質各異,但總體上足以構建起一個語音史的框架。未來,我們應在現有的語音史框架内,繼續豐富内容,不斷修正框架,使漢語語音史的研究更加充實,更接近歷史的真實面貌。

20 世紀下半葉,對於高本漢建構的語音史模式出現了一些不同意見,這些不同意見的爭鳴一直持續到了 21 世紀初,最終形成了王力《漢語語音史》模式、張琨模式、羅傑瑞模式、何九盈模式等。其中,羅傑瑞《漢語概説》反對高本漢模式,主張回到原始方言的構建中去。確實,現代漢語方言是一座寶庫,越是深入研究,越會發現其中尚有一些音韻對立無法用《切韻》系統解釋,但由於漢語方言本身的複雜性,利用歷史比較法上推,仍然存在諸多困難,原始方言的構建仍需繼續努力,但要與文獻資料相互印證。20 世紀 70 年代初,張琨、張謝蓓蒂（1972 年）開始對《切韻》的異質系統進行更深入的分析,提出了要用離析《切韻》的辦法建構語音史。此想法具有先鋒實驗精神,但《切韻》的綜合性究竟不是雜湊,如何做離析的工作,仍需要研究《切韻》同時及之前的文獻音韻現象。王力（1985 年）則嘗試把《切韻》暫放一邊,以音系單純的音韻材料構擬語音史,對歷代音系進行大綫條勾勒。何九盈（2003 年）又提出了散點多綫的研究模式。散點多綫是從語音史研究實踐中總結出來的新思路,而如果應用於文獻語音史的話,我們將會發現文獻音系雖有各種層次,但一貫性也是存在的,這個一貫性就是文學語言、讀書音的傳統,因此,完全抛棄三點一綫的模式,並不符合我們實際的研究經驗。我們主張以高本漢模式爲核心,同時兼收並蓄其他模式。例如,在《詩經》《切韻》《中原音韻》等經典文獻的框架内,我們完全可以進行更細緻的劃分:哪些資料屬於單一音系,哪些屬於雅言音系,哪些具有方言屬性,都可以整合到這個宏大的框架之中。甚至那些看似對立的材料,如慧琳音與《切韻》音的比較,也可以納入系統,儘管它們存在差異,但慧琳音仍然被視爲中古音的一部分。這種表面上的分歧,實際上是相互支撑的,共同構建起一個主綫貫穿、多綫並進的立體化語音史格局。

此外,雖然我們的研究對象以文獻語音爲主,但仍需關注方言音韻研究的新進展,對活躍的語音現象保持敏感和關注。這樣做不僅可以解決文獻音韻中的既有問題,還可能發現文獻音韻中的新問題,從而推動漢語語音史研究的深入發展。

第五、梳理音韻文獻,對音韻材料的時代、背景等進行史料方面的考據,建構音韻學史與音韻學思想史。每一種音韻文獻都有其產生的時代背景,有創製者的思想融入其中。如果我們的目標只是音系,恐怕只會是得魚忘荃了。陳寅恪先生《四聲三問》《從史實論切韻》都是從史實來討論漢語音韻的大作,所討論的問題也都是漢語音韻史上的重要問題,比如四聲的問題、《切韻》基礎方音的問題。王國維先生《天寶〈韻英〉陳廷堅〈韻英〉張戩〈考聲切韻〉武玄之〈韻銓〉分部考》考訂"六朝舊音多存於江左,故唐人謂之吳音也,《韻英》一派秦音也"。王國維先生於音韻研究,雖未直涉音系,但通過考證法總能切中要領。由王國維先生的先導,才有黃淬伯先生對慧琳《一切經音義》音系的研究。因此,要認識秦音系統,要理解慧琳反切及譯音系統就必須先瞭解王國維所考訂的結論。又比如面對譯音材料,玄奘譯音和不空譯音就完全不同,這種不同究竟是唐代標準音的轉移,還是翻譯原語的不同或翻譯原則的不同,恐怕要結合當時的史實來論定,要考察顯密二宗在唐朝的發展。20世紀的學者由於受到傳統考據學的影響,在這方面做得要更好一些。文獻語音學所提倡的也是繼承這一傳統。近些年來,考據風氣似乎又開始顯露,重文獻、重版本也開始成爲音韻研究的一種潮流,但存在另一種不好的傾向,即所言的文獻背景與音系的考訂常互不相涉,完全陷入到文獻中以至於研究缺乏思想性與靈動性。面對音韻文獻,完全用一套程式化的文獻研究法,不考慮其音韻特性,這與王國維、陳寅恪等先生有發見性的研究不可同日而語。

語音史和音韻學史領域已有不少專著,然而在音韻學思想史這一分支,尚缺乏具有里程碑意義的研究成果。對音韻學思想的深入研究,能夠爲具體音韻問題的研究提供指導。例如,"正音"思想在不同歷史時期的具體表現和演變,就是一個極具研究價值的課題。再如,從古至今,人們對"音義關係"是如何認識的? 對音韻演變和地域差異是如何理解的? 對音韻與詩律、音律、翻譯理論等的互動關係是如何看待的? 這些問題都可以作爲思想史的專題進行深入研究,並最終匯聚成一個總體的音韻思想史。通過這樣的研究,我們不僅能夠揭示音韻學思想的歷史脈絡,還能爲文獻音韻學的發展提供理論支援和歷史借鑒。

第六、借助文獻語音學的研究成果,我們能夠有效解決文獻中的釋讀問題,尤其是涉及文獻中的文字、詞彙、語法等相關問題。華學誠(2022年)強調,"文獻語言學基於古代文獻研究語言文字,是解讀古代文獻的關鍵,也是古籍'活化'的有效途徑",而語音又是解讀古代文獻的關鍵。清代學者在訓詁學上取得的巨大成就,很大程度上得益於音韻學的支持。儘管文獻語音學的研究已經大大超越了傳統音韻學的範疇,但利用其成果來解決典籍中的文字釋讀等問題,始終是文獻語音學的核心任務之一。歷代學者的不懈努力已使許多傳世文獻的解讀取得了顯著進展,但仍有大量疑難或爭議問題需要借助文獻語音學的最新研究成果來解答。例如,孫玉文(2018 年)通過分析 "衰" 字的音義關係和詩歌的押韻,證實 "衰" 實際上是宋人改動的結果,原字應爲 "鬤"。這表明,即使是我們最熟悉的文獻,也需要用文獻語音學的新視角去重新審視。同時,隨着新資料的不斷增多,尤其是地下出土資料的發掘,對新資料的解讀需求也日益迫切。上古音研究的日益精細化,包括分期斷代和地域研究的成果,都爲先秦兩漢出土材料的釋讀提供了有力的支援。舉例來説,裘錫圭(1993 年)將殷墟甲骨文中三、四期無名組卜辭中的 字釋爲 "衍",也可寫作 、 、 、 等形,加口之形,便是後代的 "侃" 字。裘先生指出,"衍、侃" 二字音近。以中古音論,聲母有隔閡,但實際上喻四字也有相當一部分從牙喉音來,"衍" 在上古應讀牙喉音。裘先生的釋讀工作遵循了形、音、義相結合的考證方法,具有很高的可信度。在當今學術界,由於學科的細緻劃分,能夠精通文字、音韻、訓詁和語法的學者並不多見。因此,在文獻語言學這一宏觀學科框架下,將文字、語音、詞彙、語法等領域整合爲一體,其核心宗旨在於促進各分支學科之間的融會貫通,實現知識的交叉融合和學術的綜合發展。這樣的整合不僅能夠拓寬研究視野,還能夠加深對古代文獻的理解和解讀,爲文獻語言學的進步提供更爲堅實的學術基礎。

　　總體而言,文獻語音學的任務要比一般的音韻學、語音史的任務多,它從文獻出發,除了要解決語言學的問題,也要解決語文學的問題,甚至要解決文獻學的問題或是史料學的問題,但它的核心任務仍是語言學的任務。

四、文獻語音學的研究方法

　　從宏觀角度來看,文獻語音學的研究方法可以統稱爲歷史文獻考證法。然而,在文獻的使用和闡釋方面,我們遵循的是歷史比較法的原則。魯國堯(2003 年)清晰地指出,"歷史文獻考證法" 與 "歷史比較法" 都是傳統的研究方法,如今都應當珍視、繼承並發揚。偏廢任何一方,或只采納其中的一種,都不利於學術的進步和發展。魯國堯(2007 年)進一步闡述了這兩種方法的重要性,强調兩者的融合對於漢語音韻學研究的深遠意義:

　　　　歷史文獻考證法和歷史比較法都是經過長期檢驗的傳統方法,各有千秋,不應妄加軒輊,而應兩者並重。發揚之道在將二者結合、化合,此即"新二重證據法"或漢語史研究中的"二重證據法",這種"結合論"應該大加提倡。

李春曉(2015 年)中這樣定義"文獻考證法":

> 漢語音韻學研究中使用的歷史文獻考證法就是指利用記録和反映歷代語音現象的文獻典籍(包括傳世文獻、考古發掘的地下文獻和新發現的地上文獻)相互印證,用以揭示歷史語音現象並發掘語音演變規律的方法。

文章還指出歷史文獻考證法至今仍具有强大的生命力,在現代的音韻學研究中依舊可以發揮巨大的作用,他認爲文獻考證法和歷史比較法,可以實現共時橫向研究和歷時縱向研究的互補。

高永安(2008 年)認爲時下部分研究者有意或無意地忽視、回避甚至詆毀文獻考證法的傾向是不正確的。他通過文獻考證法和歷史比較法相結合的成功案例,闡明了運用文獻考證法的必要性。也就是説,文獻語音學並不排斥歷史比較法,而是要將二者結合起來,以歷史文獻考證法爲體、歷史比較法爲用。我們不必嚴格遵循歷史比較法的程序來構擬古音,但是我們卻堅信歷史比較法的原則,即語音演變是有規律的,例外是可以解釋的。語言的分化是有語音、時間、地域等條件的。這些歷史比較法的原則也是我們使用文獻考證法時的指導原則。此外,歷史比較法認爲共時音系的差異實際可投射於歷時的時間軸上,歷史比較法可以將共時和歷時統一起來,這也是我們處理、解釋文獻音系的重要思想。因此,當我們利用《切韻》音系研究上古音時,我們一方面使用了《切韻》這種文獻,另一方面貫穿了歷史比較法的思想。這種方法論的結合,使我們能夠在研究中既注重實證材料的考證,又能夠把握語音演變的規律性,從而更全面、深入地理解漢語語音的歷史發展。

歷史文獻考證法是一種宏觀的研究方法,適用於所有涉及古代學問的領域。在音韻研究的具體應用中,每一種文獻都有不同的研究方法。耿振生(2016 年)對漢語音韻學的各種具體的方法進行了詳細説明,並結合具體案例分析,對每種方法的優劣、價值和局限進行了評述。其中屬於歷史文獻考證法的方法有:反切系聯法、韻腳系聯法、諧聲推演法、異文通假聲訓集證法、譯音對勘法。還有一些方法屬於審音法,對於書面音系或者根據書面音系得到的音韻系統也是有指導意義的,這些方法有侈斂洪細推演法、韻類對轉相配推證法、臨部合韻推證法、聲韻相配關係推證法等。此外,還有一種處理音韻材料的方法,即統計法,已被證明對於處理文獻音韻材料具有實效性。書中提及的内部擬測法和歷史比較法雖然源自西方,但在漢語研究中,它們與文獻緊密結合,形成了具有中國特色的研究方法。以內部擬測法爲例,漢語語音史的成功運用主要依賴於等韻學中的空格理論。例如,舌上音的知組屬於二、三等,而舌頭音的端組則歸入一、四等。當端知合併後,恰好填補了等韻中的空缺,實現了四等的完整配置。高本漢獨創的《切韻》投射法也是基於《切韻》這一書面音系發展而來的。可以説,上古音研究的巨大成就,一方面得益於文獻考證法,即清人所説的"考古",另一方面則依賴於內部擬測法,類似於清人所説的"審音",而"審音"的基礎則是由韻圖類文獻提供的等韻學思想。無論是文獻考證法還是內部擬測法,實際上又都應遵循歷史比較法的原則。清代學者的考古和審音雖然具有歷史觀,但對於歷史比較法的原則尚未完全參透。如今,我們的歷史觀已經更加深入,因此能夠更有效地利用"考古"和"審音"的方法來研究文獻語音學。這種方法論的融合,不僅豐富了我們的研究手段,也爲漢語語音史的研究提供了更爲堅實的理論基礎。

因此,文獻語音學不僅要強調文獻考證法的重要性,還要強調歷史比較法和內部擬測法的重要性。重視它們的原則,並結合文獻的特殊性,賦予其中國化的特色。例如,高本漢所創立的等韻填空法和《切韻》投射法都沒有照搬西方歷史比較語言學的內部擬測法,而是創新地將等韻學、《切韻》學和清人的研究成果結合起來。當然,高本漢的填空法也有失誤的時候,比如將送氣濁音填空的做法一方面雖有不少能符合考古的成果,如將喻四擬爲 dh,這樣"喻四歸定"的考古成果能得以解釋,但從審音上看,喻四只有三等,而其他的舌音卻是四等俱全,若把聲韻結合起來,便形成了更多的空格。高本漢此處的失誤,並不是考古的失誤,而恰是審音的失誤。

總而言之,在文獻語音學的研究中,我們必須綜合運用各種方法,並在實踐中不斷總結與修正。通過多種方法的融合與創新,我們才夠更深入地理解漢語語音的歷史發展脈絡,同時也能夠爲文獻語音學的研究提供更爲豐富和精確的理論支撐。

餘　論

文獻語音學並非無源之水、無本之木,它的學科基礎是建立在音韻學、語音史等學科成果之上的。因此,文獻語音學繼承了漢語音韻學研究的大部分材料和方法。從魏晉南北朝時期音韻學初具規模,到清代古音學研究達到巔峰,這一時期被視爲傳統音韻學的發展階段。試想,如果没有陳澧的反切系聯法,我們將如何面對韻書中數以千計的反切條目,如何應對韻書、音義書等音韻文獻的挑戰?因此,我們仍需傳承傳統音韻學處理文獻的方法。20 世紀標志着現代音韻學階段的開啟,新階段取得了諸多成就。文獻語音學不僅繼承了音韻學重視文獻的傳統,同時也從現代音韻學的發展中汲取了有益的營養。現代學科更加強調科學性,所得結論需是可驗證的,其知識體系是有序的,能夠發現規律性,並利用這些規律進行預測。作爲現代學科的一個分支,文獻語音學既繼承了傳統,也致力於在科學理念的指導下不斷開拓和創新。

　　文獻語音學不僅繼承了傳統,還具有深刻的批判精神。文獻語音學批判輕視文獻資料,只重視口語資料的傾向,也批判表面上重視文獻,實際上卻斷章取義、曲解文獻,以迎合某些不嚴謹的學術趨勢。文獻語音學也批判那些僅僅停留在文獻排比而不進行深入研究的做法。傅斯年(1928年)中提出的"一分材料出一分貨,十分材料出十分貨,沒有材料便不出貨"的觀點,雖然強調了史料在語言學研究中的重要性,與文獻語言學的研究旨趣相契合,但也容易導致對文獻的過度依賴。近年來,可用於語音研究的文獻資料越來越豐富,無論是地面上的還是地下的資料發掘都在不斷增加。因此,重視文獻的學術風氣日益增強,這一點我們在前面已有討論。重視文獻固然重要,但也出現了一種傾向,即過分強調文獻考證,而忽視了語音系統和規律的研究。在許多情況下,研究文獻被看作是高深的學問,卻忽略了文獻學只是基礎,其真正的價值在於如何將文獻應用於語言學的研究。馮勝利(2018年)中指出"今發現之學興而發明之學替矣",提出"中國學術回歸理性"的主張。我們認爲,文獻語音學既要避免"發明之學"的虛妄,鼓勵其創造性,也要發揮"發現之法"重視材料真實性的優勢。

參考文獻

馮勝利　《論黃侃的"發明之學"與傅斯年的"發現之法"》,《勵耘語言學刊》第29輯,中華書局2018年

傅斯年　《歷史語言研究所工作之旨趣》,《歷史語言研究所集刊》創刊號,1928年

何九盈　《漢語語音通史框架研究》,《民俗典籍文字研究》第1輯,商務印書館2003年

(瑞典)高本漢　《漢語的本質和歷史》,商務印書館2010年

高永安　《文獻考證法是音韻學研究的利器》,《長江學術》2008年第1期

耿振生　《音韻學研究方法導論》,北京大學出版社2016年

華學誠　《"文獻語言學"學科論綱》,《文獻語言學》第4輯,中華書局2017年

―――　《古籍整理與文獻語言學》,《中國社會科學報》2022年8月2日

黃易青　《論"諧聲"的鑒別及聲符的歷史音變》,《古漢語研究》2005年第3期

李春曉　《文獻考證法和歷史比較法》,《勵耘語言學刊》第21輯,學苑出版社2015年

魯國堯　《論"歷史文獻考證法"與"歷史比較法"的結合》,《古漢語研究》2003年第1期

―――　《論漢語音韻學的研究方法和我的"結合論"》,《漢語學報》2007年第2期

(美)羅傑瑞著,張惠英譯《漢語概説》,語文出版社1995年

裘錫圭 《釋 “衍” “侃”》,《魯實先生學術討論會論文集》,萬卷樓圖書有限公司 1993 年

孫玉文 《解讀唐詩 “鄉音無改鬢毛衰” 的 “衰”》,《陝西師範大學學報》(哲學社科版) 2018 年第 6 期

——— 《漢語史學科建設問題：總體趨勢與分支走向》,《湖北大學學報》(哲學社科版) 2022 年第 1 期

王國維 《天寶〈韻英〉陳廷堅〈韻英〉張戩〈考聲切韻〉武玄之〈韻銓〉分部考》,《觀堂集林》,中華書局 1959 年

王　力 《漢語史稿》,科學出版社 1957 年

——— 《漢語語音史》,中國社會科學出版社 1985

(美)張琨、(美)張謝蓓蒂 《原始漢語韻母系統和〈切韻〉》,《歷史語言研究所單刊甲種之二十六》, 1972 年

趙　誠 《上古諧聲和音系》,《古漢語研究》1996 年第 1 期

文獻語言學（20）:86～98,2025

文獻方言學材料的鑒別與利用[①]

游　帥

（北京文獻語言與文化傳承研究基地／北京語言大學文學院,北京,100083）

提　要:文獻方言學以文獻中可剝離的方言材料和歷代方言研究成果爲研究對象,並努力尋求將它們置於有效的時域坐標内加以分析描寫,探求各要素的來源及演變規律、動因等。文獻方言學研究重視歷史文獻考證的價值,並在此基礎上與歷史比較法相結合。對有地域標記的歷史方言材料,需要立足文獻研究,完善材料提取精度,優化對歷史方言材料年代和地域層次的判斷。對缺乏明確地域標記的歷史方言材料之發掘提煉,其基本方法可概括爲語言現象的差異與地域屬性的相關度比對。與此同時,強化文獻方言學材料的内外部融通系聯也是提升研究科學性的應有之義。

關鍵詞:文獻方言學;地域標記;歷史文獻考證;歷史比較法;系聯

一、引言

文獻方言學的角色明確,是有其必要性的。相比於現代方言學與通語（普通話）研究已經成爲現代漢語研究的兩輪,古代文獻語言研究長期以來卻只有文獻通語研究一途,即把古代文獻語言作爲同質的通語語料,混同在一起研究,顯然這是不科學也是不完備的。

通語和方言相互影響是漢語漫長歷史發展的關鍵特徵。胡以魯《國語學草創》曾指出,中國歷史上長時間處於分裂的狀態,應當是方言形成的重要原因之一,即便歷史上多次處於統一狀態,也無法消弭各地方言之間的差異,而只會帶來方言情形的相應變化。

"方言因是而殺,不因是而止也。語法已然,語詞、語音更甚。先秦文詞倒置之例,語法差異之殘影也。至語詞之差,則《爾雅》《方言》之訓詁,六書之轉注,皆其例徵矣。《釋

---

① 本文受到北京市社科基金青年項目"晚清民國京郊地區方志見載方言語詞類纂與研究"（22YYC013）的資助。

詁》訓三十餘語爲一意；《方言》訓大者十二語，訓至者七語，而云別國之言，初不相往來，俗語不失其方。可知閉關之世，各操土風，同義異音語不若是其多。同義異音語之起，大抵方言方音之侵入也。……雖經一時之統一，發達變化無已時。諸種變化偶發生於一區域一階級之中，及其特質龐大也，則又成一種方言矣，是亦語言自然運命也。"（胡以魯，第 84 頁）

　　歷史漢語的諸要素在發展過程中沉澱在不同層次、不同地域的漢語方言中，歷史方言承載了歷史漢語的諸多寶貴信息。然而相較於現代漢語研究，古代文獻語言的基礎研究條件存在明顯的先天不足，也因此造成了古代文獻方言系統性研究的長期缺失。文獻是研究歷史漢語的唯一途徑，但通過歷史文獻記錄下來的漢語存現形態構成極爲複雜，口語、書面語、通語、方言往往相互交織，相互滲透，科學、全面的文獻語言研究需要通過特定手段的介入，將各種異質材料在文獻語言中加以針對性剝離和分類。

　　相應地，文獻方言學則以文獻中可剝離的方言材料和歷代方言研究成果爲研究對象，並努力尋求將它們置於有效的時域坐標內加以分析描寫，探求各要素的來源及演變規律、動因等。也就是説要努力把古代文獻語言中的方言成分離析並區分出來，通語的歸通語，方言的歸方言。儘管由於文獻語料的限制，我們很難完備地建構出各個時代的方言系統，更難完整描述出歷代方言的發展變化，但各個時代的方言特點和一些重要方言的歷史演變特點還是可以探求的。與此同時，收集歷代方言研究著作，輯錄散佚方言研究資料，不僅有助於研究歷史方言，也有助於研究方言學史，在補充、豐富文獻語言學史方面意義重大。

二、輕視文獻考據而研究歷史方言是行不通的

　　20 世紀 60 年代末，美國的"普林斯頓學派"曾主張抛開《切韻》等歷史文獻，完全從現代方言材料出發，純粹用歷史比較法構擬出一系列原始方言，然後利用這些構擬出來的原始方言再去構擬原始漢語。這種做法本質上脱離了漢語方言的實際，陳忠敏（第341 頁）曾一針見血地指出，此模式實際上"是把印歐語系語言不斷分化的譜系樹説模式移植到東方語言"上來。

　　如若語言演變完全按照譜系樹模式進行，語言分化基於自然演變，隨着時間推移，語言間的差異只會越積越大，乃至從方言變爲不同的語言，從不同的語言變爲不同的語支，從不同的語支變爲不同的語族。然而漢語方言的發展和演化顯然並非如此，分化後的方言反倒常常會存在趨同傾向，原來分歧大的，差異越來越小。這正是緣於歷代通語包括

中心權威方言對漢語各地方言施加着深刻的影響。加之,使用漢字的書面共同語具有超越時空的特點,如此一來,不同時域的讀音在共時方言中不斷形成重疊也就不可避免。這種情況便與構擬只能在同一層次進行的要求存在明顯的矛盾。而要想對那些異源或異質現象進行剥離並有效分層,完全繞過歷史文獻是不現實的,也是不明智的。

對此可以舉一個借助文獻材料直接幫助判斷方言語音層次來源的例子,以見一斑。安徽休寧話裏古全濁聲母清化後,塞音、塞擦音送氣不送氣兩類兼有,且不受平仄聲調限制,王福堂(第5~6頁)曾就此問題進行了探討。比如爲什麽"投"與"頭"、"填"與"田"等等這類在中古韻書中原屬同音的字組,到今天的休寧方言中聲母卻出現了送氣和不送氣的對立?王先生借助清代江永《榕村〈等韻辨疑〉正誤》所提供的綫索解决了這一疑問,原來三百年前江西婺源東郊方言和休寧話的古濁聲母都是清化不送氣的,而西郊的方言直到當時的饒州(今江西省贛方言區)都是清化送氣的。清化送氣體現了贛方言的特點。由此便可知道,目前休寧話一部分古濁聲母字清化送氣應該是之後贛方言影響擴大的結果,屬於異源層次。這顯然是基於自然演變的語言分化所無法覆蓋的現象。

對於單純依托現代方言語料,純粹用歷史比較法構擬原始方言的手段,美國漢學家羅傑瑞也曾特別指出其突出缺陷,"表明最古老層次的方音證據總是零碎的,對某些特點的保留和丢失,顯得不平衡"(第38~41頁),確爲經驗之談。

因而在漢語語言學的探索實踐中,學者們越發意識到歷史文獻研究在把握漢語語言事實、方言事實以及理論方法研究中都有至關重要的作用。其中又尤以魯國堯(2006年,第28~36頁)圍繞漢語方言史研究所積極宣導並身體力行的"新二重證據法"爲代表:一方面强調充分利用現代方言材料,通過比較構擬早期的方言面貌,另一方面高度重視古代書面材料的發掘、梳理和考證,重視與比較法的結果相互印證,使研究結論具有堅實的實證和令人信服的邏輯。文獻方言學重視歷史文獻考證的價值,並主張在此基礎上與歷史比較法相結合,也只有如此,才能保證方言史的研究符合中國特色與漢語的實際。

三、有地域標記的歷史方言材料須優化利用

對於歷史方言語料的判定搜集,乾嘉以來學界一般多以語料中帶有明確的方言地域標記作爲提取標準,如杭世駿《續方言》、程際盛《續方言補正》、張慎儀《續方言新校補》和《方言别録》等等。但這種做法帶來的問題也顯而易見,如提取的材料與古民族語混同;材料年代層次雜糅;區别性特徵無法保證等等。因而在使用這種方法提取方言材料

時應事先明確相關問題,並在材料應用時留意甄別。

首先需加明確的是,今天的"方言"概念專指同一語言的地方變體,而文獻中所記録的材料實際所指更接近於所謂的異方之語,或簡稱"異語",即不論漢語還是少數民族語乃至一些外國語言都可能包羅於其中。鑒於古文獻中材料的這些特點,用籠統而不加剥離和鑒別的方式進行處理,顯然不符合研究的科學性要求。材料精純、劃分合理、邊界清晰,是一項研究科學開展的重要前提。比如宋代筆記《文昌雜録》卷六有一則帶有地域標記的材料:"北人謂住坐處曰捺鉢,四時皆然。如春捺鉢之類是也,不曉其義。近者,彼國中書舍人王師儒來修祭尊,余充接伴使,因以問。師儒答云:'是契丹家語,猶言行在也。'""捺鉢"一詞是"北人"的話,地域標記明確,但一般人多"不曉其義"。那麼是不是漢語方言? 如果是方言怎麼多數人都不懂? 根據材料的進一步記載,便可知道該詞並非漢語方言,而是來自民族語的借詞。研究古代方言,類似的材料自然應當被排除在外。

其次,歷史方言既然藴含於文獻之中,其材料來源及可靠性自然也面臨文本的校勘清理問題。文字校勘失檢導致材料以訛傳訛,不辨體例、裁斷不明導致非方言材料誤作方言材料,雖是方言材料但歸源失當等等,都是常見的問題。譬如張慎儀《續方言新校補》就存在類似情形,該書爲裒輯六朝以前方言材料而作,但對材料的鑒別、處理卻存在不少失誤。

如《文選·張衡〈南都賦〉》李善注引周處《風土記》:"蕊,香菜,根似茆根,蜀人所謂蒩香。"按:李注此處又云:"蕊與蕺同。""蕺"與"蘁"爲異體關係,而"蕊"之字形當爲"蘁"字轉寫變易後(荵)引起之誤。《集韻》入聲《緝韻》側立切("蕺"字即在此小韻):"蘁,香菜。"此處"蘁"字當爲"蕺"之聲旁變易字。俗書蹵旁變從三止,"澀"俗書作"澁",是其比,故"蘁"俗書變作"荵"。《北户録》卷二:"愚按廣之菜有掉、東風、荵、苭之類,無足奇者,是不復遍録。"龜圖注:"荵,因蕺。《風土記》曰:荵,香菜,根似菜根,蜀人所謂蒩香也。"爾後"荵"再變作"蕊"。故"蕊"即"蕺"也。明曹學佺《蜀中廣記》卷六十四:"《蜀都賦》:'樊以蒩圃。'蒩,草名。《廣蒼》云:蕺者,蒩也。《文選》注云:土茄覆地而生,根可食,蜀人謂之香蒩。"(楊寶忠,第 538 頁)

又如慧琳《一切經音義》卷二十五引《玉篇》:"自關而東,齊、魯之間萋皆謂爲弈。"按:檢慧琳《一切經音義》卷二十五《涅槃經》第四卷"博弈"條下作:"補各反。《説文》:局戲也。六箸十二萋也。《玉篇》云:古者烏曹作簿也。下弈,音亦,自關而東、齊魯之間萋皆謂爲弈。"《玉篇》爲字書,不具備出現"上 XX"、"下 XX"的注釋環境。據此可見,"下弈,音亦,自關而東、齊、魯之間萋皆謂爲弈"當係慧琳語。

再次,判斷歷史方言材料的年代和地域層次,也是科學有效地利用相應方言材料的重要前提之一。陳保亞（第 54 頁）指出，語言研究中“共時，只能是一個相對概念，共時語言系統不可能是暫態語言系統，它有一定的時間跨度”。必須事先明確的是，歷史方言研究所謂的“共時”更加只能是一個相對的概念，且這個共時的劃分相對於漢語史研究的其他方面更加需要靈活處理、謹慎對待。這是因爲語言作爲一個動態系統，與社會處在共變的關係中。而方言尤其是非大一統時期的各地方言，在其所在地域缺乏穩定環境的背景下，恰恰是極易受到外部因素衝擊而出現變易變遷的。比如欲對西漢時期的方言狀況進行共時描寫，就可以擇取一個相對較長的時間跨度甚至整個西漢時期作爲標的，然後再提取相應時段內的文獻材料開展研究。但倘是魏晉六朝時期，情況就要複雜得多，我們也就不得不將該時期三百多年的區間，分時分域進行多重劃分，否則實際研究工作將極難開展，研究結論也多是粗陋或靠不住的。斷代提取方言材料，無論是應用於共時分析還是歷時比較，其年代層次的清晰都應是前提。只有把歷代文獻中的方言材料還原到其所產生以及其使用的時代，它們才具有共時研究的價值。一種語言現象在文獻中的記錄也並不完全意味着該語言現象的同期存在。比較典型的例子就是，今天所編寫的字典辭書，其中的大量歷史詞匯和義項現在已經不再使用。情同此理，我們據歷史文獻中的方言材料進行研究，也應留意這種情況。

　　對材料所記錄的語言現象來源和發展的判斷，需借助於對材料縱向源流的梳理考察；而對材料所記錄的語言現象同期存在的判斷，則需借助於平行年代的可靠例證。因而就時代性而言，理想的方言材料則應盡可能在歷史年代有跡可循，在平行年代有例可證。這樣的材料在漢語方言史研究中才是可靠而有意義的。由於方言材料搜輯自歷史文獻，文獻典籍的產生年代一般而言是相對明確的，因而判斷方言材料是否具備共時性，應該是尋求材料可靠性的主要努力方向。判斷材料是否具有共時性，可借助如下幾個具體方法：1. **材料中標注“今”字者，可視爲著者有所驗的共時方言材料**。如東漢鄭玄注語中的方言材料計 67 例，標明“今”字的有 19 例，“鄭氏引證方言時有一個鮮明的特點，即有時標明‘今’字，有時没標”（華學誠，第 264 頁）。由此可見，這部分標注“今”字的材料當是鄭玄熟悉並有所驗的東漢末期的方言，具有明確的共時價值。2. **能求得同期（也包括相近的後期）可靠的文獻用例爲佐證者，可視作共時方言材料**。如南朝宋何承天（370～447）所撰《纂文》所錄“關西以逐物爲趁”條，其文獻用例可大量見於闍那崛多所譯的佛經，真大成在《說“趁”——基於晉唐間（5～10 世紀）演變史的考察》一文中便舉了“然彼人於後即更逃走，爾時丈夫亦不趁逐”（《大威德陀羅尼經》卷一五）等四例，說明《纂文》所載應是當時口語的真實記錄。3. **同一目標語詞，能求得與相鄰前代方言記載存在差異者，可視作共時方言材料**。如《說文·禾部》：“沛國謂稻曰秔。”《爾雅·釋草》郭璞注則謂“稻”曰:“今沛國呼稌也。”可知沛國一代對“稻”的稱謂,從東漢至兩晉之際已經發生了變化。郭注所記錄的應該正是當時使用的方言。但有一點需要注意的是,在運用這一方法時還要盡可能地排除同詞異寫的干擾。由於缺乏語言規範,方言中更容易出現一些意義完全相同,聲音相同,只是文字不同的異寫詞。它們僅僅反映字形書寫的變化,而非新詞,因而這種差異並不能夠被視作方言材料共時性的判斷依據。

4. 從移民史、歷史地理演變等角度尋求綫索,如地域標記中地名爲彼時方有者,可視作共時方言材料。如晉代戴凱之《竹譜》:“白鹿竹,亦可作簦,潯陽郡人呼爲白木竹。”考歷史地理材料,潯陽作爲郡乃西晉惠帝永興元年,因軍事需要劃廬江之尋陽、武昌之柴桑二縣始立。由是知,《竹譜》此條所記錄的應正是當時的方言詞匯。

最後,歷史方言研究同現代方言研究一樣,也要面臨本體研究和特徵研究兩方面的任務。本體研究最爲直接地受制於材料,而特徵研究則又要以本體研究爲基礎。不過無論本體研究還是特徵研究,對於相應方言區別性特徵的歸納都是無法繞開的問題。在這一點上,歷史方言材料本身就存在先天的短板,這是由於可用作系統研究的語音材料數量極爲有限,因而必須對能夠反映詞匯區別特徵的材料也加以足夠重視並甄選利用。相較於現代方言研究,其在歷史方言研究中的地位顯得更爲關鍵。不過就方言特徵詞而言,很少存在絕對理想化的情況,即對內完全一致,對外絕對排他。因爲“在方言的縱向源流和橫向滲透的雙重制約下,漢語方言往往表現出你中有我,我中有你的錯綜局面”(李康澄,135～136頁)。因而李如龍(第3頁)將方言特徵詞的性質界定爲“方言區内普遍應用、大體一致,在外區方言又是比較少見的”。現代漢語方言如此,歷史漢語方言必然也存在同樣的情況。更大的問題在於,歷史文獻中的記錄是我們從事文獻方言學研究的唯一可依據材料,其中有地域標記的方言語料有哪些是可靠的,有哪些是基本可靠的,還有哪些具有參考價值,又有哪些可信程度很低以及低到什麼程度,很多時候這些情況很難清楚釐定。現代漢語方言特徵詞,可以通過扎實的方言詞匯調查、比較等方法予以優化提取,從而保證特徵詞所具有的區別性特徵是有效的,而與此不同,歷史漢語方言特徵詞及其區別性特徵,只能依賴於文獻的記載以及對之所進行的對比、鑒別、考證等研究方法來發現。

比如這樣一組材料:1. 豬,北燕朝鮮之間謂之豭。關東西或謂之彘,或謂之豕。南楚謂之豨(《方言》卷八)。2. 東海人名豬曰豨(《漢書·高帝紀》顏師古注引鄧展)。3. 豕子,豬。江東呼豨,皆通名(《爾雅·釋獸》郭璞注)。4. 涼州以豕爲豬,河南謂之彘,吳、楚謂之豨(《初學記》卷二十九引《篹文》)。鄧展係三國時期曹魏人,三國曹魏時廢東海郡,置東海國,大致位於今連雲港一帶。據《爾雅》郭璞注可知,東晉時期表〔豬〕義的“豨”在江東通行;而據《纂文》,南朝宋時該詞也在吴、楚之間通行。郭注和《纂文》所示區域基本與《方言》所描述的“南楚”相差不大,表明從西漢揚雄時至南朝宋,該方言詞通行區域變更並不明顯。但《漢書》顔師古注引三國曹魏鄧展語,僅標示出該詞當時在東海通行。據此可斷,鄧展所注應當並未對“豨”一詞的方言通行區進行全面描寫,他説“東海”用並不能排除其他地區也用,因而就不能基於這樣的材料簡單地認爲表｛豬｝義的“豨”一詞在三國曹魏時期通行區域由南楚變爲僅在東海一帶。

當然也要承認,由於歷史方言材料的特殊性,一些局限很難完全克服,我們只能在現有條件下儘可能地去追求理想化的結果[1]。如果能夠結合材料掌握情況,首先實現在材料相對豐富的某一較小範圍内方言特徵詞的可靠考察,進而逐步深入、循序漸進,也不失爲一種研究層次的推進。上述這些問題,皆亟待在研究實踐中不斷總結並逐步完善,有此前提,在研究過程中運用方言材料時才會盡可能避免陷入那種“聚平面爲一點”(魯國堯1994 年,第 309 頁)的研究誤區,其他諸如相應時期的方言區劃、方言間的語音對應關係及漢語詞匯史等重要問題才能夠獲得可靠的材料支撐。

四、缺乏明確地域標記的材料如何發掘提煉

地域標記並不是歷史方言材料在文獻中呈現的必要條件,相反,缺乏地域標記的材料更爲常見。如何發掘提煉這批材料爲相應研究來服務,是一項重要的課題。這類材料大多見於詩詞韻文、韻書又音、音釋古注中,發掘提煉的基本方法可概括爲語言現象的差異與地域屬性的相關度比對。這裏所説的“語言現象的差異”,即指材料所反映出的語言現象較之於通語而言所存在的特殊性。這種特殊性與地域屬性聯繫得越緊密,則相關材料作爲歷史方言材料的可靠程度就越高。通語較之方言,共性是其指歸;而方言較之通語,個性則是其表現。

以《詩經》爲例,顧炎武在其《音學五書·詩本音》中曾指出:“古蒸、侵二韻不相通,此(指《秦風·小戎》三章)以‘音’與‘興’韻,《大明》七章‘林、心’與‘興’韻,豈方音之不同邪?”《詩經》中的蒸侵通押現象,只限於《秦風》和《雅》詩,因此顧炎武推斷蒸侵不分是周代關中地區的方音現象,這是極富見地的。《詩經》裏還有侵冬通押的詩篇,也都集中在《秦風》《豳風》和《大雅》中。江永在其《古韻標準·例言》中就這一問題談

---

① 我們傾向於將材料的基礎搜輯工作與後續應用研究工作所秉承的標準加以區分,基礎搜輯從寬,應用研究從嚴,如此則可以避免材料提取工作的無所適從,相應的具體研究工作則可進一步完善篩選,由點及面,聚沙成塔。

到:"其詩皆西周(指《大雅》)及秦、豳,豈非關中有此音,《詩》假用之乎?"如以上觀點成立,即關中方言中蒸、侵共韻,冬、侵共韻,那麼理論上蒸、冬也當可相押,《詩經》中的《小雅·常棣》四章"朋、戎"相押,《大雅·召旻》六章"中、躬、朋"相押,恰能證明這一點。這些文獻材料集中反映了更早時期蒸、侵、冬合而未分的語音特點並在當時關中方音中有所遺留。事實上向下考察,這種遺留到了後代在關中地區依然存在。如《漢書·王吉傳》載王吉字子陽(故又稱王陽),其子孫三代在長安做官,有廉潔之名,但生活奢侈:"天下服其廉而怪其奢,故俗傳:'王陽能,作黃金。'"謠諺中蒸部的"能"與侵部的"金"相押就是一證(朱正義,第 11 ～ 12 頁)。

需要注意的是,以詩文用韻等爲切入角度,對文獻材料規模的要求較高。先秦方言文獻總體上來講數量是不足的,後世有所改觀,正如劉曉南(第 20 頁)所指出的那樣:"唐以後的情況即大爲改善。系統考察唐詩宋詞元曲等用韻,參以同時代的文獻方言語料,下與現代方言相對應,即可很有把握地確定反映在文人用韻中的通語與方音。"只有在規模可觀的材料保證下,用韻主流和通行用韻方式才能較爲可靠地得到歸納分析,相應地,也只有在共性得到明確的前提下,個性分析的基礎才真正可靠。至於具體研究中的個性現象,究竟是反映方音還是仿古,抑或是音近通押,則大多是有條件加以甄別的,即"可以通過古代文獻的考證與現代方言的對應比較而論定"。劉曉南(第 21 頁)立足歷史方言語音研究,對"没有方言標志語料"如何考察其方言區域性特徵,曾作出如下方法性概括:"首先通過語料中表現的共性,判斷其屬於通語(的)部分;然後看是否有特殊的個別的現象存在,如果存在着特殊個別現象,就采用文獻考證與現代方音比較的辦法判斷其是否(爲)當時方言現象。"

從個性分析的視角出發,還應有意識地從材料的類型風格入手,尋找理想的歷史方言材料。歷代都不乏吸收方言進入文學作品的作者,但不同的材料類型,在反映方言特徵方面的情況是存在差異的。王力在《三百年前河南寧陵方言考》(1927 年)一文中曾談到有關歷史方言取材的看法,他認爲:"與其信賴詩詞,不如信賴風謠;與其信賴大人的風謠,還不如信賴小兒的天籟。"正是基於這一觀點,王先生選用了明代萬曆年間(1573 ～ 1620)吕得勝(寧陵人)所編的《小兒語》及其子吕坤所編《續小兒語》,這兩種都是民間童謠性質的文獻。通過系聯歌謠的韻腳字,他得出了東冬韻字混入庚青蒸韻,先韻字混入寒删韻,齊韻字混入支韻,真文相通,濁上變去等研究結論。又如傅國通、鄭張尚芳(第 51 頁)也曾指出,通俗詩派的寒山、拾得詩等類型的材料,在反映當時吳語信息方面更值得注意。

值得一提的是,許多佛教譯經材料也往往能夠成爲研究方言語音、詞匯等問題的重要依據。自東漢時期佛教東來，梵文拼音原理輸入，南北朝時期傳播大興，至於隋唐臻乎鼎盛。隨之而來的，便是佛經翻譯和佛典講解的繁榮。在這一過程中，受經師影響，一些方言的語音系統和用語習慣無意中被保留在漢譯本的佛經之中，也就成了研究歷史方言的寶貴資料。比如唐代玄應的《一切經音義》和慧琳的《一切經音義》都是用當時的長安音來爲佛經進行的注音，較爲完整地保留了當時長安方言的語音系統，黄淬伯《唐代關中方言音系》所依據的正是慧琳《一切經音義》中的反切和直音材料。又如羅常培《唐五代西北方音》則依據敦煌所藏的藏傳佛教的經文，通過漢藏對音來研究晚唐五代西北方言的語音系統。尉遲治平《周隋長安方音初探》（1982 年）和《周隋長安方音再探》（1984 年）也曾利用北周及隋代闍那崛多、闍那耶舍、耶舍崛多、達摩笈多等四位天竺來華高僧翻譯的四十二部、一百七十八卷漢文佛經中保存的梵漢對音資料，對公元六、七世紀之交（564 ~ 604）的長安方音進行了探索。其他還有劉廣和《東晉譯經對音的晉語韻母系統》（1996 年）《西晉譯經對音的晉語韻母系統》（1999 年），施向東《北朝譯經反映的北方共同漢語音系》（2004 年）等，都是相關方音研究的典範代表。語音如此，詞匯往往亦然。《宋書·高僧傳》所謂“文言豈無俚俗，豈不失於佛意，何妨刊而正之”，反映的背景就是過往譯經講經中，爲了下沉民間，方便佛教之義廣爲傳播而普遍出現的文言官話摻雜方言俚俗的情形。前文中所例舉的闍那崛多譯經語料與南朝宋何承天《纂文》“關西以逐物爲趁”相印證的例子便是一則典型。

　　此外，還可以結合經典歷史文獻中的方言研究論述，來推定一些材料作爲歷史方言研究資料的有效性。如陸法言在《切韻》序曾指出南人“支脂魚虞，共爲不韻”，這一描述在《顏氏家訓·音辭篇》中也能得到印證。顏之推謂：“北人以庶爲戍，以如爲儒，以紫爲姊。”說的便是北人魚虞不分、支脂無別，而這個論述正是以南人魚虞有別，支脂不混爲背景的。那麼凡是明確符合魚虞或支脂合用特徵的南朝北人詩文作品、音注材料，諸如張華、張協、張載、陽固等人的一些詩文，其反應方言區域性特徵的價值應當是被特別重視的，繼而在研究南朝吳越地區方言其他語音問題乃至詞匯問題時，便可納入重點考察。

五、注意文獻方言材料的内外部系聯

　　鑒別和利用是影響材料價值能否得到有效發揮的兩大環節，前者屬於“外部開源”，後者屬於“内部挖潛”。“外部開源”固然重要，前文主要討論的就是這一問題，而“内部挖潛”同樣值得重視，甚至需要更加有側重地投放精力。所謂“内部挖潛”，即在現有資源和條件下，通過增加切入角度、擴大輻射關聯等手段，來提升材料利用效率和利用精度,真正激發材料潛能。

語言是呈系統性的,語言研究也應當注重系統性。將語言問題條塊分割常常會阻礙研究的深入。追求系統的、聯繫的、相互佐證式的研究,應當是從事文獻方言研究的一項重要旨趣。我們提到“增加切入角度”的目的就是,加強學科視角和研究路徑的相互融通,諸如與移民史、方言地理、民俗學等研究相結合等。以北京地區齋堂話爲例,由於連接草原文化與中原文化,京郊地區的方言是一種彌足珍貴的非物質文化遺産,也是多元文化融合的表現形式之一。門頭溝地區的齋堂話是極具特色的語言資源。齋堂是京西古道上的重鎮,但因地處方言過渡帶,故而帶有不少冀魯官話和晉語的味道,顯得與北京話頗爲不同。由於種種原因,很多較早的語言聲調、詞匯、語法都停滯在了這一地區。根據北京市方志館編撰的資料顯示,遼金元時期,北京作爲都城並被駐兵移民時間長達四百餘年,漢語北京官話加深了與阿爾泰語系的接觸,並加強了與東北官話的聯繫,反而與漢語中原官話在政治上完全分離,處於開放環境中的官話發展迅速,時稱元大都話。明朝定都北京後,130多萬各地的漢族移民到此,由於當時漢族人來源不一,漢族移民都使用已占少數地位的北京漢族土著居民所使用的元大都話作爲通用語言,亦即今天齋堂話的源頭。到了明代推廣官話時期,齋堂地區時處拱衛京師的前綫,依天門關、天津關、弩寨口、沿河口、鎮邊城等要塞爲托,和關外幾乎斷絕來往,明代官話幾乎推廣不到關外,長此以往齋堂話便停滯在西山腹地齋堂川。像齋堂話中有“禡禡禮兒”一詞,表示做某事有何忌諱、規矩、注意事項等,而“禡”原就是指古代在軍隊駐紮地方舉行的祭禮,反映的正是該地區作爲駐軍前綫的歷史背景。又如“姆喀”一詞作爲語氣助詞,常加在語後,類似“對了姆喀”“是姆喀”等,此用法便是元代蒙古語的遺存,反映的是漢語北京官話早期與阿爾泰語系的接觸背景。

至於“擴大輻射關聯”,則旨在克服孤立利用材料所容易帶來的視野盲區等一系列局限性。如丁邦新(第137～138頁)在討論粵語“睇”的來源時,指出從現代漢語方言分布來看,表示﹝看﹞這一意義時,各方言大致都用“看”,只有粵語用“睇”,結合《方言》《説文》的記載以及《楚辭》中的實際用例來看,可以推論粵語繼承了楚地的方言,早年楚方言的特點保存在粵語裏,因而該詞似乎可以視爲方言特徵詞並用作分區的依據。但通過擴大考察歷史文獻,可以發現白居易的《長恨歌》中實際也存在“睇”表示﹝看﹞、﹝望﹞義的用例。考慮到白居易注重文辭淺顯的語言風格,説明唐代時“睇”應已進入主流漢語,所以便不能説粵語是繼承了楚地方言,同時也就無法將其用作方言分區的依據了。如果説丁先生利用的是外部材料來觀照歷史方言記録的話,我們也可以通過從不同時期乃至不同地域對同一標的的方言記録,探求關聯機制,構建立體網絡,以隨時爲相關的疑難問題提供研究綫索。

　　比如方言名物詞探源中同實異名詞材料的應用。對於一物之命名,理想的狀態是還原至當時認知條件和認知習慣下加以理解分析,且要遵循一定的系統性原則。否則,過分依賴當代人的語感和理解認知,以及孤立求解,仍舊難以擺脫語文詞源的普遍弊病——"摻雜了許多臆測、隨意、胡猜、牽强附會、望風捕影"(張志毅、姜嵐,第 148 頁)。方言材料中蘊含大量的同物異名材料,其價值大致有三:其一,表明某一事物的某些得名理據在當時的認知條件和習慣下是已成立的;其二,借助統計分析,可在一定程度上反映人們既往認知習慣的一些傾向性特徵;其三,從理據互證角度,直接幫助提供一批疑難問題解決的綫索。加强對此類材料的關聯機制的抉發,對於優化名源研究的實踐大有裨益。揚雄《方言》卷十一收錄了"蚨虷"一詞,是蚰蜓這種昆蟲的別名,其命名理據頗爲費解,歷代注家也均未涉及。通過廣泛查閱聯繫古代方言資料,可以發現民國時期《天津志略》等文獻中有"蚰蜓曰錢串子"的記載,這一異名材料就爲"蚨虷"一詞的研究提供了很好的綫索。"錢串子"的理據相對直觀,乃因此種昆蟲的體貌特徵而得名,這也是一些方言中蜈蚣等類似體型的昆蟲也可被稱爲"錢串子"的原因。而"蚨"作爲錢幣的別稱,古書中多見記載。至於個中原委,《太平御覽》卷九百五十引漢劉安《淮南萬畢術》中的一段記載解說較詳:古人認爲青蚨這種小蟲如果捉去其子蟲,母蟲就自動飛來;而將青蚨的血塗在錢上,可以稱爲子母錢,用子錢或母錢買東西後,其他的錢就可自動飛回與其母錢或子錢團聚,因此後人借之以代稱錢。文獻中還可見到諸如京蚨指京錢、洋蚨指洋錢、番蚨指番銀等情況。至於"虷",則與"紆"爲同源,"紆"可指繩索,《廣雅·釋詁三》:"紆,索也。"因此蚰蜓被稱作"蚨虷",正猶如稱其爲錢串子。再如方言同模詞材料的相互印證。所謂同模詞,是"指利用同一固定模式所產生的詞。同模詞有固定的組合模式和意義類型並具有能產性"(王勇,第 200 頁)。舊方志中有關於"豬舌"特殊叫法的記錄,像光緒八年序刊本《楊舍堡城志稿》:"豬舌曰賺頭。舌、蝕聲近,諱蝕爲賺,市井俗忌也。諱十爲全,同。"倘取之與今天許多地區有關舌頭的方言稱名相互觀照,則能起到很好的理據提示作用,粵方言區很多地方稱豬舌爲豬脷,江西黎川方言稱豬舌爲豬納兒,等等,"利、納"取意均與"賺"殊途同歸。

　　現代科學的發展强調以科學的系統論爲指導,文獻方言學欲尋求發展理應也要遵循系統論的觀點,系統論的基本思想是把研究和處理的對象作爲一個整體系統來對待。這當然包括承認語言研究內部的各分支學科是一個系統,應當在明確分支學科界定的基礎上,加强各學科手段和方法的互鑒融合。同時,也應當意識到,語言研究材料作爲這種系統性特點的直接承載者,强化材料的內外部融通系聯更是提升語言研究科學性的應有之義。

六、結語

　　毋庸諱言的是，古代文獻是極爲複雜的，古代方言文獻之於語言研究而言有着一系列的先天不足。對於基礎條件的欠缺，我們應當擁有冷靜清醒的認知，即需要知其不足而後治之。比如解釋文獻方言材料中出現的一些異常現象時，需對來源的複雜性進行充分預估，儘量以就高不就低的原則進行篩查驗證，切忌率爾操觚，徒逞臆測。同樣，文獻方言學亦有其特有的研究角度和内容方面的側重，明確其優勢自然有助於使其在現代學科體系下合理且有效地發揮實際價值。文獻與口語並非一組對立矛盾，二者在反映語言信息方面的旨趣是相通的，因此，將歷史文獻考證與歷史比較法有機結合，互爲表裏，遞相補闕，對於方言研究的整體推進無疑是積極有益的，這也是文獻方言學研究最根本的初衷。

參考文獻

北京市方志館　《京郊方言》，中國書店 2015 年

陳保亞　《論語言研究的泛時觀念》，《思想戰綫》1991 年第 1 期

陳忠敏　《語言演變與層次替換——以江淮官話、吳語爲例看漢語方言演變模式》，《語言研究集刊》第二十一輯，上海辭書出版社 2018 年

丁邦新　《方言詞匯的時代性》，《北京大學學報》（哲學社會科學版）2005 年第 5 期

傅國通、鄭張尚芳　《浙江省語言志》，浙江人民出版社 2015 年

郭　玲　《基於方言地理學的魏晉南北朝韻部發展研究》，西南交通大學碩士學位論文 2017 年

胡以魯　《國語學草創》，商務印書館 1931 年

華學誠　《周秦漢晉方言研究史》（修訂本），上海人民出版社 2014 年

李康澄　《關於"方言特徵詞"理論的回顧及思考》，《武陵學刊》2011 年第 5 期

李如龍　《漢語方言特徵詞研究》，廈門大學出版社 2002 年

劉曉南　《漢與歷史方言研究》，上海人民出版社 2008 年

魯國堯　《魯國堯自選集》，大象出版社 1994 年

———　《論"歷史文獻考證法"與"歷史比較法"的結合——兼議漢語研究中的"犬馬鬼魅法則"》，《民俗典籍文字研究》第三輯，商務印書館 2006 年

（美）羅傑瑞　《閩北方言的第三套清塞音和清塞擦音》，《中國語文》1986 年第 1 期。

錢曾怡　《漢語官話方言研究》，齊魯書社 2010 年

王福堂　《漢語方言語音中的層次》，《歷史層次與方言研究》，上海教育出版社 2007 年

王　力　《中古音等韻及其他》,《王力文集》第 18 卷,山東教育出版社 1991 年

汪啟明、郭玲,　《魏晉南北朝的韻部與方音研究》,《中國音韻學:2016 國際高端學術論壇論文集》,安徽
　　　大學出版社 2021 年

王　勇　《近代漢語詞匯理據研究》,三聯書店 2022 年

楊寶忠　《疑難字三考》,中華書局 2018 年

張志毅、姜嵐　《詞源學的流派和理論》,《民俗典籍文字研究》第 2 輯,商務印書館 2005 年

真大成　《説"趁"——基於晉唐間(5 ～ 10 世紀)演變史的考察》,《中國語文》2015 年第 2 期

朱正義　《關中方言古詞論稿》,上海古籍出版社 2004 年

文獻語言學(20):99～109,2025

略談中國古典學與文獻語言學①

王華寶　孫博涵

(東南大學人文學院,南京,211100)

提　要:近十年,"中國古典學"與"文獻語言學"成爲學術新潮流,相關論著、學術會議和學術期刊接連湧現。2024年"中國古典學"本科專業進入教育部目録,實現了現代轉型。"文獻語言學"專業也在學者們的努力下取得進展,但在學科分類體系中尚未獲得應有地位。"中國古典學"雖進入本科招生名録,但仍在"中文"一級學科下,獨立體系未定,存在諸多爭議。本文擬從二者的名實問題、定位與邊界、融合與發展等方面,結合學科定義、定位、人才培養體系、學科體系和方法論等展開討論。

關鍵詞:中國古典學;文獻語言學;學科建設

一、引言

　　近十年,"中國古典學""文獻語言學"這類具有中國本土特色的新學科成爲時代學術之新潮流。繼相關研究論著的出現、各種古典學學術會議的召開、《中國古典學》《古典學研究》刊物等的創刊之後,今年中國人民大學國學院申報的"中國古典學"本科專業成功獲批,並進入教育部《普通高等學校本科專業目録》(2024年),"中國古典學"完成了從傳統學術到現代學科、成爲現代大學中的一個專業的"現代轉型"。而華學誠教授帶領的北京語言大學團隊則有關於"文獻語言學"的一系列論述,又建立文獻語言學研究機構與學科,創辦學術輯刊《文獻語言學》,舉辦學術論壇,開辦系列講座,以"兩建三辦"接續學術傳統,凝聚隊伍,加强理論與方法研究,貢獻巨大,也有衆多學者投入文獻語言學研究並多有貢獻。

　　"中國古典學"進入教育部本科招生名録,勢必極大地拓展與提升這類新學科的學術空間與學術地位,一定程度上改變着知識譜系與學術體系的組成結構,但"中國古典學"目前只是在"中文"一級學科下生存,在學位授予中尚未有獨立的體系,定義定位、研究

---

① 國家社科基金重大項目"新中國古籍整理出版事業史研究"階段性成果(項目編號:23&ZD217)。

方法等也衆説紛紜。"文獻語言學"在學科分類體系、學位授予體系中則尚未取得應有位置。對筆者來説,"中國古典學"和"文獻語言學"似乎一直都在身邊,也對此有一定程度的關注與思考。值此"第八屆文獻語言學國際學術論壇"舉辦之際,擬從二者的名與實、定位與邊界、融合與發展層面,結合學科定義、學科定位、人才培養體系、學科體系、方法論等略作討論,以向學界同道請益。不妥之處,敬請指正!

二、"中國古典學"和"文獻語言學"的名與實問題

一門學科之名産生之初,學科之實應當早已存在,有人據其實以定其名,他人又循其名以責其實。定其名者有自己的學術背景與學術理念,責其實者何嘗不是。雖説"循名實而定是非,因參驗而審言辭"(《韓非子·姦劫弑臣》),但名和實之間關於研究對象、目的、範疇、方法等差異不小。那麼名與實如何配合,如何形成一門學科自洽的概念呢?這可能需要一個較長的"約定俗成"的過程。當前"中國古典學"和"文獻語言學"應當都不存在要不要、爲什麼要的問題,而主要是如何研究、培養學生"學什麼"等的問題,對此首先需從名、實之間來分別論述二者的定義與基本内容。

從名稱來看,二者最基本的指向都是中國古典文獻。"中國古典學"的"典",在古代應先有其概念與詞義存在,此後産生會意的"典"字。甲骨文中"典"作"",該字由上下兩部分組成,上部爲"册",意爲編連在一起的用來書寫的竹簡;下部爲一雙手。兩相會意,表示用雙手恭恭敬敬地捧着書册。《説文》作"",釋語爲"五帝之書也。从册在丌上,尊閣之也"(《丌部》),則認爲是高放在架上的書籍。説明從字形訓釋的角度而言,"典"無疑指重要的書籍。《尚書·五子之歌》有:"明明我祖,萬邦之君,有典有則,貽厥子孫。"傳:"典,謂經籍。"又《尚書·多士》:"惟殷先人,有典有册。"皆爲此義用例。此後産生常道、準則義,如《尚書·皋陶謨》:"天敍有典,敕我五典五惇哉!"疏:"天次敍人倫,使有常性,故人君爲政,當敕正我父母兄弟子五常之教。"又産生儀節、典禮義,如《國語·周語下》:"若啟先王之遺訓,省其典圖刑法。"以及制度、法規、典故、典雅等衆多義項。

"古典"一詞産生較晚,作爲"古代典籍"之義的"古典",《漢語大詞典》以《後漢書·樊準傳》"而垂情古典,遊意經籍"爲最早書證;指"古代的典章制度"之義者,則以《漢書·王莽傳中》"違於古典,繆於一統"爲最早書證。《漢大》所列還有"典故"與"古代流傳下來被認爲正宗或典範的事物"兩個義項,更以現代文爲證。但無論如何,"古典"作爲古代重要書籍、經典的指稱必然存在。相同或相近的概念又可稱"古訓",如《詩經·大雅·烝民》:"古訓是式,威儀是力。"稱"古文",《史記·太史公自序》:"年十歲,則頌

古文。"還有"經典、經籍、典籍"等各種名稱。以"中國古典學"之名觀之,這門學科應當是對中國古代經典的整理與研究,而按照今日的定義,中國古代經典則不僅獨爲儒家"五經"及相關傳記,也包含了《孟子》《荀子》《老子》《莊子》等重要書籍。

"中國古典學"這一新學科,與西方本有的"古典學"(classics)有高度的相似和聯繫,也不可避免受到其影響。西方語境中的"古典學",其研究對象是西方古典時代的古希臘語和拉丁語,以及用這兩種語言寫成的經典文本和背後的古代文明。西方古典學作爲一門成熟的學科已有二百多年的歷史,形成不同的學術流派,有古典語文學、考古學、史學、人類學等不同分支。國内有一批學者在文明互鑒視域下展開對西方古典學的研究,進而開始探索建設現代中國古典學學科。但其實質上應該包含哪些内容,采取哪種方法,目前爭議仍然很多。在整個中國現代學術體系受到西方影響的背景下,參照西方古典學建設中國古典學學科,是一種開闊的視野,但簡單化的比附也會滋生一些不必要的爭論。作爲世界學術傳統的古典學研究,中西既有相似之處,也形成了各自的傳統與特色。總在西方概念或中西方對比視域中看待中國古典學,則會出現一些不必要的爭論,如爲了證明中國的"古典學"産生早於西方,是我國固有的概念,有學者即認爲大概成篇於公元前 5 世紀的《尚書·堯典》首句"曰若稽古帝堯",這就已經具有了"古典"的含義。而事實上,古注如馬融曰:"順考古道。"鄭注:"稽古,同天。言能順天而行,與之同功。"僞孔:"若,順;稽,考也。能順考古道而行之者帝堯。"對"古"的闡釋本身即具有多元性,未必是所謂的"古典",因此儘管作者是爲了避免"古典學這一概念源自西方"之誤解,其學術理念是"想要證明'古典'一詞實在是具有中國自己的淵源,完全無須依傍西方的概念而存在"(吴洋、劉欣如,2024 年),但這一做法似乎太拘於字眼、多了一點意氣之爭,未從本質上説清楚名與實的關係。

總之,"中國古典學"的名稱與其實質較難耦合,如何使得名實相符仍是一項重要的任務,由此也引發出一系列難題,如"中國古典"應包含哪些古典? "中國古典學"的研究傾向於語言文字還是歷史義理? 方法論是古典的還是對象是古典的? 中國古典學與西方古典學具有何種差别? 當建設中國古典學還是中國特色的古典學? 我們是否應當效仿西方古典學的框架與分類? 等等,都難以給出答案。

相較之,"文獻語言學"從其名即可明確地推知其實,並經過多年的理論發展,其名實之間的磨合已經日趨完成,使得其"名"能無異議地表述其"實"。"文獻語言學"這一名稱最早由陸宗達基於黄侃思想而提出,陸先生説:"早在漢代,就開始有了以掃除古代文獻中語言文字障礙爲實用目的的一種工具性專門工作,叫作訓詁。在這個基礎上,發展出後來所説的文獻語言學。"(陸宗達 1980 年,第 2 頁)並認爲古代研究文字、音韻、訓詁的“小學”或“傳統語言文字學”就是“文獻語言學”，“在現代科學語言學和漢字學没有發展起來之前，這種語言文字學被稱爲傳統語言文字學，由於它以古代文獻語言爲研究對象，所以又稱文獻語言學”（陸宗達、王寧，第 176 頁）。同時，陸先生希望建立區別於傳統的當代新“文獻語言學”，他自述道：“從文獻語言材料出發；以探討詞義爲落腳點；以《説文解字》爲中心；重視繼承，建立適合漢語特點的漢語語言學；面向現代社會、重視普及和應用。這便是我研究文獻語言學的指導思想。”（陸宗達，1986 年）隨後，羅邦柱、馮勝利、魯國堯等先生也對“文獻語言學”有過論述。

　　近十年華學誠教授對文獻語言學的學科定義作出很大貢獻，華教授認爲：“對中國人而言，在共時的日常生活環境裏，第一語言是與‘口説的詞’相關的、表音體系的漢語口語；在歷時的傳統文化環境裏，第二語言是與‘表意字’相關的、文字體系的漢語書面語。二者都是‘觀念的符號’，共同構成了‘漢人’的語言，忽略其中任何一個，都不能構成關於漢語的科學的、完整的認識。因此，我們認爲陸宗達先生提出的‘文獻語言學’是一個科學概念，‘文獻語言學’完全可以成爲一個學科，因爲以此可與重視研究‘口説的詞’、重視研究表音體系的現代漢語語言學相互映帶，共同完善關於‘漢人的語言’的科學理論體系。”（華學誠、張猛，2017 年）因此，文獻語言學的學科定義是“立足於海内外傳世、出土文獻，綜合運用文獻學、傳統小學、現代語言學的理論與方法，旨在解決文獻中的語言文字問題、研究語言文字的結構規律和演變發展規律的一門中國歷史語言學科”。這一定義目前得到了學界的認可。

　　綜上可知，“中國古典學”與“文獻語言學”之“名”都與古典文獻有關，但兩門學科之“實”還存在一些討論空間，尤其是中國古典學具體如何與古典文獻建立聯繫、其學科定位與邊界如何。在此基礎上，兩門學科之間又具有什麼關係，是否可以交融發展，都可進一步討論。

三、“中國古典學”與“文獻語言學”的定位與邊界

　　當前名詞概念、課程名稱、學科名稱等有不同所指，做學科建設時既要有明確的研究對象，又應有清晰的定位與邊界。“文獻語言學”與“中國古典學”二者各自内部並不完全一致，但二者之間有時也是界限不明，存在交叉。

　　在“中國古典學”與“文獻語言學”之間，存在一個與二者交叉的“語文學”的概念，“語文”一詞，《辭海》《辭源》未收，《現代漢語詞典》（第 7 版）收録有兩個義項：語言和文字，語言和文學。《新華詞典》（第 4 版）還收録了“語言和文章”這一義項，但均未將“語

文”當作學科名。“語文”作爲多義詞,通常是語言文字、語言文學、語言文化的簡稱,更是中小學母語課程通用名稱。“語文”的使用與葉聖陶關係很大,葉先生不同意之前“國文、國語”的課程名稱,認爲“語、文”不可偏廢,並解釋道:“什麽叫語文? 平常説的話叫口頭語言,寫到紙面上叫書面語言。語就是口頭語言,文就是書面語言。把口頭語言和書面語言連在一起説,就叫語文。”(葉聖陶,第 102 頁)但學科概念的“語文學”和何種“語文”之學,則需要界定。

《辭海》(第 6 版)在未收録“語文”並給出釋義的情況下,其“語文學”解釋就略顯無所適從,總的定義是“偏重從文獻角度研究語言文字的學科的總稱”,然後介紹國外情況“西方一般認爲語言學作爲一門現代科學建立於 19 世紀初,而把在這以前缺乏系統的語言文字研究稱爲語文學,亦有用它統稱歷史語言學和比較語言學的”,接着轉回國内“在我國也有人稱傳統的文字學、音韻學、訓詁學、校勘學爲語文學”,最後談當前“現在一般將語文學作爲語言學發展的一個階段。廣義的語文學有時包括文學和文化研究”。又對“語言學”解釋爲:“研究語言的科學。作爲一門現代科學建立於 19 世紀上半葉。此前的語言研究,在中國稱‘小學’,在歐洲稱‘語文學’。”將“小學”與“語文學”劃上了等號。對於 Philology 一詞的譯名,除了“語文學”以外還有“語言學”“文獻學”“言語學”“語學”“古文字學”,以及“小學”“樸學”等眾多譯名。如此看來,“語文學”與“傳統語言文字學”及“文獻語言學”皆具有相近的概念。

有學者認爲“語文學”與“古典學”相同,沈衛榮提出“一個常常被大家忽略的事實是,所謂古典學其實就是語文學”(沈衛榮,2024 年)。沈先生將“語文學”與“古典學”等同,此種理解並非個例。此前就有專家學者談過,如魯國堯先生提出:“作爲中國語言學人,我們所講的‘古典學’,就是中國先秦兩漢,特別是先秦這一時段的語言之學。”(魯國堯,2021 年)將“古典學”與“先秦兩漢語言學”等同起來。魯先生還説“先秦學術,無論在語言學、哲學、歷史學、文學、社會學等方面都是中華文化的基石”,建議“一部分人移師上古,帶頭轉型”。魯先生的“古典學”不僅與語言學畫等號,還明確指出是上古先秦的語言學。

我們認爲,“文獻語言學”與“語文學”的概念相近,但“古典學”的範疇無疑應比“語文學”要更大。古典語文學主要是一種文本語文學研究,它以古代文獻和文本作爲研究對象,雖然可通過其進一步探求古代歷史、文化、文明,從而構成“古典學”,但其主體仍是古代歷史語言。但與我們今天所説的“古典學”更接近的一個學科名稱應該是德國古典語文學傳統中出現的“Altertumswissenschaft”或“Altertumskunde”。這始於弗里德里希·沃爾夫(1759 ~ 1824),在以語言和文獻研究爲主的傳統古典語文學之上,增加了古代歷史研究和古典考古學等新學術内容,使古典學的研究不只是書面的語言文化研究,而且還是物質的文化和文明研究。因此,"古典學"不但包括歷史語言學的内容,而且還包括文學、歷史、哲學、民俗學、古文字學和考古學等研究領域,最終成爲超越古典語文學的德國古典學(沈衛榮,2024 年)。

在"中國古典學"的相關論述中,大部分學者也認爲其不僅是探討中國古代文本與語言文字之學,也包含對古代文明的研究,因此它不同於古典文獻學和漢語言文字學,也與文獻語言學不同。我國以經史子集四部爲主幹的傳統學術在今日學科分類中被解構,散落於文學、歷史、哲學、藝術、宗教、政治學、教育學等不同學科之中,導致無法整體性地理解我國的學術底色與人文底蘊。但過去常説的"國學"也未盡善盡美,因此有學者希望用中國古典學來代替過去的"國學"之稱以便於學科化,2010 年《光明日報·國學版》刊登了朱漢民等六人的系列訪談,標題爲《國學 = 中國古典學》,討論以"中國古典學"定義原來的"國學",以推進"國學"作爲一門學科的建設。朱漢民認爲,一方面,在幾千年的漫長歷史中中國形成了自己特有的具有典範意義的文明體系。建立"中國古典學",也就是以中國古人留下的歷史文獻爲依據,將中華文明作爲一個整體來研究。"中國古典學"以中國傳統學術體系爲基礎,是一門從學術範式到知識構架、學理依據均不同於現有的文學、歷史、哲學的獨立學科,這是"中國古典學"得以確立的内在條件。另一方面,由於"國學"概念僅僅能夠爲中國人自己使用,西方人則只能使用漢學,以"中國古典學"來定義原來的國學,國學具有了知識共用、學術交流的現代學科的要求,並能相容漢學,爲中外學者所通用,這是國學能夠具有現代學術視野並能開展國際學術交流的外在條件(朱漢民,2015 年)。由此看來,中國古典學即是維持我國傳統學術整體性,將中華文明作爲落腳點來研究的學科。

此外也有一些相近的表達,如"中國古典學就是研究中國古代典籍以及典籍中所記録的内容、内容所反映的社會、社會所代表的文明的學問"(烏雲畢力格、吳洋,2022 年)。這一表述比較全面,更具體化的表述如"中國古典學,以中國古代經典和文明爲研究核心,以實證主義的治學方法,回歸文本,理解文獻,並從本體論的角度闡釋中華文明龐大且精緻的體系"(吳洋、劉欣如,2024 年)。在人民大學新設中國古典學本科專業後,記者采訪該專業"學什麽"的問題,吳洋表示,"中國古典學是以中國古代經典研究爲主要的教學和研究主體,以古代中國的本體研究爲目標所設立的新專業"。他特別指出,不同於西方古典學,中國古典學在研究方法上更強調繼承中國傳統學術方法,入乎"小學",參稽"漢學",出乎"大學",在中國傳統文獻學的基礎上,加強對古代經典的詮釋。同時,中國古典學還重視對古代中國多民族歷史語言文化的研究,致力於傳授中華民族共同體理念下的優秀傳統文化觀念(中國新聞網 2024 年)。種種表述,都説明"中國古典學"包括的範圍更加寬廣,且最終目標是研究古代文明。

　　"中國古典學"作爲一級學科,如何規劃合理的二級學科方向,還需要學術界商討,儘量形成相對一致的意見。而且,在討論"中國古典學"概念、範疇以及研究方法等問題時,仍有不少爭議。除了上文提到的中國古典學與語文學或文獻語言學、國學的異同關係之外,也有將古典文獻學、古文字學、古代思想、經學等作爲中國古典學之核心的不同説法。本文認爲,中國古典學不存在何者爲"核心"的概念,而應該最大程度地包容現有的學科內容,並落實在對古代中華文明的探究中。

　　對於"古典"範圍及對象的框定,各家所説亦不相同。如孫玉文認爲中國古典是指1912 年清帝退位或 1919 年五四運動以前的中國古代典籍,涵蓋經、史、子、集等各個部分(孫玉文,2018 年)。林志純則認爲,中國的古典時代由"古典之五帝三代""古典之春秋""古典之戰國"三個階段構成,六國或戰國是古典時代向帝國的過渡,由此順延至劉邦建立漢帝國,皆屬古典時代(林志純,第 558 頁)。裘錫圭先生指出:"我們這個'古典學'是比較名副其實一點,主要就是研究作爲我們文明源頭的那些上古典籍。主要是先秦的,但也不能講得那麼死,秦漢時候有一些書跟先秦的書關係非常密切。"(裘錫圭,2015 年)常森認爲:"將中國古典學的核心研究對象限定在先秦兩漢時期不僅不背離古典學成立的基本意旨,而且契合中國文明發展的實際,具有充足的現實和邏時依據。"(常森,2019 年)王秀臣則讚同古典時代從先秦順延至兩漢的觀點,因爲古典學術是古典時代偉大的文明成就和精神標志,具有本源與恒久意義(王秀臣,2022 年)。

　　綜合各家之説可知,"中國古典學"的範圍和重心、定義與邊界與"文獻語言學"有所差別,現臚列於下:

　　文獻語言學目前主要以書面漢語漢字爲研究對象,中國古典學則包含了少數民族語言文字及其文化。

　　文獻語言學對"文獻"的理解是狹義的,基本等同於傳世文本和出土文獻的總和。但中國古典學則用廣義的"文獻",如魯國堯先生在《簡論"文獻語言學"》中提到的,文獻是廣義的,既指物,也指人,包括傳世文獻,出土文獻器物銘文與簡帛文書等,域外漢字文獻或非漢字文獻,甚至非紙本的音像資料等,可以是書面語言,也可以是口語(魯國堯,2015 年)。因此,岩畫、雕塑、建築、器物、琴棋書畫等也可作爲"中國古典學"的主要研究對象。

　　文獻語言學沒有"典"的概念,一切文獻文本皆可研究,故而某些思想價值不高的文本,或因具有較高的語言價值而可作爲重要研究對象;中國古典學則應首要考慮研究對象的思想文化價值,以發掘弘揚中華優秀傳統文化爲主,故而其需要劃定"典"的範圍。

"中國古典學"總體傾向不在典籍語言文字本身,而在其背後的中華文化或上古文明。與此相應,"文獻語言學"的研究則傾向於前者。

但文獻語言學和中國古典學二者,同作爲中國氣質的學術則亦多相同點,下論之:

二者都是交叉學科。在西方,古典學是一種典型的跨學科研究,横跨了哲學、歷史學、文學、文獻學、藝術、考古等多個領域。中國古典學打破學科壁壘,也貫通了文史哲,開展學科交叉研究,這符合傳統中國學術思維和觀念,如四部之學是一個整體的學術體系,而不是經史子集四部的簡單相加或總和。

二者既是一門學科,也是一種方法。回歸文本闡釋經典文獻的學術方法是中國學術的基本底色,也是我們的核心特色。在新的時代背景和學術下,此舉將推動中國學術的進步。

二者有交叉,各有側重。人文學科的研究必須從經典文獻和語言文字入手,可以説,文獻語言學既是中國古典學的組成部分,又是基礎。古典時代的文獻語言是古典學的表徵,呈現中國古典學的語文底色,也可以説中國古典學是文獻語言學的最終目的,也是一種升華。

四、"文獻語言學"與"中國古典學"的融合與發展

中國古典學作爲一門新學科應該如何建設,目前仍處於探索階段。黄德寬認爲:"學術界應進一步開展相關學術研討,鼓勵不同建設單位結合自身學科基礎大膽嘗試,開展積極的建設實踐。在這個過程中,我們認爲還是要立足於中國古典研究的傳統,從學科内涵的界定出發,吸收學術界對相關問題研究的成果,在諸如古典學研究的核心内容(領域)、時段限定、研究方法和目標等基本問題上盡可能凝聚共識,在正確理論指導下來開展中國古典學學科建設實踐,這樣才有可能取得更好的建設成效。"(黄德寬,2024 年)我們認爲,文獻語言學完全符合中國古典研究的傳統,是最根本的基礎,中國古典學吸收文獻語言學的研究方法和成果,必然有利於其建設。

中國學術界如何超越"五四"以來全面反傳統的習慣,以最大的敬意重新整合認知中國文明的源頭,是一個重要的時代課題。"文獻語言學"的話語模式是中國古典學話語方式的表現形態,體現出中國古典學特有的思維方式、思維品格、價值取向和表達能力等,"中國古典學"與"文獻語言學"必然有着極大的關聯。二者之前雖未有共通的平臺,但實際上從各種會議、各種成果來看,又未有明確的區分,有着融合發展的趨勢。

之前討論如何進行中國古典學學術訓練時,裘錫圭先生就已提出:"最重要的還是古漢語、古文字以及文字、音韻、訓詁的基礎,也要有古典文獻學的基礎和出土文獻整理方面的知識,對古代思想、歷史、社會也要有一定瞭解。"(裘錫圭,2015 年)雖然裘先生注重中國學術思想自有的求全觀念,但仍以"古漢語、文字"作爲最重要的基礎。近時黃德寬教授也提出:當代中國古典學的構建在繼承古典學術傳統的基礎上,一是要將傳統"小學"與當代古文字學、上古漢語研究結合起來,在"文字"維度上實現古今貫通;二是要將傳世文獻與新發現的出土文獻研究結合起來,在"文本"維度上實現傳世文獻與出土文獻研究的融通;三是要在"文化"維度上,既揭示古代典籍及其內涵與歷史文化的深層關係,也通過古代典籍的研究展現中華歷史文明的本來面貌和演進軌跡,從而揭示中華文明生生不息的歷史規律(黃德寬,2023 年)。這一論述將文字、文本與文化(文明)打通,也將語言文字放在第一步,相信會有較多學人贊同。

"文獻語言學"作爲一門具有中國特色的歷史語言科學,既是中國歷史學各分支學科的基礎學科,也是中國語言文字學的基礎學科,前者的基礎性主要體現在應用層面,後者的基礎性主要體現在理論層面。在應用價值上,文獻語言學的成果解決歷史文獻中的語言文字問題,協助對古典的理解,將現代社會的我們拉回到歷史語境中;在理論價值上,文獻語言學總結出的漢語漢字共時結構和歷時規律,可以據此進一步探求古典漢文化和漢人思維模式。

古代文獻是中華文化的主要載體,需要依賴文獻語言學去解決文獻史料中的語言文字問題,而不同詮釋傳統之間的較量,乃至學術與政治之間錯綜複雜的關係,都是中國古典學術傳統的豐富性和內在張力的體現。一方面,文獻語言學助力中國古典學的返本開新;另一方面,古典學的發展和新問題的提出總是指向更大的義理問題,助力文獻語言學的正確闡釋。

如孫玉文談到:"古人所說的'禮''法'的關係,我們不能不加分析,拿今人對'禮''法'的理解去評判古人,以爲古人只重視禮,而輕視法。要想瞭解古人對於'禮''法'的認識,必須全面掌握古書的相關材料,細緻分析他們對這兩個詞的具體含義的理解。"(孫玉文,2018 年)文中認爲司馬遷《禮書》中的"禮"實際包含今天的"法",並舉張守節《正義》"天地位,四時序,陰陽和,風雨節,群品滋茂,萬物宰製,君臣朝廷尊卑貴賤有序,咸謂之禮"的注釋等來立說。這在學理上基本正確,但此問題如從更深的層面來看還有討論空間,如《史記·禮書》的文本問題,是司馬遷自作、他人補作,或是部分自作部分補作? 刪截自《荀子》之《禮論》《議兵》又有怎樣的改易? 唐人張守節的注釋,原則上認可其理解的準確性,但畢竟不是司馬遷本人的直接陳述,《史記》本書其他篇章有大量"禮、法" 相關内容,最清晰的表達見於《史記·太史公自序》:"夫禮禁未然之前,法施已然之後;法之所爲用者易見,而禮之所爲禁者難知。" 由此可見,文獻語言學的工作細緻而複雜,需要耐心涵泳的功夫,才能正確理解古書原意,進而解決古典學的其他問題。

文獻語言學對漢語漢字規律的探求也與古典思維有緊密聯繫。聲訓即典型的例子,用聲訓解釋某字並非其詞典義,而是揭示其詞源或同源詞,這種解釋雖然略顯累贅繁瑣,卻能反映出漢語思維。古代的文本詮釋者對名物名稱的聲訓,是古代中國人勾連現實世界與理念世界的方式,也融注了詮釋者的價值觀念。比如《儀禮·士冠禮》:"屨,夏用葛。玄端黑屨,青絇繶純,純博寸。" 鄭玄注:"絇之言拘也,以爲行戒,狀如刀衣鼻,在屨頭。" 這裏的 "絇",《説文·糸部》"纑繩絇也",本義是用布麻絲縷搓成繩索,又爲一種鞋的裝飾,即此《士冠禮》之 "狀如刀衣鼻,在屨頭" 之物,又《士喪禮》:"乃屨綦結於跗,連絇。" 鄭注:"絇,屨飾,如刀衣鼻,在屨頭上,以餘組連之,止足坼也。"《玉篇·糸部》:"絇,履頭飾也。" 根據這些描述,可知其大概是一種在鞋頭固定多餘鞋帶的裝置,從 "糾合、拘束、固定" 的共同義素上講,"絇" 與 "拘" 同聲同源,鄭玄説 "絇之言拘也" 正是基於二者同源、意義相關。但他又説 "以爲行戒",賈公彦對此解釋道 "以拘者自拘持之言,故云以爲行戒也",説明鄭玄不僅從物品的形制角度來解釋絇的命名問題,同時又提出了該物名稱的隱喻義和象徵義,"絇" 在鞋頭不僅是物理上對鞋帶和腳的拘束,更是對人的心理行爲進行提醒、警戒和約束,這一層含義屬於價值觀念,是鄭玄通過聲訓特別加以強調的。文獻語言學所研究的聲訓,在這裏已經超出了語言文字的範疇,而進入了義理、文化的視域,這也正是中國古典學所重視的。

我們認爲 "中國古典學" 的性質屬交叉學科,綜合運用各種方法,趨向整全性研究,我們以現代學術理念、以本土性和世界性的眼光對其進行重建定位即可,同時,宜以圓融之心歡迎各學科學者的參與。因此,文獻語言學在其中必然會起到重大的作用。關於 "中國古典學" 的定義與理解,雖當前難以統一,但大家都是爲了學科的學理化、專業化、科學性而努力,當前更要考慮學科的合法性。從 "國學" 發展爲 "中國古典學" 是一個路徑,從文獻語言學發展爲 "中國古典學" 爲什麼不是一個路徑呢? 大學的文、史、哲各系都有研究古典學的老師,或者細分出 "中國古典文獻學" 專業,繼北京大學之後,浙江大學、南京師範大學、上海師範大學、北京語言大學都有本科專業。南京師大古文獻專業成立四十餘年,已培養本、碩、博士上千人。全國的無 "古典學" 之名而有 "古典學" 之實的學人數量龐大,實在是應當激發大家的 "古典學" 熱情,來共建學科,發展學術。

一門學科的命名,一般以研究對象來確定,還需要有清晰的學科界限、自洽的概念框架和獨特的方法架構。從這個角度來説,"文獻語言學" 和 "中國古典學" 學科建設任重而道遠,形成中國特色自主知識體系,需要學術界各方大力推進!

參考文獻

常　森　《從中國古典學說起》,《中國讀書報》2019 年 10 月 30 日

華學誠　《文獻語言學的中國特質》,《光明日報》2021 年 10 月 7 日

華學誠、馮勝利、王立軍等　《文獻語言學:理論、方法與未來——文獻語言學系列講座第 100 期演講録》,《文獻語言學》第 16 輯,中華書局 2023 年

華學誠、張猛　《"文獻語言學"學科論綱》,《文獻語言學》第 4 輯,中華書局 2017 年

黃德寬　《楚簡〈詩·召南·騶虞〉與上古虞衡制度——兼論當代中國古典學的構建》,《中國社會科學》2023 年第 12 期

———　《再談中國古典學的構建》,《中國古典學》第 5 卷,北京大學出版社 2024 年

劉釗、陳家寧　《論中國古典學的重建》,《廈門大學學報》(哲學社會科學版)2007 年第 1 期

魯國堯　《簡論"文獻語言學"》,《文獻語言學》第 1 輯,中華書局 2015 年

———　《提一個口號:復興古典學——在"文獻語言學"第六屆國際論壇上的演講》,《文獻語言學》第 12 輯,中華書局 2021 年

陸宗達　《訓詁簡論》,北京出版社 1980 年

———　《我的學、教與研究工作生涯》,《文獻》1986 年第 3 期

陸宗達、王寧　《訓詁方法論》,中國社會科學出版社 1983 年

裘錫圭　《戴燕專訪裘錫圭:爲什麼提出"古典學"重建》,《書城》2015 年 9 月號

日知(林志純)　《中西古典學引論》,東北師範大學出版社 1999 年

沈衛榮　《略説語文學、古典學與"中國古典學"》,《文匯報》2024 年 5 月 12 日

孫玉文　《"中國古典學"之我見》,《江蘇師範大學學報》(哲學社會科學版)2018 年第 5 期

王秀臣　《六藝之變與中國古典學術的生成》,《中國社會科學》2022 年第 4 期

烏雲畢力格、吳洋　《建設中國古典學的一些設想》,《中國社會科學報》2022 年 11 月 7 日

吳洋、劉欣如　《從傳統走向未來——"中國古典學"自主知識體系建設》,《國學學刊》2024 年第 1 期

葉聖陶　《葉聖陶語文教育論集》,教育科學出版社 2015 年

朱漢民等　《國學 = 中國古典學》,《光明日報》,2010 年 10 月 18 日

朱漢民　《國學的學科性質與現代意義》,《嶽麓書院國學文庫·總序》,東方出版社 2015 年

文獻語言學(20):110～119,2025

出土文獻語言學學科體系綱要[①]

張玉金

(遼寧師範大學文學院,大連,116081;復旦大學出土文獻與古文字研究中心、
"古文字與中華文明傳承發展工程"協同攻關創新平臺,上海,200433)

提　要:出土文獻語言學就是以出土文獻爲語料對其中的語言進行研究的學科,它應該是文獻語言學的下位學科。出土文獻語言學的學科體系主要有三大類:一是出土文獻語言學概論;二是出土文獻描寫語言學;三是出土文獻歷時語言學。
關鍵詞:出土文獻語言學;學科體系;描寫語言學;歷時語言學

本文擬就出土文獻語言學的學科體系問題作初步的探究,以就正於方家。

一、出土文獻語言學及其學科地位

出土文獻語言學是以出土文獻爲語料對其中的語言進行研究的學科。出土文獻語言學應是文獻語言學的下位學科,是屬於文獻語言學的。文獻語言學是以文獻爲語料研究其中語言的學科。杜澤遜《文獻學概要》(2001年)在講到文獻類別時,列舉出以下幾種:類書與叢書、地方志與家譜、總集與别集、出土文獻、敦煌文獻。可見,出土文獻只是文獻中的一種。杜澤遜在講到出土文獻時,提到了甲骨文文獻、金文文獻、簡帛文獻、石刻文獻、其他出土文獻(盟書、璽印、磚瓦文字、紙質出土文獻)。他所説的出土文獻與筆者的理解是基本一致的。

既然出土文獻只是文獻中的一種,那麽爲什麽不歸入文獻語言學,而要提出出土文獻語言學這一學科呢? 這主要是由出土文獻的特殊性所決定的。

跟出土文獻相對的概念,是傳世文獻。出土文獻是指出土文物上的文字資料,而出土文物絶大多數是由考古所得。跟傳世文獻相比,出土文獻中的大多數是同時資料(按

---

① 國家社科基金重大項目 "殷墟甲骨文譯注與語法分析及數據庫建設"(17ZDA299)的階段性成果、古文字與中華文明傳承發展工程規劃項目 "甲骨文字詞合編"(G3021)的階段性成果。

日本漢學家太田辰夫 1987 年的觀點,同時資料指的是某種資料内容和它的外形——即文字是同一時期産生的資料)而傳世文獻大多數是後時資料(按太田辰夫 1987 年的觀點,後時資料是指資料外形的産生比内容的産生晚的那些東西,即經過轉寫轉刊的資料)。研究漢語史,應以同時資料爲基本資料,而以後時資料爲旁證。

　　跟傳世文獻相比,出土文獻具有十分重要的語料價值。裘錫圭先生(1979 年)曾談到出土文獻四個方面的優點:一是出土文獻(裘先生稱之爲古文字資料,下同)具有時代明確的優點;二是出土文獻没有傳抄刊刻過程中産生的錯誤;三是彌補了一些時代——諸如商代、西周和春秋時代語料的不足;四是出土文獻品種複雜、内容豐富,可以更充分地反映特定時代的語言面貌。

　　出土文獻和傳世文獻的研究,雖然都要有語言文字學和歷史文化學的基礎,但出土文獻是用古文字書寫的,與古文字學關係極爲密切,而傳世文獻與古典文獻學關係更爲密切。因此,提出出土文獻語言學這一學科是有其科學依據的,也是有其必要性的。

二、出土文獻語言學概論

　　出土文獻語言學的學科可以分爲三個大類:即出土文獻語言學概論、出土文獻描寫語言學、出土文獻歷時語言學。出土文獻語言學概論應該是從宏觀上對出土文獻語言學進行探究的學科,或者説是對出土文獻語言學進行宏觀理論研究的學科。

(一)出土文獻語言學的界説、學科地位

要研究出土文獻語言學的定義、學科地位以及有關的問題。

(二)對出土文獻本身的綜合研究

包括出土文獻的定義、語料價值、出土文獻的時代性和地域性、利用出土文獻的知識儲備、出土文獻與傳世文獻的關係、出土文獻的類別等等。

(三)出土文獻語言學研究的對象

以出土文獻爲基本資料研究其中的語言問題。具體説來包括:

1. 出土文獻文字研究。這與古文字學並不相同。古文字學主要研究古文字的考釋方法,並對一些具體的文字進行考釋,也對文字所附着的文物及相關歷史文化進行研究。而從語言學角度對出土文獻的文字進行研究,主要有四個方面:一是“音符學”研究,其内容包括字素的研究和字元的研究;二是“語義學”的研究,其内容包括文字的形式、内容以及形式與内容的關係等;三是“句法學”的研究,其内容主要是符號與符號的關係,即字順、字組、文本等;四是“語用學”的研究,其内容主要是文字符號跟使用者、環境的關係。

2. 出土文獻語音研究。主要内容有:一出土文獻的聲母問題;二出土文獻的韻母問題;三出土文獻的聲調問題;四出土文獻中字音的音同音近問題。

3. 出土文獻的詞彙研究。主要内容有:一出土文獻的語素問題;二出土文獻的詞及詞的構成;三出土文獻的詞義問題;四出土文獻中的語義場問題;五出土文獻中的詞彙構成問題;六出土文獻中的熟語等問題。

4. 出土文獻的語法研究。主要内容有:一出土文獻的詞類研究;二出土文獻中的短語問題;三出土文獻的句子成分問題;四出土文獻的句類問題;五出土文獻的句型問題;六出土文獻的複句問題;七出土文獻的句群問題。

5. 出土文獻的修辭研究。主要内容有:一出土文獻的詞語錘煉問題;二出土文獻的句式選擇問題;三出土文獻的辭格問題;四出土文獻的語體風格問題。

(四)出土文獻語言研究的角度

1. 出土文獻語言的斷代描寫研究。即共時研究,就是截取漢語言歷史發展中的一個橫斷面進行描寫研究。由於語言在二百年左右會有比較明顯的變化,所以截取時應以二百多年爲宜。例如,可以把上古時期分爲以下五個時段,即殷商(歷時 253 年)、西周(歷時 275 年)、春秋(歷時 294 年)、戰國秦代(歷時 269 年)、西漢(歷時 231 年),每個時段都不超過 300 年。

2. 出土文獻語言的發展演變研究。即歷時研究,也就是在斷代描寫的基礎上進行縱向考察。前面説過,可把上古時期分爲五個時段,先利用出土文獻分別描寫各個時段的語言系統,再用"史"的綫索把它串聯起來,考察從殷商到西漢時代語言系統的演變,並探討其演變的機制、原因和規律。

(五)出土文獻語言研究的理論方法

1. 古文字學和古典文獻學的理論方法。出土文獻,特別是出土上古文獻,一般都是用古文字書寫的,要想讀懂是比較困難的。所以要用古文字學理論、特別是古文字考釋方法進行研究,這樣才能對出土文獻有正確的釋文、訓釋,從而把研究建立在科學牢固的基礎之上。出土文獻是古典文獻的一個主要類型,運用古典文獻學的理論和方法是題中應有之義。

2. 進行斷代描寫研究時的理論方法。要借鑒當代描寫語言學的理論方法,要進行精確的數量統計,要把斷代描寫與解釋、比較和專題研究結合起來,要遵循形式與意義相結合的原則,要注意共同語和方言的問題。

3. 進行歷時演變研究時的理論方法。要運用適合語言歷時演變研究的語言學理論,要采用普方古結合的方法,要采用漢語史研究的多重證據法,要對出土文獻語言演變的現象和機制等做綜合考察。

三、出土文獻描寫語言學

出土文獻描寫語言學是以出土文獻爲基本資料,對某一時段的語言系統進行斷代描寫的學科。出土文獻描寫語言學是建立在對漢語史進行合理時段切分的基礎之上的。

(一)出土文獻描寫語言學的科學價值

這方面的科學價值至少有六點:第一,斷代描寫研究是一種共時研究,本身就是漢語史研究的重要内容;第二,斷代描寫研究是漢語史研究的基石,會爲漢語言的歷時研究奠定堅實的基礎;第三,斷代描寫研究是專題語法研究的重要依據;第四,斷代描寫研究是語言比較研究的必要條件;第五,斷代描寫研究是建立新的語言學理論的一個重要途徑;第六,斷代語法研究的成果是檢驗學者自己和前人成説的有利武器。

(二)時段的劃分及各時段語料

出土文獻主要見於上古時代,可以劃分爲殷商、西周、春秋、戰國秦代、西漢等五個時段,每個時段都有相應的文獻資料。

1. 殷商時代的語料。主要有殷墟甲骨文、殷代金文。

2. 西周時代的語料。第一類是西周金文、西周甲骨文。西周甲骨文中有一些形成時代是早周,即晚商時代。第二類是出土文獻中的後時資料,主要有上博楚簡《周易》(卦爻辭)、馬王堆帛書《周易》(卦爻辭)、阜陽漢簡《周易》(卦爻辭)、清華楚簡《尚書》類西周文獻(包括《尹至》《尹誥》《程寤》《保訓》《金縢》《皇門》《祭公》《説命》[上中下]《厚父》《封許之命》《攝命》等)、安大簡《詩經》(雅頌)、阜陽漢簡《詩經》(雅頌)等。這些文獻形成的時代是西周,但記録它的文字有些是戰國時代,有些是漢代。第三類是傳世文獻中的後時資料,主要有《易經》(卦爻辭)、《詩經》(雅頌)、《尚書》(其中的14篇:《大誥》《康誥》《酒誥》《梓材》《召誥》《洛誥》《多士》《無逸》《君奭》《多方》《立政》《顧命》《康王之誥》《費誓》《吕刑》等)、《逸周書》(其中的9篇:《世俘》《商誓》《皇門》《嘗麥》《祭公》《芮良夫》《度邑》《克殷》《作雒》等)。

3. 春秋時代的語料。第一類是春秋金文(包括符節文)、春秋玉石文字(侯馬盟書、温縣盟書、石鼓文)、春秋璽印文字、春秋陶文、春秋貨幣文等。第二類是出土文獻中的後時資料,主要有清華簡《尚書》中的春秋文(《良臣》《命訓》《度訓》《常訓》《武稱》《大匡》《程典》《小開》《鄭武夫人規孺子》《趙簡子》等),戰國竹簡中的《詩經》(國風。以及包括王家咀楚簡《詩經》、安大簡、清華簡、上博簡、郭店簡中的春秋詩)、海昏漢簡《詩經》(國風)、阜陽漢簡《詩經》(國風)、馬王堆漢墓帛書《易傳》、武威漢簡《儀禮》等。第三類是傳世文獻中的後時資料,主要有《春秋》、《詩經》(國風)、《尚書》(2篇,《文侯之命》《秦誓》等)、《易傳》、《儀禮》、《穆天子傳》等。

4. 戰國秦代的語料。第一類有戰國秦代金文、戰國秦代簡牘文字(包括信陽楚簡、五里牌楚簡、仰天湖楚簡、楊家灣楚簡、望山楚簡、九店楚簡、包山楚簡、郭店楚簡、上博楚簡、新蔡楚簡、香港中大楚簡、清華楚簡、睡虎地秦簡、睡虎地秦牘、青川秦牘、放馬灘秦簡、岳山秦牘、龍崗秦簡、周家臺秦簡、里耶秦簡、北大秦簡、曾侯乙墓竹簡等)、戰國帛書(長沙子彈庫戰國楚帛書)、戰國秦代玉石文字(包括秦駰玉版銘、行氣玉銘、玉璜箴銘、守丘石刻、詛楚文、嶧山刻石等)。其中文書類的出土文獻基本上是同時資料,而古書類的出土文獻基本上是後時資料。第二類出土文獻中的後時資料,如北大漢簡《老子》、馬王堆帛書《老子》、定州漢簡《論語》、海昏侯簡《論語》、馬王堆帛書《春秋事語》和《戰國縱橫家書》、馬王堆帛書醫書(如五十二病方、足臂十一脈灸經、陰陽十一脈灸經、導引圖等)、銀雀山漢簡《孫子兵法》和《孫臏兵法》等。第三類傳世文獻中的後時資料,如《老子》《孫子兵法》《左傳》《國語》《論語》《墨子》《戰國策》《莊子》《韓非子》《孟子》《荀子》《呂氏春秋》《禮記》《大戴禮記》《公羊傳》《穀梁傳》《司馬法》《吳子》《商君書》《尉繚子》《六韜》《竹書紀年》以及李斯文、全秦文等。

5. 西漢時代的語料。第一類是出土文獻,有尹灣漢墓簡牘、隨州孔家坡漢墓簡牘、張家山漢簡、居延漢簡、額濟納漢簡、敦煌漢簡、銀雀山漢簡等等。西漢出土文獻也要分爲兩類,一類是檔案,多爲同時資料;另一類是典籍,多爲後時資料。第二類是傳世文獻中的後時資料,如《新書》《新語》《淮南子》《春秋繁露》《史記》《鹽鐵論》《新序》《説苑》《列女傳》等,其中西漢人新創作的内容自然價值更大。

(三)出土文獻描寫語言學的下位學科

1. 出土文獻描寫文字學。這是指利用出土文獻對漢字發展史中的一個横斷面進行靜態的研究,以弄清某一横斷面漢字的結構體系和結構規律的學科,也就是要利用出土文獻描寫某一時段漢字的字素、字元、表音、表意等等問題的學科。按時段不同還可以區分爲殷商描寫文字學、西周描寫文字學、春秋描寫文字學、戰國秦代描寫文字學、西漢描寫文字學。需要注意的是,在進行描寫文字學研究時,語料使用的標準與研究詞彙、語法、語音時不完全一致。研究文字時主要看文獻資料的外形——即文字的形成時代,即使文獻内容產生得早,但文字是某一時段的就可以使用。例如上博楚簡中的《周易》,其文獻内容是形成於西周時代,但是其文字是戰國楚文字,這樣研究戰國秦代描寫文字學時仍可使用。

2. 出土文獻描寫音韻學。這是指利用出土文獻對漢語語音史中的一個橫斷面進行靜態研究,以弄清某一橫斷面語音系統的學科,也就是要利用出土文獻描寫某一時段漢語的聲母、韻母、聲調以及音同音近等問題的學科。按時段可以區分殷商描寫音韻學、西周描寫音韻學、春秋描寫音韻學、戰國秦代描寫音韻學、西漢描寫音韻學。

3. 出土文獻描寫詞彙學。這是指利用出土文獻對漢語詞彙史中的某一個橫斷面進行靜態研究,以弄清某一橫斷面詞彙系統的學科,也就是要利用出土文獻描繪某一時段漢語的語素、詞、構詞法、詞義、語義場、詞彙構成、熟語等問題的學科。按時段可以區分爲殷商描寫詞彙學、西周描寫詞彙學、春秋描寫詞彙學、戰國秦代描寫詞彙學、西漢描寫詞彙學。

4. 出土文獻描寫語法學。這是指利用出土文獻對漢語語法史中的某一橫斷面進行靜態描寫,以弄清某一橫斷面語法系統的學科,也就是利用出土文獻描繪某一時段漢語的詞類(實詞、虛詞)、短語、句子成分、句類、句型、複句和句群等問題的學科。按時段可以區分爲殷商描寫語法學、西周描寫語法學、春秋描寫語法學、戰國秦代描寫語法學、西漢描寫語法學。

5. 出土文獻描寫修辭學。這是指利用出土文獻對漢語修辭史中的某一橫斷面進行靜態描寫,以弄清某一橫斷面的修辭系統的學科,也就是利用出土文獻描繪某一時段漢語的詞語錘煉、句式選擇、辭格、語體風格等問題的學科。就上古漢語來説,早期的修辭處於萌芽狀態,到了中後期如春秋晚期、戰國秦代、西漢,修辭逐步産生並發展起來。

(四)出土文獻描寫語言學的研究課題

1. 對某個時段中某個語言要素的個案描寫研究。筆者在這方面取得了一些成果,如《甲骨文中位事介詞"于"研究》《出土戰國文獻中的否定副詞"勿"》《出土戰國文獻中的否定副詞"弗"》等等。

2. 對某時段中兩個相近語言要素的個案比較研究。筆者在這方面取得了一些成果,如《出土戰國文獻中的"不"和"弗"的區別》《出土戰國文獻中的虛詞"與"和"及"的區別》《論戰國文獻中"勿"和"毋"的區別》等等。

3. 對某個時段中某一語言問題的專題研究。筆者在這方面也取得了一些成果,如《關於殷墟甲骨文中有無被動句式的問題》《也論殷墟甲骨刻辭中"暨"的詞性》《論西周漢語中有無真正的第三人稱代詞》等等。

4. 對某一個時段中某個語言子系統的斷代描寫研究。筆者在這方面也取得了一些成果,如《西周漢語代詞研究》《出土戰國文獻虛詞研究》《出土戰國文獻動詞研究》等。

5. 對出土文獻描寫語言學某一下位學科的研究。筆者在這方面也取得了一些成果，如《甲骨文語法學》《西周漢語語法研究》等。

四、出土文獻歷時語言學

出土文獻歷時語言學，是指以出土文獻爲基本資料，對漢語言的歷時發展及其演變規律進行研究的學科。

（一）出土文獻語言歷時研究的科學價值

1. 對漢語史研究具有重要的科學意義。出土文獻語言的歷時演變研究是漢語史研究的重要組成部分。由於出土文獻具有時代地域明確、保持語言原貌的優點，因而研究結果更爲可靠，對漢語史的研究也更有價值。

2. 對古典文獻學具有重要的科學價值。通過對出土文獻語言進行歷時研究，可以得出如下的結論：某種語言現象存在於這個時代而不存在於那個時代，據此可以斷定古典文獻的準確時代。

3. 對古代歷史和中華文化史的研究有重要的科學價值。語言文字記録着歷史文化，也像一面鏡子映現出歷史文化，出土文獻語言的歷時研究成果對於古代歷史文化研究有着重要意義。

（二）出土文獻語言歷時研究的基礎

漢語史的研究是要建立在斷代描寫研究的基礎之上的。一般把漢語歷史劃分爲上古、中古和近代三個時段，先進行這三個時段的斷代描寫研究，再進行歷時演變研究，探究其演變的原因和機制等。出土文獻主要見於上古時期，東漢時代也有一些出土文獻，後代還有紙質出土文書，但數量都不是很多。

上古時期即使是從殷商時代算起，到西漢時代也有 1320 年左右的時間跨度，所以不能把上古作爲一個共時的橫斷面，而應看成一個歷時發展的過程。如上所述，筆者把上古時期分爲殷商、西周、春秋、戰國秦代、西漢等五個時段。要對出土文獻語言進行歷時研究，其基礎就是對各個時段語言的斷代描寫研究，也就是説，出土文獻歷時語言學要以出土文獻描寫語言學作爲基礎。

要想在出土文獻描寫語言學的基礎上進行出土文獻歷時語言學研究，要有兩個重要的前提：一是描寫語言學和歷時語言學研究所使用的語料要一致。所以除了古文字的考釋和詞語訓釋、語句通釋之外，對出土文獻的時代性和地域性等的研究是十分重要的。二是研究時所使用的理論方法和學術術語也應該是一致的，否則難以進行縱向考察。没有上述兩個前提,出土文獻歷時語言學的研究是難以進行的。

(三)出土文獻歷時語言學的下位學科

1. 出土文獻歷時文字學。這是指以出土文獻爲材料對漢字的歷時發展及其演變規律進行研究的學科,也就是以出土文獻爲資料對漢字的字素、字元、表音、表意等方面的發展變化進行研究的學科。出土文獻歷時文字學研究,要在出土文獻描寫文字學的基礎上進行。

2. 出土文獻歷時音韻學。這是指以出土文獻爲語料對漢語音韻的歷時發展和演變規律進行研究的學科,也就是指以出土文獻爲語料對漢語的聲母、韻母、聲調以及音同音近等方面的發展變化進行研究的學科。由於語料的關係,出土文獻歷時音韻學主要研究上古時代音韻的發展及演變規律。出土文獻歷時音韻學研究也要在出土文獻描寫音韻學的基礎上進行。

3. 出土文獻歷時詞彙學。這是指以出土文獻爲語料對漢語詞彙的歷時發展和演變規律進行研究的學科,也就是指以出土文獻爲語料對漢語中的詞素、詞、構詞法、詞義、語義場、詞彙構成、熟語等方面的發展變化進行研究的學科。出土文獻歷時詞彙學的研究要在出土文獻描寫詞彙學的基礎上進行。

4. 出土文獻歷時語法學。這是以出土文獻爲語料對漢語語法的歷時發展和演變規律進行研究的學科,也就是以出土文獻爲語料對漢語的實詞、虛詞、短語、句子成分、句類、句型、複句和句群等方面的發展變化進行探究的學科。出土文獻歷時語法學研究要在出土文獻描寫語法學的基礎上進行。

5. 出土文獻歷時修辭學。這是指以出土文獻爲語料對漢語修辭的歷時發展和演變規律進行研究的學科,也就是以出土文獻爲語料對漢語的詞語錘煉、句式選擇、辭格、語體風格等方面的發展變化進行研究的學科。出土文獻歷時修辭學的研究也要在出土文獻描寫修辭學的基礎上進行。

(四)出土文獻歷時語言學的研究課題

1. 微觀課題:對漢語中某個語言要素的歷時發展進行研究的課題。如《出土上古文獻"作"意義的歷時考察》《出土上古文獻虛詞"以"的起源及發展》《出土上古文獻否定副詞"弗"的發展演變》等等。

2. 中觀課題:這是對漢語中某個子系統的發展演變進行研究的課題。如《出土上古文獻虛詞發展研究》《出土上古文獻複句發展研究》《出土上古文獻複音詞發展研究》等等。

3. 宏觀課題:這是對漢語言中某一方面(如文字、音韻、詞彙、語法、修辭)進行綜合研究的課題。如《出土上古文獻文字發展研究》《出土上古文獻詞彙發展研究》《出土上古文獻語法發展研究》《出土上古文獻語音發展研究》等等。

五、結語

　　總之,出土文獻語言學就是以出土文獻爲語料對其中的語言進行研究的學科,它應該是文獻語言學的下位學科。由於出土文獻本身的獨特性,提出建立這門學科是有必要的。如上所述,這個體系包括出土文獻語言學概論、出土文獻描寫語言學、出土文獻歷史語言學,描寫語言學和歷史語言學還各自包括五個分支學科。在春秋末期、戰國時代,"言語異聲、文字異形",考慮到這一因素,上述體系中還可以加上一個出土文獻方言學。

參考文獻

陳夢家　《殷虛卜辭綜述》,科學出版社 1956 年

陳昭容　《關於"甲骨文被動式"研究的檢討》,《甲骨文發現一百周年學術研討會論文集》,文史哲出版社 1998 年

董蓮池　《甲骨文中的于字被動句式探索》,《古籍整理研究學刊》1998 年第 4、5 期

董志翹　《漢語史研究與多重證據法》,《文獻語言學》第 10 輯,中華書局 2020 年

杜澤遜　《文獻學概要》,中華書局 2001 年

何樂士　《專書語法研究的幾點體會》,《古漢語語法研究論文集》,商務印書館 2000 年

黃德寬　《漢語史研究要避免落入新材料的陷阱》,《文匯報》(文匯學人),2017 年 2 月 3 日

李圃等　《古文字詁林》(第一冊),上海教育出版社 1999 年

梁銀峰　《漢語動補結構的産生與演變》,學林出版社 2006 年

陸儉明　《八十年代中國語法研究》,商務印書館 1993 年

彭偉明　《春秋漢語語法研究的語料抉擇標準問題》,廣東省中國語言學會 2022 ～ 2023 學術年會論文

裘錫圭　《談談古文字資料對古漢語研究的重要性》,《中國語文》1979 年第 6 期

屈承熹　《歷史語法學理論與漢語歷史語法》,北京語言學院出版社 1993 年

沈培　《關於殷墟甲骨文中所謂"于字式"被動句》,《北京大學中國古典文獻研究中心集刊》第 2 輯,北京燕山出版社 2001 年

石毓智　《語法化的動因與機制》,北京大學出版社 2006 年

(日)太田辰夫　《中國語歷史文法》(中譯本),北京大學出版社 1987 年

唐鈺明　《論上古漢語被動句式的起源》,《學術研究》1985 年第 5 期

向熹　《簡明漢語史》,高等教育出版社 1993 年

徐志林　《漢語雙賓句式的歷史發展》,中國文史出版社 2013 年

姚振武　《上古漢語語法史》,上海古籍出版社 2015 年

于省吾等　《甲骨文字詁林》(第 1 册),中華書局 1996 年

張斌等　《現代漢語描寫語法》,商務印書館 2010 年

張顯成　《簡帛文獻學通論》,中華書局 2004 年

張延俊　《漢語被動式歷時研究》,中國社會科學出版社 2010 年

張玉金　《甲骨文中 "唯" 和 "惠" 的研究》,《古漢語研究》1988 年第 1 期

———　《甲骨文虛詞詞典》,中華書局 1994 年

———　《甲骨卜辭語法研究》,廣東高等教育出版社 2000 年

———　《關於殷墟甲骨文中有無被動句式的問題》,《殷都學刊》2006 年第 3 期

———　《出土戰國文獻中的虛詞 "及"》,《古漢語研究》2010 年第 4 期

———　《出土戰國文獻中的虛詞 "與" 和 "及" 的區別》,《語文研究》2012 年第 1 期

———　《出土戰國文獻中的 "不" 和 "弗" 的區別》,《中國語文》2014 年第 3 期,又見中國人民大學書報
　　資料中心《語言文字學》2014 年第 9 期

———　《出土先秦文獻虛詞發展研究》,暨南大學出版社 2015 年

———　《出土文獻的語料價值》,《文匯報》(文匯學人),2017 年 2 月 3 日

趙　誠　《甲骨文簡明詞典》,中華書局 1988 年

文獻語言學（20）:120～133,2025

小學文獻語言研究略論①

閆翠科

（北京文獻語言與文化傳承研究基地／北京語言大學文學院,北京,100083）

提　要:以古代語文辭書爲代表,討論小學類文獻的多維屬性及其對文獻語言研究的多重價值。首先,小學文獻具有鮮明的形式特徵,表層、中間、中心三層結構排列有序,内蘊了編者的學術思想和學術理念,且形音義證互通一貫,爲互推之法的利用提供了形式基礎;其次,小學文獻包含形、音、義、證四大内容要素,文獻語言研究應打破文字、音韻、訓詁三分的編排桎梏,綜合利用四類材料,實現文獻語言學不同分支研究在同一文獻内的圓融互通;最後,資料庫語料、研究性語料及時代性語料在小學文獻中三維共生,決定了其不僅是歷史語言文字的知識庫,也是歷代文獻語言學史及當時文獻語言研究的資源庫。

關鍵詞:小學;文獻語言;多維屬性;多重價值

在傳統目録學分類中,“小學”是“經部”的下屬分支,小學文獻就是傳統語言文字學文獻②,包括訓詁、文字、音韻三個門類。根據《四庫全書總目》所載,戰國訖至有清,我國保存下來的小學文獻有 210 種,2028 卷;再加上《續修四庫全書總目提要》補入的漏收、輯佚、出土、域外、後出等各類 948 種,實際現存總數已達 1158 種。這其中,又以相當於後代所言的語文辭書類文獻占絶大多數。

文獻語言學致力於基於海内外傳世、出土文獻解決文獻中的語言文字問題。小學文獻作爲文獻語言研究的重要語料來源,形式固定,内容駁雜,逐漸形成了以字(詞)爲基本對象,以音、義訓解爲基礎内容,以書證爲重要輔助的訓釋格局,具有極强的文獻個性。就學界既往基於小學文獻展開的語言類研究而言,其突出特點是利用音韻類文獻研究語

① 本文爲中國歷史研究院“絶學”學科扶持計劃“古典文獻語言學”資助(2024JXZ002)、北京語言大學院級項目資助(23YJ050003)、北京語言大學校級項目資助(中央高校基本科研業務經費,批准號22YBB38 的階段性成果)。

② 專門研究具體文獻中語言文字問題的注疏類著作雖然也涉及傳統語言文字學研究,但都與其各自研究的專書歸爲一類,不屬於小學類文獻範疇。

音問題,利用文字類文獻研究文字問題,利用訓詁類文獻研究詞彙訓詁問題。雖然也有學者試圖進行一些"跨域"研究(如利用韻書研究詞彙等),但相較於前述成果而言不過是九牛一毛,不僅材料利用遠稱不上全面,研究結果也更談不上充分。這在很大程度上反映了學界對該類語料的認識仍存在相當欠缺。因此,對小學文獻的語料層次及屬性做較爲系統的闡釋分析,對科學有效地展開文獻語言研究十分必要。下面主要以古代語文辭書文獻爲代表[①],結合個人學習的一點心得對此試加討論,不當之處,請方家教正。

一、小學文獻的形式特徵與文獻語言研究

小學文獻具有鮮明的形式特徵。首先,小學文獻以字(詞)頭爲單位構成基本字(詞)條,字(詞)條間按照形、音、義不同類別進行編排,這可視爲表層結構;其次,單位字(詞)條內部由被釋字(詞)和訓釋語兩部分構成,形成中間結構;最後,每一條訓釋內部又根據自身性質按照一定規則安排形、音、義、證等訓釋內容,形成規則化的訓釋模式,此爲中心結構。一部具體文獻一般至少包含其中的兩層結構,更多是包含三層。每一個層次結構都牽涉了文獻語言研究的不同畛域,與文獻語言研究息息相關。

(一)小學文獻的形式結構之於文獻語言學史的研究

辭書的結構體例內蘊着編者的學術思想和學術理論。正如王寧(第 279 頁)所説,"好辭書的編纂體例本身就是一種理論。在這種辭書裏,整個語料的安排其實是對語言規律的證實"。

1. 小學文獻的表層結構之於學史研究

在《説文解字》(以下簡稱《説文》)中,許慎將 9353 個漢字按照同部首的原則類聚在一起,並在每部的首字釋語末注明"凡某之屬皆從某",言某一意義類別的字在書寫形式上具有相同的部首。揭示了漢字構形系統"形符表義"的內在規律,以及漢字字形和漢語詞義的特殊關聯,這種表層體例結構體現了許慎對漢字漢語系統的理性思考與精深研究。因此,馮勝利、王立軍等(2023 年)指出,"實際上,《説文》是以字書的形式呈現許慎的傳統語言學、傳統文字學的思想體系",是漢代文獻文字學的標志性成果之一。

2. 小學文獻的中間結構之於學史研究

在《玉篇》(殘卷)各個字條中,被釋字和所釋義項之間有兩類關係並存。第一類是

[①] 當然,小學類文獻中還有相當一部分是關於某辭書的研究性著作,或語言文字專題研究著作,其在形式特徵、內容要素、語料層次上與辭書文獻不全然相同。但這種不同是較前者簡單化了,總體上並沒有超出辭書各類語料屬性的範圍。

"詳析每一個詞的多個義項,舉凡引申和假借無不網羅"(徐時儀第235頁),對此,學界已成共識,不煩舉例;另一類是字(詞)頭下僅收本用義(包括本義和引申義),文獻常見的假借義卻不予收録。如:

> 緅,於糾反。《周禮》:"安車緅總。"鄭衆曰:"緅,青黑色也。"《方言》:"緅袼謂之禂。"郭璞曰:"即小兒次裏(次裏)衣也。"《説文》:"戠微(徽)也。一曰赤黑色繒也。"語發聲爲瞖字,在言部。(《玉篇·糸部·緅》)

"緅"從"糸",顧野王收釋了與衣帛相關的"青黑色""小兒次裏衣""戠徽""赤黑色繒"等義項,均爲"緅"的本用義。但其在文獻中還頻繁被借爲語助詞。如《左傳·襄公十四年》:"緅伯舅是賴。"杜預曰:"緅,發聲也。"《玉篇》卻不見收録,只是説"語發聲爲瞖字,在言部",意思是記録"發語聲"這一詞項的字應該是"瞖",收在"言部"。

被釋字與所釋義的兩類關係中,第一類訓釋關注詞的多義性,全面搜集詞的不同義項,不排斥假借,從以往字書訓詁只作一字一義的説明轉向全面系統知識的探索,體現了顧野王對漢語詞義系統的全面理解;第二類訓釋僅在本字下收釋本用,講究語詞與記録形式的統一,甚至不惜用"本字"改造引例中的"非本字"①,力圖呈現出漢語和漢字的對應關係,彰示了顧野王對文獻字用及用字問題的思考。兩類組配形式映射了魏晉南北朝時期文獻詞義系統和漢語字詞關係研究的重要成果,具有學術史意義。

3. 小學文獻的中心結構之於學史研究

在辭書的中心結構——形、音、義諸内容的編排上,《切韻》《廣韻》《集韻》可謂各不相同。如去聲豔韻:

> 《王三》豓:以贍反。美色。亦作艷,五。
>
> 《廣韻》豓:美色也。以贍切。九。艷:俗。
>
> 《集韻》豓艷𣜩:以贍切。《説文》:"好而長也。從豐。豐,大也。"引《春秋傳》"美而豓"。隷作艷。或作𣜩。

作爲供文人屬詩做賦查檢之用的工具書,歸併同韻字是《切韻》主要任務。因此,《切韻》收字不多、注釋簡略,總體只凸顯了同音、同韻字查檢功能。在中心層次安排上,其創製的"小韻字頭—注音—釋義—字數"的基本格局,仍是對傳統字書"形—音—義"訓釋規則的延續。與《切韻》相比,《廣韻》在完善其查詢韻字功能的同時,拓展了查檢形

---

① 詳參下文"二(二)"。

義的字書功用,一方面將音切調至最末 ①,另一方面在收字上大有補充;行至《集韻》,雖繼續沿用了前代韻書的語音系統及表層編排形式,但在中心結構上卻形成了與前者迥然不同的編纂風格。這表現在,在語言的三要素上回歸到字書 "形—音—義" 傳統格局;字頭的收録及排次上,鑒於《廣韻》"凡舊韻字有別體,悉入子注,使奇聞異畫湮晦難尋" 的不足,廣收別體,將《切韻》以來的獨立列字統録於音注之前,"先標本字,餘皆並出",並對所收別體逐字辨析。

三書形音義排列規則及《集韻》被釋字列次形式的演進,使得韻書尋形別字功能得到加强,開啟了韻書與字書同體共用的雙行模式,而這正體現了唐宋時期語言學史中韻書的字書化轉向。因此,《類篇》序將處於這種演進末端、極盡字書之用的《集韻》稱爲 "字書之變",可謂恰如其分:

> 今夫字書之於天下可以爲多矣。然而從其有聲也,而待之以《集韻》,天下之字以聲相從者,無不得也;從其有形也,而待之以《類篇》,天下之字以形相從者,無不得也。既已盡之以其聲矣,而又究之以其形,而字書之變曲盡。

(二)小學文獻的形式結構之於文獻語言研究方法的利用

在探求文獻語言中的口語詞時,胡竹安、蔣紹愚、董志翹等曾提到過 "反推" 之法——利用訓釋資料反求被釋詞義在故訓資料中的巧用(董志翹,2005 年)。陸宗達(第136 頁)則進一步强調:"我們研究詞義,不僅僅要注意被訓釋字,也必須重視訓釋字,兩者要互相參證,互相比較。" 小學文獻字(詞)條内部結構中,其被釋字(詞)、音注、義項、書證等各要素之間均呈彼此對應、互相貫通之勢,這種結構方式不僅爲詞義研究中利用訓釋信息反推被釋信息提供了絶好便利,實際上亦爲其中任何一個疑難要素的求解實現反推乃至互推提供了有利環境。如:

> 綯:似帳,又草繩。(裴務齊正字本《刊謬補缺切韻·豪韻》)

按:綯,《漢語大字典》共收録兩個義項: 1. 繩索; 2. 糾絞。《漢語大詞典》(以下簡稱《大詞典》)僅 "絞製繩索" 一義,對應後一義項 "草繩"("糾絞" 爲 "草繩" 引申的動詞義)。但根據《切韻》,綯還有一義,大致爲 "類似帳子一樣的東西"。同系文獻宋濂跋本《刊謬補缺切韻》、敦煌文書 S.2071《切韻》云:"綯:似帳,草繩。""綯,似帳。" 知此訓

---

① 查檢詩文用韻的訴求是 "是何韻部,讀音是否相同",因此,小韻是韻書的核心要素,字的注音倒是不那麼重要的事。因此,李子君、馬進勇(2022 年)指出 "小韻是同音字組,韻字的聲、韻、調,通過小韻皆能充分體現出來",界定何爲韻書,必須明確 "韻書可以不用反切標音,但小韻必不可少"。

釋確乎不誤。另，殘本《玉篇·糸部》"綯"："謝承《漢後書》有‘敗布綯’，野王案：‘綯亦幬也。'"以"幬"釋"綯"。胡吉宣（第 5412 頁）曰："顧以‘綯亦幬’者，釋所引《後漢書》‘敗布綯’，綯即幬也。"宋本《玉篇·巾部》："幬，襌帳。"三國魏丁廙妻《寡婦賦》："刷朱扉以白堊，易玄帳以素幬。""幬"與"帳"同義。據此可確證，"綯"在文獻中義爲"襌帳"，諸工具書均失載。唐徐堅《初學記》卷二十一引謝承《後漢書》曰："‘羊續字叔祖，爲南陽太守，以清率下，唯卧一副布綯，敗，胡紙補之。"又清吳士玉《駢字類編》卷二百十五《鳥獸門·牛翁》引唐陸龜蒙《幽居賦序》："況有布綯綸帽尚足朝昏，羽扇貂裘猶堪寒暑。"將此義代入上述語境，義皆洽。是利用訓釋語求得"綯"佚失義項"襌帳"之例。又，

　　　汦，仁九反。《説文》："水吏也。一曰隁也。"《蒼頡篇》："主水者也。"（殘本《玉篇·水部》）

　　按：《説文》釋語"水吏"，二徐本同，但此義難解，文獻少見，故清儒多另求他説。段玉裁《説文解字注》："（水吏）謂水駛也。駛，疾也。其字在《説文》作‘㢮’，不解者譌爲‘吏’耳。一本作‘利’，義同。錢氏大昕云：‘吏當作㢮，《海賦》"踧汦"注云："蹙聚也。"《廣韻》云："蹴汦，水文聚。"踧、蹴同。'"按，《玉篇》殘卷後引《倉頡篇》爲《説文》作進一步書證，云"主水者也"，與《説文》義同，當謂"主水之官"。《篆隸萬象名義·水部》："汦，仁九反。水吏，水生。"生即"主"形誤。胡吉宣《玉篇校釋》（第 3705 頁）："今據本書引《倉頡篇》云‘主水者也’，可證許説‘水吏’之非誤。"此又以書證推求義訓之例。

二、小學文獻的內容要素與文獻語言研究

　　小學文獻總體上由形、音、義、證四大要素組成。在傳統研究中，學界多注重利用形、音、義三類辭書分別對漢語文字、音韻、詞彙進行相關研究，其成果構成了文獻文字學、文獻語音學和文獻詞彙學的重要内容。但這種經典研究模式也並非完美無缺。究其原因，"文字 / 字書""音韻 / 韻書""訓詁 / 義書"之名，更多是基於編排形式及訓釋手段對專書進行的分類。大多數辭書，特別是所謂文字和音韻類辭書，都不同程度地從字形、讀音和意義三方面對語言文字系統進行了闡釋，因此，這些文獻中漢語的形音義等信息俱全。可見，利用韻書研究音韻、字書研究文字、義書研究詞彙的傳統模式並不能充分利用小學文獻的語料價值①。不僅如此，在小學文獻語料的四大要素中，其豐贍的引書材料雖歷來

---

① 對此，不少學者曾進行過揭橥。如蔣紹愚（1989 年，第 241 頁）、汪維輝（2020 年）等。

爲文獻學研究者所重,但語言學界對此卻措意不多,這也是小學文獻語料價值未能充分發揮的重要方面。因此,本節重點就利用不同類型的小學文獻開展漢語形音義的交錯研究,以及書證語料的語言研究略作討論。

(一)小學文獻的形、音、義材料與文獻語言研究

利用小學文獻開展文獻語言研究應打破各類辭書編纂形式的桎梏,綜合利用其中的形、音、義、證四類材料,實現文獻語言學不同分支研究在同一文獻内的圓融共通。

1. 小學文獻的形音義材料與文獻語言泛時研究

《廣韻》《集韻》作爲韻書代表,歷來音韻類成果層出不窮,但在詞彙、文字學方面還未被充分發掘。汪維輝(2020年)已就前者進行過專文討論,這裏則酌舉一例説明其在文獻文字學方面的研究便利。

《集韻》編修時,爲了照顧科舉考試閲卷判别字形字音的需求,增收了大量異體俗字及經史音讀,其中,在列字的規則上一反前代"字有别體,悉入子注"的風格,將所有字形列於條目之首,先列本字,其他各形緊附於後。且"凡流俗用字,附意生文……今於正文之左直釋曰:'俗作某,非是。'"(《集韻》韻例)。然而,考察實際行文,書中似乎不少地方與該體例不符。如:

> 《集韻·先韻》民堅切:眠、瞑,《説文》:翕目也。或作瞑。

按:《説文》僅收"瞑"字。《目部》:"瞑,翕目也。從目、冥,冥亦聲。"徐鉉注:"今俗别作眠,非是。"可見"眠"是"瞑"的俗字。那麽根據《集韻》上揭體例,列字次序應先"瞑"後"眠",或在"瞑"字條末標注"俗作眠,非是"之類的語句。如《集韻》對"鍼"的俗字"針"的處理:

> 《集韻·侵韻》諸深切:鍼、鑱、針,《説文》:所以縫也。或從箴、從十,通作箴。

但編者卻把"眠"作爲"本字"標於首次,看起來好像與自己制定的體例相違。因此方成珪指出:"案《説文》作瞑,當以瞑爲正。"但其實考察當時眠的常用字形,《集韻》對字序的處理恰恰反映了文獻用字的實際情況。這在隋唐已經十分普遍:

> 庾信《歸田》:社雞新欲伏,原蠶始更眠。
> 孟浩然《春眠》:春眠不覺曉,處處聞啼鳥。
> 李白《尋雍尊師隱居》:花暖青牛卧,松高白鶴眠。

《集韻》收字不盲從經典,會理合時,體現了其在文獻文字學研究方面的重要價值。

2. 小學文獻的形音義材料與文獻語言歷時研究

小學文獻具有衍生性特徵①。如後代在模仿《爾雅》的基礎上形成"《雅》系"辭書，唐宋元各代在蕭梁《玉篇》的基礎上改編而成"《玉篇》系"字書，以及唐宋時期在陸法言《切韻》的基礎上增修而來的"《切韻》系"韻書。這一特徵決定了小學文獻的訓釋内容一方面因承襲前代文獻而存在大量重複，另一方面又在主客觀因素的影響下與前代文獻形成各類差異。其中後者對文獻語言的歷時考察，包括發展演變、規律動因等都十分重要。如：

　　　　《切韻·脂韻》丑脂反：𧪄，不知。

　　　　　　《支韻》丑知反：諀，不知。

　　　《廣韻·脂韻》丑利切：諀，不知。

　　　　　　《支韻》丑知切：諀，不知。又洛代切。

　　　《集韻·脂韻》抽遲切：諀，不知也。

　　　　　　《支韻》抽知切：諀、謗、䛌、諀，《方言》沅澧之間凡相問而不知，荅曰諀。或作諀、䛌、諀。

　《切韻·脂韻》丑脂反收"𧪄，不知"。𧪄爲諀之俗體，諀的右上部分訛從表音構件"七"②。漢魏以降，"㧱、来"俗寫時也常常混同，王引之《經義述聞》：

　　　隸書"來"字作"来"。《新莽候鉦》借㧱爲七，其字作𣏌，比来字財多一點耳。《鄭固碑》滕字作𦟛，右畔之㧱直與来同。《皋陶謨》"在治忽"，《史記·夏紀》作"來始滑"，《漢書·律曆志》作"七始詠"，楊慎《丹鉛錄》曰：來是㧱字之誤，㧱即七字也。《左氏春秋·襄二十一年》邾庶其以漆、閭邱來奔，《釋文》曰：漆本或作淶。《説文》"濡水出涿郡故安，東入淶"，今本淶字譌作漆涷二字。（卷二十"漆姓"）

故"丑知反"下，字頭"諀"又寫成了"諀"。該訓條記錄的是西漢湖南江西一帶方言詞，《方言》卷十："諀③，不知也。沅澧之間凡相問而不知答曰諀。"但在隨後的《廣韻》《集韻》中，"諀"的音義卻悄然發生了變化。《廣韻》已不見字形"𧪄(諀)"，"脂、支"韻下字頭並作"諀"，且"丑知切"下曰："諀，不知。又洛代切。""洛代切"屬來母咍韻，是爲《切韻·代韻》"洛代反"下的"諀，誤也"。二者並非同詞，但因手書相同而偶然"同形"，

───────────────

① 張憲榮（第 57 ～ 58 頁）對該問題有詳細討論。

② 同例者如"漆"俗作"柒"，《干祿字書》："柒、漆，上俗下正。"

③ 諀，今諸本作"諀"，依戴震《方言疏證》校正。下一"諀"字同。

《廣韻》如此安排其實是一種錯誤的系聯。至《集韻·支韻》"丑知切"中,這個本屬於"謘:
不知"的音義訓條,對應字頭已經成了"諑謘**諑諑**":諑取代"謘"而成爲該詞的"本字"。
綜合《集韻·脂韻》字頭爲"謘"的情況可以看出,在《集韻》時代,各辭書(或《方言》舊
本)中"不知"的記録形式應尚有作"謘"者,但時人已不能分辨二字的區別,"不知"的
記録形式由《廣韻》的與"諑"同形徹底轉移給了"諑",至此,二字背後的字詞關係發生
完全倒置。余迺永(第 48 頁)將字頭改爲"謘",並删"又洛代切"四字,曰:"謘音脂韻,丑
飢切。又洛代切乃諑字之音,應删。"是。《切韻》《廣韻》《集韻》的訓釋爲我們揭示了謘、
諑的記録形式在手書俗字的影響下由"合流"到"倒置"的具體進程。

(二)小學文獻的書證材料與文獻語言研究

小學文獻中的書證材料通常以"異文"的形式參與文獻語言研究。根據小學文獻書
證釋證字(詞)頭的作用,可分爲"字頭字異文"和"非字頭字異文":

> 殘本《玉篇·言部》"誼":魚寄反。……《周易》:理財正辞、禁民爲非曰誼。又曰:
> 堅柔之誼,際無咎也。……今並爲義字,在我部。

兩引《周易》,今阮刻注疏本作:

> 《繫辭下》:理財正辭,禁民爲非曰義。
> 《解卦》:剛柔之際,義无咎也。

其中,被釋字"誼"與阮刻本對應的"義"屬於"字頭字異文";"辞"與"辭"、"誼際"
與"際義"、"堅"與"剛"、"無"與"无"[1],則爲"非字頭字異文"。前者爲小學文獻(以及
注疏等注釋類文獻)所獨有,後者則與其他一般文獻異文並無不同,且較多爲學界關注,
不做贅述。這裏只談一談前者。

小學文獻以釋字(詞)頭爲核心,其引書是爲了給被釋字(詞)提供釋義或書證。這
決定了這類字頭字異文的"容異率"很小,其與被釋字(詞)的關係必然只能是同字(指字
位)或同詞。再加上小學文獻形音義證諸要素之間的一貫性,甚至相關條目的互見互足
特徵,使得字頭字異文在研究利用上有很大便利。

1."同字"異文與文獻字詞考辨

"誶、訊"是文獻中的常見詞,但二字形體相似,混訛既久,難辨是非,如:

> 《詩經·陳風·墓門》:夫也不良,歌以訊之。訊予不顧,顛倒思予。毛傳:訊,告也。

---

① 分别是由於正俗、訛誤、避諱、異體而形成異文。

“訊”，傳世文獻有不少異文作“誶”。《經典釋文·毛詩音義》“訊之”條：“本又作誶。”《楚辭·離騷》“謇朝誶而夕替”王逸注引《詩》：“誶予不顧。”因此考辨《詩經·墓門》訊、誶的是非及訛變時間，歷來是學界的一大公案。

蔣文（2019 年）曾利用抄寫時代不晚於夏侯灶卒年（前 165）的阜陽簡《詩經·墓門》作“誶”，結合“訊、誶”二形在漢代以後才有可能混同的時代特徵，認定“阜詩所據底本乃至年代先於阜詩的先秦本子必定皆與‘訊’無關”，又利用王逸注、陸德明釋文分別引作“誶、訊”，判斷“《墓門》‘誶’訛爲‘訊’發生的時間應該在王逸之後、陸德明之前”。

在此基礎上，蘇芃（2021 年）根據殘本《玉篇·言部》字頭“誶”下“《毛詩》：‘歌以誶之。’傳曰：‘誶［，告］也。’”的引文，認爲“這處‘誶’字釋義之中《毛詩》引文彌足珍貴”，指出“顧野王編纂《玉篇》之時所見《毛詩·墓門》仍作‘誶’字，尚未訛作‘訊’”。則該詩“誶”字之訛當在南北朝至唐代之間，進一步支持了蔣文觀點並準確判斷了二字混訛的時間。而蘇文可以做出如此推斷的原因即“作爲一部字書，該書（指《玉篇》殘卷）引文尤其是涉及字頭時較爲可信”，正是指《玉篇》引書字頭字異文的“同字”關係。

2. “同詞”異文與文獻字詞觀

小學文獻引書字頭字異文也不盡是同字關係，還有可能只是“同詞”。仍以《玉篇》殘卷“緊、警”爲例。

“緊”下，《玉篇》只收釋了“緊”的本用義。文獻常見“發語聲”一義，顧出於本字本用的原則收在《言部》“警”下。查《言部》殘卷，“警”字條曰：

> 警，於題反。《毛詩》：“自詒警阻。”箋云：“警猶是也。”《左氏傳》：“警伯舅是［賴］。”杜預曰：“警，發聲也。”又曰：“爾有母遺警。”杜預曰：“語助也。”《方言》：“警，然也。南楚凡言然或曰警。”今或爲警（緊）字，在系（糸）部。

“警”所引除《方言》以外，其他諸書被釋字“警”皆爲顧野王所改，則殘卷“警”與對應文獻實際用字“緊”，形成的異文是“同詞”關係。

辭書文獻引書旨在釋證字（詞）頭。因而，在“同”的基礎上變更原引書中的“異字”來爲被釋字搜羅釋義、尋找例證的情況並不罕見 [①]。可以概括地説，這類異文廣泛見於除字樣書以外的文字、音韻、訓詁類小學文獻，以及注疏類文獻的引書之中。因而清儒指出：

> 古人引書不皆如其本字，苟所引之書作彼字，所注之書作此字，而聲義同者，則寫

---

① 下文《説文》“嚏”下引《毛詩》亦爲此類。

從所注之書。(王引之《經義述聞》卷五"歌以訊止")

　　李善所引《蒼頡篇》《三蒼》《聲類》《字林》諸書多依隨《文選》俗字,非本書原文。如引《説文》仿佛作髣髴,軟作輭,隤作穨,玓瓅作的礫,此類不可悉舉。或據爲本書佐證,則因誤而誤矣。(桂馥《札樸·匡謬》"李善引書"條)

　　這種編者出於釋證字(詞)頭的目的,在認定"同詞"的基礎上進行改字所形成的異文,本質上都是編者對字詞或字際關係的指認,是文獻語言學的寶貴成果和財富。利用小學文獻引書應該首先認識到這類異文的存在,進而鑒別並加以研究。

三、小學文獻的疊置屬性與文獻語言研究

　　就文獻語言的性質而言,小學文獻是由多重語料疊置而成的。首先,它匯聚了漢語自誕生之日起在成長和發展過程中不斷形成的各類語言文字現象,"是不同時代漢語漢字知識的聚合和集中體現"(李國英,2024年);其次,不同的小學專書反映了編者從不同視角對語言文字的研究,是一時代語言研究的總結性成果;最後,它也是作者當時語言的承載者,體現了一時代的語言特色。非同質語料的錯行疊置,決定了小學文獻於文獻語言研究而言具有多維屬性和多重價值。

(一)作爲資料庫語料的小學文獻與文獻語言研究

　　每部小學專書都是一個特定時間、特定方面的語言文字知識庫。《爾雅》《廣雅》匯集了先秦、漢魏典籍中的百科詞義;《方言》采輯了漢代以前各地方俗異語……這是小學文獻最爲直觀的語料屬性,也是其之所以能夠被作爲工具書在歷代被廣泛應用,並流傳至今的主要原因。

　　對於今天的文獻語言研究來說,古代小學專書仍是必備的工作利器。因此,魏德勝(2023年)在提到"文獻詞義的探求"方法時提到要常常借助於工具書,"不管是普通讀者,還是專業研究者,這都是基本的選擇"。但是,對於古代的語文工具書而言,使用者需要瞭解各專書的特色,方能在茫茫書海中找到對應的信息。比如,《龍龕手鏡》就是一部專爲僧俗群衆研讀佛經提供的解字注音工具書。考慮到抄手的文化水準和受衆的接受能力,佛經在抄寫傳播過程中使用了大量的俗別字、異體字和今天所謂的"疑難字",所以《手鏡》中載錄了豐富的古、今、通、俗、誤、同等異體。如"皺、瘦"二字(第123、474頁):

　　皴、媰、䐟、𦜕、胈、皷、𦢊,七俗;皺,正;𤿉、皺,二今。爭救反,面皺皮縮也,十字。(卷一)

瘰、瘦、瘦、瘦、瘦、瘦、瘦、瘦、癥、瘦、瘦，十二俗；瘦，通；瘓，正。所救反，瘦瘠也，肉少也，瘠音藉，一十四字。（卷四）

如果在研究佛經文獻、敦煌文獻等語言文字遇到疑難怪字時，参借《龍龕手鏡》往往能幫助我們解決疑竇。

（二）作爲研究性語料的小學文獻與文獻語言研究

不同時代的小學專書是不同時代漢語漢字研究成果的集中體現，是歷史漢語漢字研究的寶貴資源庫。

小學文獻的研究性語料屬性，在具體文本中有兩種表現形式。第一是，編者對漢語漢字形音義證等諸要素的選擇與匹配。小學文獻不是憑空出現的，其在編寫過程中參考了歷代的經典注釋、字典辭書及經史文本。但大多編者在利用這些材料時會有個人的取捨以及重新分配。這類研究資料以訓釋要素或訓釋體例的形式内嵌在整個編排體系當中，不易爲人察覺，可視爲隱性成果。第二是，在對必要的訓釋要素進行選擇與組配之餘，編者還會進一步發表闡釋、補充、更正等相應觀點，它們多以直陳的方式呈現在文獻文本中，體現出編者的按斷，可視爲顯性研究成果。在實際的研究中，人們更多關注後者，而前者多被當作現成的資料直接查詢利用。其實，兩種形式都是語言學研究成果，應加以開發利用。

1. 小學文獻中的隱性成果與文獻語言研究

《毛詩》是許慎編著《説文》的重要參考，但加以對比可以發現，許慎在采集其中的字詞義證時，也根據其著述體系及目標進行了系列改造。如：

《毛詩·大雅·生民》：“克岐克嶷。”

《説文·口部》：“嶷，小兒有知也。從口，疑聲。《詩》曰：‘克岐克嶷。’”

《生民》“克岐克嶷”，毛傳：“岐，知意也。嶷，識也。”指小兒聰慧有知之貌。與《説文》“嶷”實際是同一個詞。因此，《説文》在該條目下引用了《詩》證成此義。但所引《詩》用字作“嶷”，與傳世本不同。爲此，段玉裁認爲今本《毛詩》爲後人所改：“此由俗人不識嶷字，蒙上‘岐’字改從山旁耳。”對此，馬宗霍（第306頁）云：“鄭箋云‘能匍匐則岐岐然意有所知也，其貌嶷嶷然有所識別也’，‘岐’主意言，‘嶷’主貌言。似鄭所據本已作嶷。故釋文、正義皆承取之，未必俗人所改。漢《陳留太守胡公碑》云‘克岐克嶷’……凡漢石中用此詩‘岐嶷’字者，皆從山不從口，又舊本作“嶷”之證也。惟《説文·山部》‘嶷’爲山名，《詩》以知識爲義，則作‘嶷’爲假借字，正字當作‘嶷’。”可見，自漢代起，諸本《毛詩》皆作"嶷",未有作"𡠉"者。《説文》引作"𡠉",是改從本字。

從文獻語言研究的角度來看,作爲《説文》内容要素的字頭、書證,並不是孤立無由地出現在訓條當中的,許慎改造文獻假借字爲"本字"的行爲,是其在形義統一這一漢字理念的驅動下對漢語本用字的甄判與選擇,是東漢文獻文字學研究的重要成果。

2. 小學文獻中的顯性成果與文獻語言研究

詞源學是文獻詞彙學研究的重要内容。在漢語詞源學史上,學者將我國古代的詞源研究分爲義源、字源和詞源三個階段(王鳳陽,2001 年)。"義源"階段的詞源研究不以繫源爲目的,僅以同源作爲一種釋義手段,以東漢劉熙《釋名》爲代表;"字源"階段的詞源研究需要借助形聲字的形體特徵,來探求聲符表意的内在規律,一般認爲這種研究兆始於晉代楊泉的《物理論》,至宋代"右文説"達到興盛;"詞源"階段則利用同源詞内在的音義關係主動繫聯源詞,以清儒戴震、王念孫等爲代表。

其實,考察歷代小學文獻,所謂"字源、詞源"階段的詞源學研究,應在南北朝時期就已經初見端倪了。如:

> 殘本《玉篇·糸部》"總":子孔反。……《説文》:"總,聚束也。"《廣雅》:"總,皆也。""總,聚也。""總,結也。""總,衆也。"或爲捴字,在手部。束髮之"總"爲"鬷"字,在髟部。束數之"總"爲"稯"字,在禾部。

顧野王在完成"總"的釋義後,對具有某種關係的詞進行了補充繫聯。其繫聯的基本依據是這組詞都讀"總","總"起到記音符號的作用。而在繫聯的實踐中闡明了它們之間共同的意義特徵,即"束",且具體指稱對象有"髮"和"數"的差異。這種研究實踐,即今天所謂的"繫源"。觀察這組以意義"束"爲綫索的同源詞,有"總、鬷"和"稯",其中,"總、鬷"從"悤"得聲,而"稯"與"總、鬷"並没有相同的聲符,音義關係才是其繫源實踐的依據。在音與義兩項因素的限制下,顧野王的繫聯對象不僅僅限於同聲符形聲字,且擴展到在繫源上有天然優勢的同聲符形聲字之外,這是前無古人的。就其繫聯的範圍看,他的研究不僅超邁前人,而且連晉人楊泉及宋人的右文説也無法與之媲美。這無疑是詞源學史上不容忽視的一環。

(三)作爲時代性語料的小學文獻與文獻語言研究

文獻語言學提倡考察不同時代或不同類型文獻的語言文字特點及規律。集聚在小學文獻的多維語料中,編著者自行訓解言説的部分代表了當時語言的使用面貌,可視作小學文獻語境下的當時語言,屬於注釋語料範疇。

目前,學界已有部分論著就該類材料開展過研究,但總體上數量不多。這一方面與辭書注釋語料相對簡潔,體量不夠突出有關,另一方面也與學界對小學文獻語料層次的認識有關。在文獻語言研究中,注釋語料在複音詞、新詞新語等方面具有鮮明且重要的研究價值[①]。小學文獻中的注釋語言具備注釋語料的一般特徵,同時也代表着小學這一特定類型文獻的語言個性,是文獻語言研究不可或缺的一部分。

以南北朝時期的語文辭書《玉篇》爲代表,對顧野王釋語進行窮盡性調查,可以發現這部分注釋語料中有産生於周秦及西漢的上古詞 960 個,其中單音詞 685 個,複音詞 275 個;産生於東漢至東晉時期的中古前期詞語 174 個,含單音詞 33 個,複音詞 141 個;産生於南北朝時期的新詞和新義 107 個,含新詞(形)85 個,新義 22 個。每個階段都不乏前人或工具書未予關注或需進一步關注的詞(義),如未被《大詞典》收録的上古詞"怨憾(怨恨、仇恨)""床杠(床前横木)""始王(開國君主)""重積(堆積、累積)",産生於先秦而被視爲現代漢語詞彙的"安靜";未被《大詞典》收録的東漢詞語"生枲(未煮的牡麻)""主職(執掌、掌管)""鍛質(打鐵時墊在下面的石板)""繫制(捆綁,牽制)""摩展(碾壓之使舒展)";未被《大詞典》收録的南北朝新詞"擁捉(操拿,握持)""假被(覆被、增加)""歌讚(歌訟)""林藩(籬笆)""離遇(遭遇,遭受)""瘍痺(癢)""相鳴(親吻)"等等。而在新産生於南北朝的這 107 個語言單位中,首見或僅見於《玉篇》釋語的詞(形)和詞義有 72 個,比例高達 67.3%。這也再次凸顯了《玉篇》作爲注釋語言及南北朝時期的當時語料對文獻詞彙學研究的重要性。

總之,我國小學文獻數量豐富,個性突出,信息駁雜,是文獻語言研究的一大寶庫。全面了解並合理利用小學文獻的形式結構、内容要素、語料層次等,無論對小學文獻價值的充分發掘,還是文獻語言研究的深入推進,都是必要且有效的。

參考文獻

(清)戴震 《方言疏證》,上海古籍出版社 2017 年

(宋)丁度等 《宋刻集韻》,中華書局 1988 年

董志翹 《故訓資料的利用與古漢語詞彙研究——兼評〈故訓匯纂〉的學術價值》,《中國語文》2005 年第 3 期

馮勝利、王立軍、董志翹、孫玉文 《文獻語言學:理論、方法與未來》,《文獻語言學》第 16 輯,中華書局 2023 年

(梁)顧野王 《玉篇》(殘卷),《日本藏漢籍漢籍古抄本叢刊》第三輯,華東師範大學出版社 2019 年

---

① 見王雲路(2010 年,第 65 頁)、董志翹(2005 年)等。

漢語大字典編輯委員會　《漢語大字典》,崇文書局/四川辭書出版社 2010 年

胡吉宣　《玉篇校釋》,上海古籍出版社 1989 年

蔣　文　《重論〈詩經·墓門〉“訊”爲“誶”之形訛——以文字訛混的時代性爲視角》,《中國語文》2019 年第 4 期

蔣紹愚　《古漢語詞彙綱要》,北京大學出版社 1989 年

李國英　《小學文獻學研究·序二》,《小學文獻學研究》,上海古籍出版社 2024 年

李子君、馬進勇　《韻書名義、體式、類型及特徵》,《文獻語言學》(第 15 輯),中華書局 2022 年

陸宗達　《説文解字通論》,中華書局 2015 年

馬宗霍　《説文解字引經考》,中華書局 2013 年

(清)阮元　《十三經注疏》,中華書局 2009 年

(宋)司馬光　《類篇》,上海古籍出版社 1988 年

蘇　芃　《也談〈詩經〉兩處文字訛誤的年代》,《中國語文》2021 年第 4 期

王鳳陽　《漢語詞源研究的回顧與思考》,《漢語詞源研究》第 1 輯,吉林教育出版社 2001 年

王　寧　《訓詁學原理》,中國國際廣播出版社 1996 年

(唐)王仁煦　《刊謬補缺切韻》,《續修四庫全書》第 250 册,上海古籍出版社 2002 年

王引之　《經義述聞》,江蘇古籍出版社 1985 年

王雲路　《中古漢語詞彙史》,商務印書館 2010 年

汪維輝　《中古辭書與漢語詞彙史研究》,《漢語史學報》第 22 輯,上海教育出版社 2020 年

魏德勝　《文獻詞彙學的幾個基本問題》,《文獻語言學》第 16 輯,中華書局 2023 年

(遼)行均　《龍龕手鏡》,中華書局 1985 年

徐時儀　《漢語語文辭書發展史》,上海辭書出版社 2016 年

(清)永瑢等　《四庫全書總目》,中華書局 1992 年

余迺永　《新校互注宋本廣韻(定稿本)》,上海人民出版社 2008 年

張憲榮　《小學文獻學研究》,上海古籍出版社 2024 年

中國科學院圖書館　《續修四庫全書總目提要》,中華書局 1993 年

文獻語言學(20):134～144,2025

明清大型字書釋義失誤校讀札記①

熊加全

(湖南師範大學文學院,長沙,410081)

提　要:明清大型字書存在許多釋義失誤的問題,對現代大型字典産生了不好的影響。論文在對明清大型字書釋義失誤的内容進行全面測查與研究的基礎上,選取15字進行考辨。

關鍵詞:明清大型字書;釋義失誤;考釋

　　明清是我國字書發展史上的重要時期,在這一時期出現了《字彙》《正字通》《康熙字典》等一批重要的大型字書,對現代大型字典的編纂産生了重大影響。學界對這一時期的字書已有一些研究,取得了豐碩的成果,然而其中仍有大量釋義失誤的内容。這些内容很多被現代大型字典《漢語大字典》(以下簡稱《大字典》)和《中華字海》(以下簡稱《字海》)未作考辨地加以繼承,降低了其編纂質量與利用價值。文章從傳承失誤與編纂失誤兩個方面對明清大型字書釋義失誤的15個字進行考辨,以期爲明清大型字書的整理與研究及現代大型字典的修訂與完善提供參考。文章各例先引《字彙》和《正字通》,然後以"按"字揭出筆者考釋。不當之處,敬請方家指正。

一、因傳承失誤而致釋義失誤

　　明清大型字書有很多釋義失誤的問題即是因承襲前代字韻書之誤而造成的,我們需要對這種現象進行全面的考辨,以免因承訛襲謬而貽誤讀者。

　　(1)倭:《字彙·人部》:"倭,烏槐切,音煨。倭遲,回遠之貌。《詩·小雅》:'周道倭遲。'又謹貌。又順貌。"(第39頁上)

　　《正字通·人部》:"倭,烏魁切,音煨。《説文》:'順貌。'又倭遲,回遠貌。《詩·小

---

① 本文爲國家社科基金重大項目"歷代大型字書傳承與發展研究"(23&ZD313)的階段性成果之一。感謝《文獻語言學》匿名審稿專家提出的寶貴修改意見,文中若有謬誤,概由筆者負責。

雅》:‘周道倭遲。’與逶迤、⿺辶爲迆、委蛇、威遲、委移並通。”(第 49 頁下)

按:故宫本《王韻》平聲支韻於爲反:“倭,慎皃。又烏和反。”(第 438 頁)故宫本《裴韻》平聲支韻於爲反:“倭,慎皃。《詩》:‘周道倭[illegible](遲)。’”(第 545 頁)《廣韻》平聲支韻於爲切:“倭,慎皃。”(第 15 頁)“倭”字,以上諸韻書訓“慎皃”,疑並非是。《説文·人部》:“倭,順皃。从人,委聲。《詩》曰:‘周道倭遲。’”(第 160 頁上)《玉篇·人部》:“倭,於爲切。《説文》云:‘順皃。’《詩》云:‘周道倭遲。’”(第 12 頁下左)“倭”字,《説文》《玉篇》皆訓“順皃”,故宫本《王韻》、故宫本《裴韻》、《廣韻》卻訓“慎皃”,“慎皃”當爲“順皃”之誤。《集韻》平聲支韻於爲切亦曰:“倭,《説文》:‘順皃。’引《詩》:‘周道倭遲。’”(第 39 頁)此亦其證。“謹貌、慎皃”義同,故《字彙》訓“謹貌”,此亦因承前而謬。《正字通》未收“慎皃、謹貌”之訓,是也。《康熙字典》亦未收“慎皃、謹貌”之訓,亦是。

(2)⿷匚今:《字彙·匚部》:“⿷匚今,胡南切,音含。受物器。”(第 61 頁上)

《正字通·匚部》:“⿷匚今,河南切,音含。受物器。與圅通,俗從含,省作⿷匚今。”(第 109 頁下)

按:《名義·匚部》:“⿷匚今,⿷匚吟。胡躭反。船没也。”(第 164 頁下)《玉篇·匚部》:“⿷匚吟,胡耽切。船没也。”(第 80 頁上右)故宫本《王韻》平聲覃韻胡南反:“⿷匚含,船没。”(460)故宫本《裴韻》平聲覃韻胡男反:“⿷匚今,船没。”(第 564 頁)《廣韻》平聲覃韻胡男切:“⿷匚⿰阝今,船没。”(第 148 頁)故“⿷匚今”與“⿷匚吟、⿷匚今、⿷匚⿰阝今”諸字音義並同,即爲異體字。又《集韻》平聲覃韻胡南切:“⿷匚今,受物器。”(第 283 頁)《集韻》訓“受物器”,於前代字韻書皆無徵,當因從“匚”爲説而誤。《字彙》訓“受物器”,即因承前而謬。《正字通》承襲《字彙》義訓之誤而謂“⿷匚今”與“圅”通,亦失考證。《康熙字典》亦據《集韻》訓“受物器”,亦失考證。《大字典》《字海》“⿷匚今”字分别據《集韻》訓“受物器”“裝東西的器具”,並非。

(3)⿰口叵:《字彙·口部》:“⿰口叵,普火切,音叵。聲也。”(第 73 頁上)

《正字通·口部》:“⿰口叵,俗叵字。舊注:音叵。聲也。切同訓異,非。《舉要》⿰口叵同叵,亦非。”(第 143 頁下)

按:《可洪音義》卷十三《淨飯王般涅槃經》一卷:“⿰口叵峨,上普可反,下五跛反。”《龍龕》卷二《口部》:“⿰口叵,俗。普可反。”《正字通》謂“⿰口叵”爲“叵”字之俗,所言當是。《慧琳音義》卷九《放光般若經》第一卷:“叵我,普我反。謂傾側摇動不安也。經文作⿰足叵⿰足我二形,或作⿰山叵峨二形,並未見字所出也。”又《慧琳音義》卷七四《賢愚經》第四卷:“叵我,普我反。謂搖動不安也。經文作跙哦,或作岠峨,皆非也。”故“叵我”又作“跙跛、岠峨、跙哦”,“叵峨”與“叵我、跙跛、岠峨、跙哦”並同,“叵”當即“叵”字之俗。又《集韻》上聲果韻普火切:“叵,聲也。”訓“聲也”,當爲望形生訓。《字彙》訓“聲也”,即因承襲《集韻》之謬而誤。《康熙字典》據《集韻》訓“聲也”,亦非。《大字典》收録“叵”字,據《集韻》訓“聲”,又以《正字通》之説作爲“一説”,失考證。《字海》亦收“叵”字,據《集韻》轉訓爲“象聲詞”,亦失考證。

(4)展:《字彙·尸部》:“展,之輦切,旃上聲。轉也;開也;舒也;整也;省視也;審也;適也;由也。又誠也。《詩·小雅》:‘展也大成。’又信也。《方言》:‘荆吴淮汭之間謂信曰展。’又展衣。后以禮見於君及見賓客之服也。《禮記》作襢衣。又姓。”(第123頁上)

《正字通·尸部》:“展,知演切,旃上聲。轉也;開也。《聘禮》:‘史讀書展幣。’注:‘謂專陳其幣也。’又整也;審也。《書·旅獒》:‘分寶玉于伯叔之國,時庸展親。’《檀弓》:‘反其國不哭,展墓而入。’注:‘方氏曰:凡物展之,則可省而視,故視謂之展。’又誠也;信也。《方言》:‘荆吴淮汭之間謂信曰展。’《詩·鄘風》:‘展如之人兮。’《小雅》:‘展也大成。’又姓。”(第287頁上)

按:《玉篇·尸部》:“展,知演切。轉也;由也;適也。”(第55頁下左)《玉篇校釋》“展”字下改注文“由也”爲“申也”,並注曰:“‘申也’者,‘申’原譌‘由’,今正。《晉語》:‘侈必展。’韋注:‘展,申也。’《文選》謝靈運詩注引《莊子》司馬彪注:‘展,申也。’《廣雅》四:‘展,舒也。’本書:‘舒,申也。’”(第2207頁)胡氏所言是也。《名義·尸部》:“展,猪璉反。信[也];整也;展[衣也];誠也;陳也;適也;申也;重也;親也;審也。”(第107頁上)《新撰字鏡·尸部》:“展,知善反。誠也;親也;舒也;敬也;轉也;信也;陳也;重也;俱也;整也;適[也];申也;難也。”(第173頁)《龍龕》卷一《尸部》:“展,知演反。舒[也];申[也];直也;又審也。亦姓。”(第163頁)《慧琳音義》卷三六《蘇婆呼經》下卷:“展,哲輦反。俗字也。古文從珏、從衣作㞡。珏,音同上。《考聲》云:‘展,申也;直也;舒也。’經文從手作搌,非也。”《漢書·谷永傳》:“永自知有内應,展意無所依違,每言事輒見答禮。”顔師古注:“展,申也。”以上諸書皆爲其證。故《玉篇》訓“由也”,當即“申也”之誤。《新修玉篇》卷十一《尸部》引《玉篇》:“展,知演切。轉也;由也;適也。”(第98頁上右)《篇海》同。《詳校篇海》卷四《尸部》:“展,之輦切,音氊,上聲。誠也;舒也;信也;開也;整也;整也;審也;適也;由也;轉也;省視也;展衣也。”(第259頁下)《篇海類編》同。《新修玉篇》《篇海》《詳校篇海》《篇海類編》《字彙》等後世字書亦訓“由也”,皆因承襲《玉篇》之謬而誤。《大字典》“展”字下據《玉篇》之謬而收録“由”這一義項,應删。

（5）忊:《字彙·心部》:“忊,丁了切,刁上聲。《集（廣）韻》:‘垂心。’《玉篇》:‘憂也。’又職略切,音灼。痛也。又丁歷切,音的。義同。”（第 155 頁上）

《正字通·心部》:“忊,惆字之譌。《集韻》《玉篇》及舊注音訓並誤。”（第 357 頁下）

按:《方言》卷一:“忊,痛也。”郭璞注:“忊,音的,一音灼。”（第 3 頁）《廣雅·釋詁一》:“忊,驚也。”《玉篇·心部》:“忊,都了切。憂也。又之藥切。痛也。”（第 40 頁上左）又《廣韻》平聲清韻渠營切:“惸,憂也。忊,同上。”（第 127 頁）《集韻》平聲諄韻殊倫切:“惸,《説文》:‘憂也。’或作忊。”（第 122 頁）“忊、惸”儘管義同,然讀音區别甚明,二字不可混同,故《正字通》之説非是。又箋注本《切韻》上聲篠韻都了反:“忊,垂。”（第 135 頁）故宮本《王韻》上聲篠韻都了反:“忊,垂〻。”（第 481 頁）“〻”即《切韻》中的省文符號,可以是字頭的代稱,也可以代指“字”或“也”等,此處當指“也”。《廣韻》上聲篠韻都了切:“忊,垂心。”（第 200 頁）《廣韻》訓“忊”爲“垂心”,當因誤認《切韻》中的省文符號“〻”爲“心”所致的訓釋失誤。《切韻》訓“垂也”,與“憂也、驚也”訓異義同。《新撰字鏡·心部》:“忊,之若反,又鳥音。垂也,謂憂懼也,痛也。”（第 543 頁）此是其證。《集韻》上聲筱韻丁了切:“忊,憂也。”（第 390 頁）《集韻》訓“憂也”,此亦其證。《字彙》轉録“垂心”之訓而未作校正,失考證。《康熙字典》亦轉録《廣韻》“垂心”之訓而未作校正,亦失考證。《大字典》“忊”字下據《廣韻》“垂心”這一誤訓而收録“關心”這一義項,非是。

（6）杸:《字彙·木部》:“杸,與殳同。軍中士所持者。又木名。又姓。”（第 208 頁上）

《正字通·木部》:“杸,舊注:與殳同。按《正韻》‘殳、祋’載魚韻,‘杸’注:或作祋。又都外切。《詩》:‘何戈與祋。’恐傳寫誤以木爲示,當是杸字,今不敢改。《説文》:‘杸,軍士所持也。’又:‘祋,殳也。’又:‘殳,杖也。’雜出分訓,非。殳俗作杸,譌作祋,從殳爲正。”（第 487 頁下）

按:《集韻》去聲夳韻都外切:“杸,木名。”（第 519 頁）《集韻》又訓“木名”,疑非是。《説文·殳部》:“杸,軍中士所持殳也。從木,從殳。《司馬法》曰:‘執羽從杸。’”（60 下）《玉篇·殳部》:“杸,時朱切。軍中所持也。”（第 81 頁下右）《廣韻》平聲虞韻市朱切:“杸,《説文》曰:‘軍中士所持殳也。《司馬法》曰:執羽從杸。’”（第 40 頁）《集韻》同。

“柋”字,《集韻》又音“都外切”,訓“木名”,於前代字韻書皆無徵,當因與“殳殳”形近而誤混,進而又妄改音訓義訓。《説文·殳部》:“殳殳,殳也。從殳,示聲。《詩》曰:‘何戈與殳殳。’”(第60頁下)《玉篇·殳部》:“殳殳,丁外、丁括二切。殳也。”(第81頁下右)《廣韻》去聲泰韻丁外切:“殳殳,殳也。”(第282頁)故“柋”音“都外切”,當因“柋、殳殳”形近訛混而妄補,其訓“木名”,亦當爲丁度等妄補。《洪武正韻》平聲魚韻慵朱切:“柋,或作殳殳。又都外切。案:《詩》:‘何戈與殳殳。’恐傳寫之訛,以木爲示,當是柋字,今不敢改也。”(第48頁)此即其證。《詳校篇海》卷三《木部》:“柋,都内切,音對。木名。又尚朱切,音殊。軍士所持。與殳殳、殳同。”(第176頁下)《篇海類編》同。《詳校篇海》《篇海類編》“柋”音“對”,訓“木名”,皆因承襲《集韻》之謬而誤;又其謂“柋”與“殳殳”同,亦不可據。《字彙》“柋”字又訓“木名”,亦因承襲《集韻》之謬而誤;又其訓“姓”,亦因“柋、殳殳”形近,進而誤植“殳殳”字之義於“柋”字之上所致的訓釋失誤。《萬姓統譜·泰韻》:“殳殳,見《姓苑》。”《後漢書·來歙傳附來歷》:“歷乃要結光禄勳殳殳諷。”此即其證。《康熙字典》“柋”又音“殳殳”,訓“木名”,亦因承前而誤。《大字典》《字海》“柋”字下分別據《集韻》之誤而收録“木名”“一種樹”這一義項,並非。

(7)籲:《字彙·竹部》:“籲,莫佩切,音妹。筍冬生名。”(第347頁下)

《正字通·竹部》:“籲,同篃。《山海經》:‘英山多箭籲。’舊本分爲二。”(第806頁下)

按:《廣韻》去聲至韻明祕切:“籲,筍冬生名。”(第243頁)《廣韻》訓“筍冬生名”,非是。《廣雅·釋草》:“籲,籄也。”《名義·竹部》:“籲,美秘反。筍冬生地中,掘食也。”(第142頁下)《玉篇·竹部》:“籲,美祕切。竹長節,深根,筍冬生。”(第70頁下左)故宮本《王韻》去聲至韻美秘反:“籲,筍冬生地中。”(第490頁)故宮本《裴韻》去聲至韻美秘反:“籲,箭竹,出漢中,筍冬生。”(第585頁)《集韻》去聲至韻明祕切:“籲,《博雅》:‘箭、籲,籄也。’一曰竹名,長節,深根,筍冬生。”(第482頁)《山海經·西山經》:“又西七十里,曰英山……其陽多箭、籲。”郭璞注:“今漢中郡出籲竹,厚裏而長節,根深,筍冬生地中,人掘取食之。”(第22頁)據上文可知,“籲”即爲“竹名”,其筍冬生,《廣韻》訓“筍冬生名”,於歷代字韻書皆無徵,當爲“筍冬生”之衍誤。《字彙》訓“筍冬生名”,即因承前而謬。又晉戴凱之《竹譜》:“篃亦蒢徒,概節而短。”自注:“《山海經》云:其竹名篃。生非一處,江南山谷所饒也。故是箭竹類。一尺數節,葉大如履,可以作篷,亦中作矢。其筍冬生。”據上文可知,《山海經》作“籲”,故《正字通》謂“籲”同“篃”,是也。《康熙字典》亦轉録《廣韻》“筍冬生名”之訓而未作校正,亦失考證。《大字典》據《廣韻》之誤而收録

"冬筍"這一義項,非是。

（8）罧：《字彙·网部》："罧,與罧同。又網也。"（第367頁上）

《正字通·网部》："罧,同罧。"（第847頁上）

按：《玉篇·网部》："罧,所禁切。罔也。"（第77頁上右）《玉篇》訓"罔也",疑非是。《爾雅·釋器》："槮謂之涔。"郭璞注："今之作槮者,聚積柴木於水中,魚得寒,入其裏藏隱,因以簿圍捕取之。"《廣韻》去聲沁韻所禁切："罧,《爾雅》曰:'槮謂之涔。'郭璞云:'今之作罧者,聚積柴木於水中,魚得寒,入其裏藏隱,因以簿圍捕取。'又息甚切。槮與罧同也。"（第356頁）"罧、槮"即爲異體字；而"罧"與"槮"音同,"罧"當即"槮"因涉義而改換義符所産生的俗字,亦當同"罧"。《集韻》去聲沁韻所禁切："罧,積柴水中以取魚。或作槮、罧。"（第621頁）此是其證。《玉篇校釋》"罧"字下注："《集韻·沁韻》爲'罧'之或體。本書:'罧,力金切。積柴於水中取魚。又音所禁切。'《木部》槮,所錦切。引《爾雅》'槮謂之涔',作罧同。此'罧'即由'槮'變易偏旁。"（第3050頁）胡氏所言亦是。故"罧"同"槮、罧",義爲"積柴於水中以捕魚"。《玉篇》訓"罔也",當因後人不識其爲"槮（罧）"字異體而妄補。《新修玉篇》卷十五《网部》引《玉篇》："罧,所禁切。罔也。"（第141頁下右）《篇海》同。《新修玉篇》《篇海》訓"罔也",當皆因承襲《玉篇》之謬而誤。《直音篇》卷三《网部》："罧,所禁切。積柴水中取魚。罧,同上。又網也。"（第130頁上）《直音篇》謂"罧"同"罧",是也；然又訓"網也",亦因承襲《玉篇》之謬而誤。《詳校篇海》卷三《网部》："罧,所禁切,音滲。與罧同。又網也。"（第198頁上）《篇海類編》同。《詳校篇海》《篇海類編》《字彙》又訓"網也",亦皆因承前而誤。《正字通》"罧"字謂同"罧",並刪去"網也"之訓,是也。《康熙字典》"罧"字下未收"罔也"之訓,亦是。《大字典》"罧"字下據《玉篇》《篇海類編》之誤而收録"罔"這一義項,而《字海》"罧"字下亦據《玉篇》之誤而收録"罔"這一義項,並非。

二、因編纂失誤而致釋義失誤

明清大型字書也存在很多因編纂失誤而造成的釋義失誤問題。我們也要對這種現象進行全面的考辨,以消除其對現代大型字典的不良影響。

（1）妠：《字彙·女部》："妠,女還切,音難。訟也。"（第101頁下）

《正字通·女部》："妠,吾還切,音頑。《説文》:'訟也。'《廣韻》:'愚也。'與頑通。

篆作。朱謀瑋泥易二女同居,志不相得,以妜爲古嫌字,非;舊注改音難,尤非。"(第228頁下)

按:《説文·女部》:"妜,訟也。從二女。"(第265頁下)《廣韻》平聲删韻奴還切:"妜,訟也。"(第79頁)下文去聲諫韻女患切亦曰:"妜,訟也。"(第312頁)據此可知,"妜"字《説文》《廣韻》皆訓"訟也",《正字通》轉引《廣韻》卻作"愚也",非是,此誤當因從"頑"爲説而妄補。《廣雅·釋詁一》:"頑,愚也。"此即其證。又"妜",《廣韻》音"奴還切",又音"女患切",《字彙》音"難",《正字通》音"頑",皆不可據。《康熙字典》"妜"字下未收"愚也"之訓,是也。《大字典》"妜"字下據《正字通》之誤而收録"愚"這一義項,應删。

(2)姁:《字彙·女部》:"姁,斯鄰切,音新。縣名。"(第104頁上)

《正字通·女部》:"姁,須倫切,音洵。《説文》:'鈞適也。男女併也。'《長箋》:'旬,十日也,猶言女初來也,故從旬。'舊注:音新,縣名。無稽。"(第237頁下)

按:《説文·女部》:"姁,鈞適也。男女併也。從女,旬聲。"(第263頁上)《玉篇·女部》:"姁,息匀切。狂也。又音縣。"(第17頁上右)《廣韻》去聲霰韻黃練切:"姁,狂也。又相倫切。"(第313頁)《集韻》去聲霰韻熒絹切:"姁,《博雅》:'狂也。'"(第569頁)《新修玉篇》卷四《女部》引《玉篇》:"姁,相倫切。狂也。"(第29頁上左)《篇海》卷六《女部》引《玉篇》:"姁,息旬切。狂也。又音縣。"(第654頁上)《直音篇》卷一《女部》:"姁,音荀。狂也。又音縣。"(第26頁下)《詳校篇海》《篇海類編》略同。據以上諸字韻書可知,"姁"有"縣"這一讀音,而未有"縣名"這一義項,且"姁"字音"縣"亦訓"狂也",故《正字通》謂《字彙》"音新,縣名"無稽,所言是也。《康熙字典》校作"又熒絹切,音縣",此亦其證也。《大字典》"姁"字下據《字彙》之誤而收録"縣名"這一義項,非是。

(3)嶅:《字彙·山部》:"嶅,都昆切,音敦。《字林》:'[去]畜勢也。'又山貌。"(第130頁下)

《正字通·山部》:"嶅,俗字。舊注引《字林》:'[去]畜勢也。'又山貌。按:山貌不必别作嶅。《臞仙肘後經》:'宦牛、閹豬、鐓雞,皆謂去勢也。'借鐓非作嶅,《字林》亦無此語。"(第302頁下)

按:《篇海》卷十二《山部》引《餘文》:"嶅,都昆切。《字林》:'云(去)畜勢也。'"(第754頁下)"嶅"字,《篇海》訓"[去]畜勢也",非是。《集韻》平聲魂韻都昆切:"嶅,山兒。”同一小韻下字曰：“驐，《字林》：‘去畜勢也。’”（第141頁）據此可知，《篇海》“嶅”字引《字林》訓“﹝去﹞畜勢也”，當爲誤植“驐”字之義於“嶅”字之上所致的訓釋失誤。《直音篇》卷六《山部》：“嶅，音敦。﹝去﹞畜勢也；又山貌。”（第229頁上）《詳校篇海》卷四《山部》：“嶅，都昆切，音敦。《字林》云：‘﹝去﹞畜勢也。’”（第264頁）《篇海類編》同。《直音篇》《詳校篇海》《篇海類編》《字彙》等字書“嶅”字下亦皆引《字林》收録“﹝去﹞畜勢也”這一義項，皆爲《篇海》所誤。《正字通》謂《字林》無“﹝去﹞畜勢也”之語，是也；然其謂“去勢也”借“鐓”非作“嶅”，亦非“嶅”訓“﹝去﹞畜勢也”致誤之由。《康熙字典·山部》：“嶅，《集韻》都昆切，音敦。山貌。《字彙》引《字林》：‘﹝去﹞畜勢也。’《正字通》：‘《臞仙肘後經》：宦牛、閹豬、鐓雞，皆謂去勢也。借鐓非作嶅，《字林》亦無此語。’”（第276頁上）《康熙字典》轉録《字彙》之訓而未作校正，亦失考證。

（4）浂：《字彙·水部》：“浂，許侃切，音罕。浂浽，水涇潤貌。”（第247頁下）

《正字通·水部》：“浂，寒侃切，音罕。浂浽，水涇潤貌。”（第590頁上）

按：《玉篇·水部》：“浂，音罕。水也。”（第92頁上右）《集韻》上聲旱韻許旱切：“浂，水名。”（367）《新修玉篇》卷十九《水部》引《玉篇》：“浂，呼旱切。水名。”（第166頁上左）《篇海》卷十二《水部》引《玉篇》：“浂，音罕。水也。”（第766頁上）《直音篇》卷五《水部》：“浂，音罕。水也。”（第205頁上）《詳校篇海》《篇海類編》同。《字彙》《正字通》訓“浂”爲“浂浽，水涇潤貌”，於前代字韻書皆無徵，非是。《集韻》平聲模韻汪胡切：“穻，穻浽，卑下也。”（第92頁）《文選·馬融〈長笛賦〉》：“運裹穻浽，岡連嶺屬。”李善注：“穻浽，卑曲不平也。”呂向注：“穻浽，潤濕貌。”故《字彙》《正字通》訓“浂”爲“浂浽，水涇潤貌”者，當因“浂、穻”形近，遂誤植“穻”字之義於“浂”字之上所致的訓釋失誤。《康熙字典》“浂”字又訓“浂浽，水涇潤貌”，即因承襲前代字書之謬而誤。

（5）綟：《字彙·糸部》：“綟，同䕺。”（第363頁下）

《正字通·糸部》：“綟，俗字。舊注同䕺，非。”（第840頁上）

按：《新修玉篇》卷二七《糸部》引《餘文》：“綟，所櫛切。綟綟，色赤青。䕺﹝字﹞。”（第222頁下右）《篇海》卷七《糸部》引《餘文》：“綟，所櫛切。綟綟，色赤青縠。”（第689頁上）《新修玉篇》與《篇海》義訓不同，當以《新修玉篇》爲是。《廣韻》入聲櫛韻所櫛切：“綟，綟綟，色也。亦作綟。”（第386頁）此即其證。故《篇海》訓“色赤青縠”，“縠”當爲“䕺”字之誤，“䕺”本爲“綟”之或體，而非釋義之文，“綟、䕺”義爲“赤青色”。又《集韻》入聲櫛韻色櫛切：“綟，綟綟，色也。通作瑟。”（第673頁）據上文所引《廣韻》

可知，《集韻》"繸"字下"通作瑹"之"瑹"，當爲"䊟"字之誤。《詳校篇海》卷三《糸部》："繸，所櫛切，音瑟。繸繸，色赤青穀。亦作䊟。"（第167頁上）《篇海類編》同。《詳校篇海》《篇海類編》謂"繸"亦作"䊟"，是也；然其訓"色赤青穀"，當皆因承襲《篇海》之謬而誤。《字彙》逕謂"繸"同"䊟"，是也。《康熙字典》轉引《集韻》"通作瑹"之訓而未作校正，亦失考證。《大字典》"繸"字下收録兩個義項：第一義項據《集韻》之謬而謂"繸繸"也作"瑹瑹"；第二義項據《篇海類編》之誤而訓爲"紫色的繝紗"，並非。《字海》"繸"字據《篇海類編》之誤而訓爲"紫色的繝紗"，亦非。

（6）脽：《字彙·肉部》："脽，視追切，音誰。尻也；髖也。《前漢·東方朔傳》：'連脽尻。'師古曰：'臀也。'"（第382頁上）

《正字通·肉部》："脽，是爲切，音誰。尻骨也。《漢·東方朔傳》：'連脽尻。'師古曰：'臀也。'"（第879頁下）

按：《説文·肉部》："脽，尻也。從肉，隹聲。"（第82頁下）《廣雅·釋親》："臀謂之脽。"《玉篇·肉部》："脽，是惟切。尻也。"（第35頁下左）《廣韻》平聲脂韻視隹切："脽，尻也。"（第26頁）《新修玉篇》卷七《肉部》引《玉篇》："脽，是隹切。《説文》：'尻也。'"（第69頁上右）《篇海》卷十五《肉部》引《玉篇》："脽，是惟切。尻也。"（第837頁下）《直音篇》卷二《肉部》："脽，音誰。尻也；髖也。"（第73頁上）《詳校篇海》卷五《肉部》："脽，是爲切，音誰。尻也；髖也；臀也。"（第385頁下）《篇海類編》同。"脽"訓"尻也、臀也、尻也、髖也"，諸訓訓異義同，皆指"臀部"。據上文可知，《正字通》訓"尻骨也"，於前代字韻書皆無徵，當爲"尻也"之衍誤，因爲"脽"即謂"臀部"，而非僅謂"尻骨"。《康熙字典》轉録《正字通》"尻骨也"之訓而未作校正，失考證。《大字典》"脽"字下據《正字通》之誤而收録"尾椎骨"這一義項，亦失考證。

（7）腄：《字彙·肉部》："腄，直追切，音垂。臀也。又縣名，在萊州。《秦始皇紀》：'過黃、腄。'《漢·主父偃傳》：'飛芻輓粟，起於黃、腄。'又株垂切，音追。《説文》：'瘢胝也。'一曰馬及鳥頸上結骨。又直類切，音墜。義同。"（第382頁上）

《正字通·肉部》："腄，朱暉切，音追。《説文》：'瘢胝也。'一曰馬及鳥頸上結骨。李舟説。又是爲切，音誰。縣名，在東萊郡。《秦始皇紀》：'東巡，過黃、腄。'《漢·主父偃傳》：'飛芻輓粟，起於黃、腄。'……又隊韻音墜。義同。《説文》分脽、腄爲二，脽，尻也，與腄別，舊注沿《韻會》'腄，臀也'，誤。本作腄，篆作𦡳，俗作腄。"（第880頁上）

按：《集韻》平聲支韻是爲切：“脽，臀也。”（第 27 頁）《正字通》所言當是。《説文·肉部》：“脽，瘢胝也。從肉，垂聲。”（第 83 頁上）《名義·肉部》：“脽，筑垂反。瘢胝也。”（第 67 頁上）《玉篇·肉部》：“脽，竹垂切。《説文》：‘瘢脽（胝）也。’又馳僞切。縣名。”（第 37 頁下右）故宮本《王韻》平聲支韻竹垂反：“脽，瘢胝也。”（第 440 頁）下文去聲寘韻池累反又曰：“脽，縣名。”（第 490 頁）故宮本《王韻》平聲支韻竹垂反：“脽，瘢胝。”（第 547 頁）下文去聲寘韻池累反又曰：“脽，縣名，在東萊。”（第 585 頁）《廣韻》同。《集韻》訓“脽”爲“臀也”，於前代字韻書皆無徵，當因“脽、膇”音近，故而誤植“膇”字之義於“脽”字之上所致的訓釋失誤。《説文·肉部》：“膇，屍也。從肉，隹聲。”（第 82 頁下）《廣雅·釋親》：“臀謂之膇。”《玉篇·肉部》：“膇，是惟切。尻也。”（第 35 頁下左）《廣韻》平聲脂韻視佳切：“膇，屍也。”（第 26 頁）“屍也、臀也、尻也”，諸訓訓異義同，皆指“臀部”。此即其證。又《古今韻會舉要》平聲支韻是爲切：“脽，臀也。”（第 59 頁上）《古今韻會舉要》訓“脽”爲“臀也”，當因承襲《集韻》之謬而誤。《字彙》訓“臀也”，亦因承前而謬。《康熙字典》據《集韻》《韻會》收錄“臀也”這一義項，亦非。《大字典》“脽”字下據《集韻》之誤而收錄“臀”這一義項，應刪。

參考文獻

（宋）陳彭年　《鉅宋廣韻》，上海古籍出版社 1983 年

（宋）丁度　《集韻》，上海古籍出版社 1985 年

（清）段玉裁　《説文解字注》，上海古籍出版社 1988 年

（梁）顧野王　《玉篇》（殘卷），《續修四庫全書》影印日本昭和八年京都東方文化學院編東方文化叢書本

———　《大廣益會玉篇》，中華書局 1987 年

（金）韓道昭　《改併五音類聚四聲篇海》，《四庫存目叢書》影印明成化七年募刻本

（元）黃公紹、熊忠　《古今韻會舉要》，中華書局 2000 年

胡吉宣　《玉篇校釋》，上海古籍出版社 1989 年

漢語大字典編輯委員會　《漢語大字典》第 2 版，四川辭書出版社、崇文書局 2010 年

（日）空海　《篆隸萬象名義》，中華書局 1995 年

（明）李登　《詳校篇海》，《續修四庫全書》影印明萬曆三十六年趙新盤刻本

（明）梅膺祚　《字彙》，上海辭書出版社 1991 年

（舊題明）宋濂　《篇海類編》，《四庫存目叢書》影印北京圖書館藏明刻本

（宋）司馬光　《類篇》，上海古籍出版社 1988 年

（日）行均　《龍龕手鏡》，中華書局 1982 年

徐　復　《廣雅詁林》，江蘇古籍出版社 1992 年

（漢）許慎　《説文解字》，中華書局 2013 年

（金）邢準　《新修累音引證群籍玉篇》，《續修四庫全書》影印金刻本

（明）樂韶鳳等　《洪武正韻》，中華書局 2016 年

（明）章黼　《直音篇》，《續修四庫全書》影印明萬曆三十四年明德書院刻本

（清）張玉書等　《康熙字典》，上海古籍出版社 2013 年

（明）張自烈、（清）廖文英　《正字通》，中國工人出版社 1996 年

周祖謨　《唐五代韻書集存》，中華書局 1983 年

———　《方言校箋》，中華書局 1993 年

———　《爾雅校箋》，雲南人民出版社 2004 年

文獻語言學(20):145～157,2025

中古中原方言遇攝演變研究[①]

吴 凡

（厦門大學中文系,厦門,361001）

提 要:本文首先梳理了前人學者對中古漢語遇攝演變沿革的研究成果,繼而圍繞遇攝尤其是魚虞兩韻的分合關係考察了韻文、音注和對音等相關的新材料,探究了中古時期中原地區遇攝演變的過程,將這一過程劃分爲三個演變階段,構擬出了魚虞模三韻在三個階段的音值,並據此思考了方言史和《切韻》音系的相關問題,認爲《切韻》音系分立魚虞兩韻更具有中原方言的特徵。

關鍵詞:中古音;中原方言;遇攝;魚虞;方言史

一、引言

從《切韻》音系等位系統的視角來看,上古漢語的魚部有一等、二等和三等三類,其中一等和三等到中古發展成了三個韻,一等變成了模韻,三等開口變成了魚韻,合口吸收了一部分侯部字形成了虞韻。這三個韻組成了十六攝系統的遇攝。本文將王力(1980年)對魚部發展的描述歸納如下:

$[ɑ]>[o]>[u]$（模）

$[uɑ]>[uo]>[u]$（模）

$[ǐɑ]>[ǐo]>[ǐo]$（魚）

$[ǐwɑ]>[ǐwo]>[ǐu]$（虞₁）

$[ǐwo]>[ǐwo]>[ǐu]$（虞₂）

學者們在魚韻的歷史演變研究上成果最爲豐碩。藤井茂利(1974年)比較了魚韻字在萬葉假名和朝鮮漢字音中的表現,平山久雄(1995年)通過日語史的研究成果論證

---

① 本文爲國家哲學社會科學基金冷門絶學研究專項學術團隊項目(21VJXT014)的階段性成果。文章在撰寫過程中受到吉林大學李子君教授的指點,在審稿過程中得到匿名評審專家關於移民史與方言史方面的指教,在此分别謹致謝忱,文章一切問題由本人負責。

了魚韻的主元音是一個央元音，這一説法被潘悟雲（2002 年）采納，並且據此認爲古代江東地區的漢語魚韻可能帶有非圓唇的特徵。而秋谷裕幸（1996、2002 年）、陳忠敏（2002、2012、2003 年）、謝留文（2003、2020 年）、劉澤民（2004 年）、白川実子（2007 年）、馬德强（2008、2020 年）、潘悟雲（2009 年）、鄭偉（2011 年）、李藍（2012 年）、曾南逸（2013 年）等都着重探討了魚韻在現代方言中念開口的白讀形式，這些白讀形式集中在吳方言、閩方言和客贛方言中，音值主要有 [i]、[ɯ]、[e]、[ɛ] 等形式。而陳忠敏（2002、2012 年）、謝留文（2003、2020 年）、馬德强（2007、2020 年）、鄭偉（2011 年）等研究進一步將這些現代南方方言的魚韻開口白讀形式上推到了古江東方言。

　　而對魚韻音值的探討無疑是討論魚虞分合關係這一大問題的基礎。現代學者較早專門討論魚虞分合關係的是羅常培（1931 年），他主要通過詩文用韻論證了中古魚虞兩韻在南方有别而北方不分的觀點。周法高（1948 年）運用了方言、對音和詩文用韻等材料進行研究，認爲魚韻在歷史上曾經受到三等介音的影響而發生了開口化的音變，在朝鮮漢字音、越南漢字音和汕頭方言中形成了魚虞有别的層次；李榮（1952 年）主要利用梵漢對音考證了魚虞模三韻的音值，認爲《切韻》音系中模韻（ [*-o] ）和虞韻（ [*-io] ）相配，而魚韻（ [*-iɔ] ）的開口度更大；而潘悟雲（1983 年）對羅常培（1931 年）有所指瑕，認爲存在兩個問題，其一是忽視了爲數不少的北人詩文用韻材料中魚虞有别的情況；其二是對詩人籍貫的考證存在偏差，將許多祖籍北方、實際上自身在南方長大的詩人算作了北方人，把洛陽、鄴下的一些詩人算作北方其他地方的人。修正了這些問題後，他又利用音切、對音並結合文獻考證，最終得出結論，認爲中古時期不能分魚虞的主要是洛陽一帶，而西北、江東音都是魚虞有别的。同時他還認爲《切韻》音系無法代表洛陽音，因爲洛陽音在《切韻》時代乃至更早一些的時候都是魚虞不分的，和《切韻》音系的分韻不符。《切韻》分魚虞，實際上反映的是建康書音的特點；而建康書音分魚虞，則是受到了古吳方言影響的結果，自身最初兩韻也相混。潘悟雲（1983 年）實際上是對羅常培（1931 年）進行了修正，對南北方的範圍進行了更爲詳細的界定，進行了批判性的繼承。

　　從前言部分的整理可以看出，對於魚虞兩韻在中古的分合關係，學者主要使用了韻文、對音（主要包括漢藏對音、梵漢對音、日漢對音、朝漢對音、漢越音等）和方言材料進行研究，並且側重西北音和南方音。隨着研究材料日益豐富，這一問題存在繼續深入探究的餘地。我們知道，古中原方言和古代通語關係密切，是《切韻》音系的主要組成部分之一，因此古中原方言對方言史和音韻學研究的重要性不言而喻。華學誠（第 115 頁）指出，漢代就已經形成了“周韓鄭方言區”和“衛宋方言區”，也就是説當時中原地區的方言已經有自身的特點了。八十年代以後，陸續出現了對中原方言區語音材料的專題研究，如施向東(1983年)、柯蔚南(1991年)、王思齊(2017年)等通過分析玄奘和義淨的對音材料探討了中古中原方言區的語音情況。同時,中原方言區詩韻材料的整理和研究也出現了新的進展,如朴柔宣(2001年)、胡安順(2004年)對隋末到唐五代中原方言區詩人的白話詩、古體詩進行了用韻分析;此外,一些學者開始注意到中古中原地區的經師音注,如蔡鴻(2005年)和李華斌(2013年)等。

這些新的材料尚未運用到遇攝尤其是魚虞分合演變問題的研究中,因此本文結合以上提出的材料,圍繞中古中原方言遇攝內部的關係(主要是魚虞兩韻的分合關係)進行研究探討。

二、從韻文材料看中古中原方言的遇攝

古體詩往往能够反映詩人的方言口音。郭玲(2017年)研究了從繁欽(? ～ 218)至劉逖(525 ～ 573)三個半世紀的時間長度裏90位中原地區詩文作者的用韻表現。其考察範圍從漢魏延續到北齊,也就是上古晚期到中古早期。根據其統計分析的結果,魏晉宋時期"魚、虞、模三韻應歸納爲一部,且魚虞的合用更多、比例更大"(郭玲,第131頁);

而劉冠才(2020年)着重研究了北朝時期的詩文用韻,其中中原地區的詩人或者詩文比較少,我們將相關韻例輯錄如下:

北魏時期:無名氏《洛中童謠》(初魚開三珠虞開三);常景 [1]《洛橋頌》(模模合一樞虞合三衢虞合三區虞合三。劉冠才,第50頁)

北周時期:釋靜藹 [2]《列偈題石壁》(輸虞合三蛆魚開三;土姥合一所語合三。劉冠才,第57頁)

這組材料數量過少,單獨分析意義甚微,但是釋靜藹的作品和《洛中童謠》都不在郭玲(2017年)的考察範圍內,因此可以作爲補充材料。釋靜藹的《列偈題石壁》魚虞模三韻通押,《洛中童謠》魚虞通押,與郭玲(2017年)的結論相同。中原核心地區的獨用例一處未見,邊緣地區如山東一帶的詩人作品中有獨用例,如溫子昇 [3]《結襪子》(魚魚開三餘魚開三。劉冠才,第49頁)、王褒 [4]《燕歌行》(舒魚開三疏魚開三書魚開三。劉冠才,第56頁)等,但反映的究竟是中原還是青徐地區的方言很難知曉。

---

① 河內溫縣(今河南溫縣)人。

② 河南滎陽人。

③ 濟陰郡冤胊縣(今山東菏澤市)人。

④ 山東臨沂人。

　　胡安順（2004 年）則考察了 7 世紀中葉以後洛陽詩人（主要是洛陽詩人張説 [667～730]）的古體詩用韻。他通過統計和比較判斷出這些材料裹魚韻是獨用的（7 次），而虞模兩韻是同用的（29 次），兩類的同用很少（2 次），只能看成合韻。可見隋末到中唐的中原地區魚虞兩韻是不混淆的。

　　朴柔宣（2001 年）考察了 306 位唐代河南詩人的古體詩用韻，其中詩作超過十首以上的詩人有 30 位，除了五人生卒年無考，其他人的生卒年大約在杜審言（645～708）到鄭畋（825～883）之間，考察範圍最廣，橫跨初唐至晚唐。根據其歸納，魚虞模三韻是同用不分的。

　　可見在韻文材料中，除了初唐至中唐時期張説等詩人的魚韻獨用以外，這段時期以外的前後合計六百多年間，中原地區魚虞模三韻總體上是同用不分的，形成了從不分到能分再到不分的“夾心”格局。這樣的情形與前輩學者如羅常培（1931 年）等的考證略有不同，但大體是吻合的，因爲中古中原地區的魚虞兩韻在絕大多數材料中都是通押的。不過韻文材料的情況只是角度之一，所有的材料都分析完成後才能下最終結論。

三、從音注材料看中古中原方言的遇攝

　　對於洛陽方言魚韻和虞韻的關係，本文準備從經師音注、梵漢對音和詩文用韻三個方面進行考證。首先是音注材料。

　　蔡鴻（2005 年）對漢末至劉宋十九位中原地區的經師的音注進行了考證和分析，其歸納出的“遇組”包括“魚韻部、虞韻部”和“模韻部”三部（第 52 頁），相當於《切韻》音系中的魚虞模三類。他指出“河洛音中，來源不盡相同的遇組三個韻部都已經獨立，而且互相聯繫很少。三部共出注 225 例，魚虞混用僅 1 例，魚、模互注也只有三例”（第 53 頁）。可見隋唐以前，中原方音中魚虞兩韻是不混淆的。

　　李善（630～689），揚州江都人，早年師從曹憲，作《文選注》。關於李善音注的音系性質，較早的研究成果有大島正二（1977 年），他舉出了若干條李善音注的南方音特徵（他認爲南方音以《玉篇》《經典釋文》爲代表），如從邪混切、匣於混切、舌頭舌上不分、輕重唇不分等等。不過他的這些論述都是舉例性質的，而李華斌（2013 年，第 791～792 頁）則對李善的音注進行了統計學的分析，根據其分析結果可以發現李善音注存在從邪分立、支脂開始相混等北方音的特徵。張渭毅（2012 年）指出其中的反切注音反映了當時洛陽方言的音系，因爲有幫、非組不分，舌頭舌上有別，從、邪、船、禪不混等特點，張潔（1999 年）通過音系比較和文獻考證，也認爲李善的反切反映的並非南方音，而是洛陽音。

　　總而言之,李善雖然師從曹憲一系南方經師,但是音注卻明顯透露出了北方音的色彩。這與其生平經歷有關。富永一登(1996 年)從江夏李氏開始,逐步考證了李善的家族和生平,指出李善在貞觀八年(634)師從曹憲學習《文選》,顯慶三年(658)上表《文選注》,其後宦遊北方多年直到受政壇風波牽連被流放至姚州,最後於上元二年(675)獲赦,此後至逝世十五年間寓居汴洛講授《文選》,弘揚其《文選》學。胡耀震(2008 年)通過對比史料記載指出,李善寓居汴、鄭期間對《文選》注進行了修訂,因此才有了 "四注本" (胡耀震,第 134 頁)。可想而知,長期在北方活動並且晚年定居洛陽講學、修訂文稿的經歷使其音注逐漸褪去了南方色彩,因此張渭毅(2012 年)和張潔(1999 年)判定李善音系屬於洛陽音是合理的。

　　李華斌(2013 年,第 631 頁)指出李善音注中 "魚、虞混切 2 例,二者有音注 185 條,混切率 1.1%,因而魚、虞分立。模與魚、虞不混切,表明一等與三等韻界限分明"。可見李善音注中魚、虞、模三韻字作反切下字時是分用不混的。

　　何超,生平不詳。邵榮芬(1981 年,第 103 頁)指出何超爲洛陽人,其撰寫的《晉書音義》成書時間不晚於天寶六年(747),代表了 "八世紀中葉洛陽語音的概貌"。關於其音注的語音系統,主要的研究成果有大島正二(1973 年)和邵榮芬(1981 年)。大島正二發現何超的音注 "可以看到顯示遇攝魚、虞兩韻通用的例子"[①](1973 年,第 195 頁),邵榮芬(1981 年,第 116 頁)則全面分析了何超的音注,認爲 "魚、虞兩韻平聲共 116 切次,能系聯的 94 切次,占 81.03%,《音義》魚、虞兩韻顯然已經混並"。可見何超已經不能分辨魚虞兩韻。

四、從對音材料看中古中原方言的遇攝

　　反映中古中原音的對音材料主要有玄奘(602 ～ 664)、義淨(635 ～ 713)和菩提流志(？～ 727)的梵漢譯音。

　　施向東(1983 年)研究了玄奘的對音文獻,發現模虞韻字既可以對 o 也可以對 u,其中 u 的出現頻率較高。魚韻字僅僅出現三次:祛 a 如 a 禦 o 絮 u,表現出很強的不一致性。針對模虞兩韻的情況,施向東指出 "凡是舊譯以尤侯韻字譯 u 元音的,玄奘一律斥其 '訛也',而改用模虞韻字,可知唐初中原方言模虞的元音已是 u,尤侯的元音則不再是

---

① 原文爲 "遇攝の《魚》《虞》両韻の通用を示す例が見える"。

u 了。"

再看義淨對音。柯蔚南（1991 年）指出義淨的口語代表了唐中原方言東北部的口音，隨後又對義淨譯《佛説大孔雀咒王經》和《金光最勝王經》等文獻進行了考察，我們把相關對音摘録如下：

模韻：烏 o 烏 u 羅 ɑ 睹 o 柱 u 睹 o 補 u 嚕 u 盧 o 蘇 u 奴 ɑ 蘇 u 怖 u 魯 u 怖 u 呼 o 魯 u 魯 u 杜 o 度 yo

虞韻：拘 u 矩 u 輸 o 輸 u 瑜 u 瑜 u 瞿 o 瑜 o 矩 u

他考察的材料裏没有出現魚韻字，而最近王思齊（2017 年）對義淨譯《佛説大孔雀明王經》的對音進行了分析，發現出現一例魚韻字 "舉" 用於對譯 ko。

柯蔚南（1991 年）在分析遇攝對音時發現遇攝多對 [u]，但也有對 [o] 的，他認爲虞韻在義淨口音裏接近 u（"u-like"）、模韻接近 o（"o-like"），他對虞韻的看法和施向東（1983 年）是一致的，但是對模韻的看法略有不同。

最後再來看菩提流志對音。李建强（2015 年）對菩提流志譯《不空羂索咒心經》和《護命法門神咒經》兩份對音材料進行了研究，指出這兩份材料 "都是在洛陽所譯，具有大致相同的對音特點，都反映洛陽音"，並且對遇攝的情況作了分析："梵文 u、ū、o 對模、虞韻系字，魚韻系字没出現。u 出現的次數多，可見模、虞韻系的主元音應該是 u……姥韻字 '弩' 要加上小注改讀麌韻才能對 niu，柱 丁庚反 對 -yu，虞韻字 '柱' 改讀姥韻才能對 ṭu，這都説明模虞二韻有別，姥韻無介音，麌韻有 i 介音。"

總結以上學者的分析，並結合本文的觀察，可以得出兩個結論：1. 模韻在 o、u 之間，且没有介音；2. 虞韻的主元音高化到了 u，且有 i 介音。

以上討論着重虞模兩韻，對魚韻的情況着墨不多，因爲魚韻字出現次數實在太少，如上所述，柯蔚南（1991 年）和王思齊（2017 年）總共找出了祛 ghɑ、如 nyɑ、禦 ṅgo、絮 syu、舉 ko 五組魚韻的譯音。從時代來看當時魚韻不應當念低元音，"祛 ghɑ" 和 "如 nyɑ" 當是遵從舊譯的結果，可以抛開不談。禦 ṅgo、絮 syu、舉 ko 則反映中原方言的魚韻字主元音近似 [o][u]，但總體上譯者很少使用魚韻字去對 [o][u]，説明魚虞兩韻並不相同，否則出現次數不會如此懸殊。可以據此做出兩個推斷：第一，此時（6 ~ 8 世紀前期）的中原方言裏魚虞兩韻並没有相混；第二，魚韻的主元音近似 [o][u]，但由於其他因素的影響，導致魚韻字的出現次數少於虞、模兩韻字。

五、對材料的總結與音值構擬

（一）對材料的總結

本文使用了三種材料：1. 對音；2. 音注；3. 韻文。這三種材料裏，韻文時間跨度最長，連續性最強，從北朝詩文用韻材料（約 3 ～ 6 世紀末）一直到晚唐詩歌用韻，覆蓋了上古末期至中古晚期的時間範圍，其間魚虞模三韻的關係呈現出三個演變階段：北朝詩文用韻材料中魚虞模三韻通押；張說（667 ～ 730）等人的詩歌用韻中魚韻獨立，而虞韻與模韻通押不分；初唐直至晚唐的古體詩用韻中魚虞模三韻通押不分，前文將這種表現稱作“夾心”格局。

本文以韻文材料的表現爲參照系，將其他材料也統合進來。大致來説，北朝詩文用韻材料與河洛音注材料（約 3 世紀～ 479）是重合的，反映了漢末魏晉至北朝時期中原地區的語音情況；玄奘（602 ～ 664）和義淨（635 ～ 713）對音、李善（約 620 ～ 690）音注、張說（667 ～ 730）等詩歌用韻反映了初唐中原地區的語音；朴柔宣（2001 年）的考察範圍從初唐直至晚唐，既包含了胡安順（2004 年）的考察範圍，又將時間綫承接了下去，顯示了盛唐以後的語音面貌，而何超《晉書音義》反映了 8 世紀中葉即盛唐時期洛陽方言的語音面貌，可以與朴柔宣（2001 年）相互參照。

我們把上述三個階段製成表一，如下所示：

表一　中原地區魚虞模韻的分合表現

材料及時代 / 魚虞模關係	韻文	音注	對音
第一階段	魚＝虞＝模	魚≠虞≠模	
第二階段	魚≠虞＝模	魚≠虞≠模	魚≠虞≠模
第三階段	魚＝虞＝模	魚＝虞≠模	

前輩學者在討論魚虞模的關係、尤其是魚虞兩韻分合的問題時，也會比較這三韻在不同材料中的表現。不過多數學者往往會默認不同的材料表現出的分與合是同性質的。比如羅常培（1931 年）着重以用韻中魚虞兩韻的分合推測韻書魚虞兩韻的分韻依據，並且結合《顏氏家訓》等文獻資料對魚虞兩韻的討論來論證這一問題；潘悟雲（1983 年）也沿襲了這一做法，從洛下詩人魚虞同用而南方（江南）詩人魚虞分用的情況來推測《切韻》音系魚虞分韻的依據。

這種比較方式的確能夠解釋其所用的材料，但是本文認爲還可以從另一個角度進行比較。本文考察範圍内的材料反映出的韻類分合起碼有兩種性質,一類是韻文,漢語的押韻習慣一般是押韻基,而不管介音的異同,因此從這類材料當中看不出介音的情況,這類材料反映出的分合實際上是韻基的分合;另一類則是音注和對音,這兩類材料對介音都有較爲嚴格的對應要求,不能像韻文材料那樣直接忽略掉。所以,這兩類材料反映出的魚虞分合關係是不一樣的:第一類材料中,魚虞通押不一定意味着魚虞兩韻相混,只能説這兩韻的韻基(rime)相同,但完全可能憑藉不同的介音而分立;後一類材料中,魚虞兩韻的分用或混用才真正意味着這兩個韻是不同或相同的音節(syllable)。

　　有了這樣的認識,就可以對表一進行具體分析了。在第一階段中,韻文材料魚虞模三韻通押,而音注材料裏三韻分用不混,這説明三個韻有着不同的介音、相同的韻基。我們用 M 代表介音,V 代表主元音,那麼第一階段魚虞模三韻的應當有 M_1、M_2、M_3 三個介音和共同的主元音 V,三韻的關係可以表示爲:魚 M_1V,虞 M_2V,模 M_3V。

　　在第二階段中,音注和對音材料魚虞模三韻仍然不相雜厠,然而韻文材料卻顯示魚韻獨用、虞模兩韻通押。就虞模兩韻而言,在音注和對音材料中不相混,而在韻文材料中通押,與上一階段的狀態別無二致,説明這兩韻仍然保持介音不同、主元音一致的關係;魚韻獨用,顯示其主元音與虞模兩韻不相同。介音的狀態無從知曉,不妨默認没有發生變化。因此,第二階段這三韻應當有 M_1、M_2、M_3 三個介音和 V_1、V_2 兩個主元音。魚虞模三韻在這一階段的關係可表示爲:魚 M_1V_1,虞 M_2V_2,模 M_3V_2。

　　到了第三階段,韻文材料的表現又回到了第一階段:魚虞模三韻通押不分。然而音注材料魚虞兩韻相混的表現提醒我們,第三階段和第一階段魚虞模三韻的通押具有不同的内涵:從韻與韻之間的關係來説,第一階段魚虞通押、音注不混反映了當時魚虞兩韻有相同的主元音、不同的介音,而第三階段的魚虞通押、音注也相混則不僅僅意味着兩個韻有同樣的主元音了,進而還反映了魚虞兩韻在介音上也没有了分别,完全變成同一個音節了。因此可以判斷最遲在 8 世紀中期中原地區的魚虞兩韻關係又發生了新的變化,混同成了一個韻。至於模韻,它與魚虞兩韻通押,但是在音注材料中不相混雜,説明其主元音與魚虞兩韻一致,但是介音上有所區别。因此,此時這三個韻應當有兩組介音 M_1、M_2 和共同的主元音 V。魚虞模三韻在這一階段的關係可表示爲:魚 M_1V,虞 M_1V,模 M_2V。

　　那麼我們將這三個階段魚虞模的關係歸納成表二,即:

表二　中原地區魚虞模韻的分合關係

階段 / 魚虞模關係	魚	虞	模
第一階段	M_1V	M_2V	M_3V

階段 / 魚虞模關係	魚	虞	模
第二階段	M_1V_1	M_2V_2	M_3V_2
第三階段	M_1V	M_1V	M_2V

　　從詩文韻部的角度來説,魚虞模三韻在第一個階段合爲一部,在第二個階段魚韻獨立出來,而虞模兩韻合成一部,而在第三階段這三韻又合成一部。

　　從《切韻》音系的角度來説,魚虞模三韻在第一和第二個階段都是有别的,到了第三個階段才合流成一個韻。

(二)音值的構擬

　　明確了三個韻在不同時代的分合關係後,我們就可以爲它們構擬出音值來。

　　先看第一階段。在引言我們就已經指出,遇攝主要來自上古魚部,該攝三個韻的主元音在上古都是 [ɑ],隨着元音的高化發展到了 [o]。朱曉農(2005年)指出這種高化的進程發生於西晉以後到北朝初期,也就是對應本文提出的第一階段,因此表二中第一階段三個韻共有的主元音應當是 [o]。那麼,三個韻的區別就落到了 M_1、M_2 和 M_3 這三個介音上。這三個介音的音值又應當如何構擬呢? 首先模韻很好解決,模韻是一等韻,與魚虞兩個三等韻有着洪細之别,那麼模韻應當没有介音,而魚虞兩韻都應該有一個 [ĭ] 介音;這一階段魚虞有别,那麼在中古漢語的介音系統裏,還有什麼介音可以用來區分這兩個韻呢? 就只剩下合口介音 [w] 了。魚韻在《韻鏡》中"諸本作開"(楊軍,2005年),虞韻則當爲合口,組成了相配的開、合兩轉,應當是這一 [w] 介音區别的反映。因此在這一階段,M_1 是 [ĭ],M_2 是複合介音 [ĭw],模韻没有介音,所以 M_3 是空值。

　　接下來是第二階段。這一階段介音的情況看不出有什麼變化,所以默認繼承了上一階段。但是主元音發生了分化,魚韻獨立成一部,虞模則變成另一部。根據元音高化的理論,可以推測顯然是其中有一部先行高化到了 [u]。從語音環境來看,虞韻的主元音 [o] 受到介音 [w] 的同化作用,更容易提前演變成 [u],這也與第四章關於虞模兩韻的第二個結論"虞韻的主元音高化到了 u"相吻合;從元音鏈移的角度來看,模韻處在歌→模→侯的鏈條上,歌韻進一步高化到了 [o] 以後就會把模韻推到 [u] 的位置;而魚韻既没有 [w] 這樣的語音環境,也没有來自低元音的推力(歌韻只有一等,歌部的三等韻在早期就前高化去了支部),所以高化速度落後於虞模兩韻。這一階段魚韻的主元音 V_1 是 [o],虞韻和模韻的主元音 V_2 是 [u];介音的情況則承接上個階段,不過虞韻的主元音已經是 [u] 了,所以 M_3[ĭw] 裏的 [w] 就直接與主元音 [u] 合流了,整體變成了 [ĭu]。

到了第三階段,魚虞兩韻已經完全相混了,變成同一個音節,這說明到了盛唐以後魚韻的主元音終於發生了高化,變成了 [u],於是與同爲三等韻的虞韻 [ĭu] 合流成一個韻。三個韻的主元音 V 相同,因此模韻則仍爲 [u]。這樣一來,這三個韻之間就不再有開合口韻之分,而只有洪(一等模韻)細(三等魚虞韻)之別了,形成了新的音系格局。

我們把上述討論歸納爲表三,如下所示:

表三　中原地區魚虞模韻的音值

階段 / 魚虞模關係	魚	虞	模
第一階段	[ĭo]	[ĭwo]	[o]
第二階段	[ĭo]	[ĭu]	[u]
第三階段	[ĭu]	[ĭu]	[u]

到了 15 世紀,蘭茂在《韻略易通》中將魚虞韻稱爲居魚韻,將模韻稱爲呼模韻,顯示此時 [ĭu] 變成了 [y],此後兩部的界限開始明晰起來,形成了 "合" 與 "撮" 的新對立格局,向着現代漢語的方向演進,至此終於打破了魚、虞、模三韻綿延千年的糾葛。

六、思考與總結

本文以時代順序分別梳理了韻文、音注和對音材料中魚、虞、模三個韻的關係,然後以將材料分成三個時間段,於是從縱向(根據時代順序)的梳理轉入了橫向(對同時間段內不同材料)的對比,並且注意到了不同的材料蘊涵了不同的比較意義(同樣的一種韻類分合表現,出現在韻文材料中和出現在音注、對音材料中的意義未必相同),隨後列出了音節代表式來解釋每個階段每種材料中魚虞模三韻相互之間的關係,讓同時時期不同材料中三韻的關係能夠自洽、調和。以上種種工作都是爲了研究清楚 "類" 的問題,"類" 的問題解決之後,就可以結合漢語語音史的發展過程和音理知識爲代表式擬出音值(見表三)。

韻類之間的關係(表二)和韻類的音值構擬(表三)已經是本文結論的一部分,但是本文的結論還包含另一部分,那就是用這一部分的結論去解釋漢語史上的一些現象。主要有兩點,茲列如下:

1. 羅常培(1931 年)認爲南北朝時期中原地區已經不能區分魚虞兩韻;潘悟雲(1983 年)則進一步指出,南方的金陵音由洛陽音發展而來,本身不分魚虞兩韻,因爲從曹魏時代的詩歌用韻來看當時的中原人就已經魚虞通押了;但衣冠南渡後中原音受到了古江東

方言的影響,這兩個韻又變得可分。而根據本文的考察,中原地區魚虞兩韻的相混並沒有那麼早;

　　2. 中原音在中古時期具有特殊地位,對《切韻》音系的性質以及《切韻》的分韻依據問題都有重要的參考意義。陳寅恪(1948 年)認爲金陵洛下皆以洛陽音爲正音,是語音優劣的"衡度之標準","切韻之語音系統,乃東晉以前之洛陽舊音",而潘悟雲(1983 年)指出《切韻》音系不可能代表'洛陽今音'(指《切韻》時代),也不可能是'洛陽舊音',因爲不論是《切韻》時代的洛陽音,還是更早一些的洛陽音都是魚、虞不分的'"、"《切韻》的魚、虞分韻主要反映當時建康的書音特點,但是早期的建康書音也是不分魚、虞的,大概從劉宋開始,在古吳地方言的影響下魚、虞才開始分爲兩類"。然而根據本文的考察,中原方言從漢末魏晉時期一直到唐朝初期魚虞兩韻都是不混的,所以如果按照陳寅恪的看法,認爲金陵的讀書音系統源自西晉末北人南下帶來的洛陽音,那麼這種語音最初就是能夠分魚虞兩韻的,僅這一點來看和《切韻》的分韻方式是完全相符的,並不存在矛盾,不需要借助吳方言的影響;此外,我們知道《切韻》韻目有一個特點,那就是音值相近的韻目會使用同一聲母,張樹錚(1994 年)和平山久雄(2021 年)都指出了這一點,後者將這種現象稱爲"《切韻》'平聲鄰接同母韻組'第 2 小韻亦同母原則"。而在前言部分我們提到,很多學者將魚韻念開口的現象上推到了古江東方言,倘若金陵音的魚韻受到了古江東方言的影響念成開口的 [i][ɯ][e][ɛ] 等形式,那麼就不會和虞韻共用疑母字作爲韻目字、和圓脣音的虞模兩韻排在一起了,而是會和不圓脣的止攝支、脂、之韻並列一處,共用章組字(比如"諸")作爲韻目字。因此,基於以上兩個理由,可以推測《切韻》音系魚虞兩韻的關係和中原方言有着相同的格局[①],其分出魚虞兩韻和古江東方言沒有關係。

參考文獻

(日)白川実子　《浙南吳語に見る魚韻の歴史的層分けについて》,《開篇:中國語學研究》2007 年第
　　26 編

蔡　鴻　《魏晉河洛音注研究》,南京大學博士論文 2005 年

陳寅恪　《從史實論切韻》,《北京大學五十周年紀念論文集》(文學院第十二種)1948 年

陳忠敏　《方言間的層次對應——以吳語虞韻讀音爲例》,《閩語研究及其與周邊方言的關係》,中文大學
　　出版社 2002 年

---

① 審稿專家指出西晉末年洛陽遭兵燹之厄,且發生過語言斷層,據此應當認爲西晉後的洛陽音不再有資
　格成爲《切韻》音的基礎方言,可見《切韻》分立魚虞兩韻時參考的的確不是"洛陽今音",而應當是洛
　陽舊音或者繼承了洛陽舊音且(至少魚韻)沒有"南染吳越"的建康音。

────　《吴語及鄰近方言魚韻的讀音層次──兼論金陵切韻魚韻的音值》,《語言學論叢》第 27 輯,商務印書館 2003 年

────　《論閩語魚韻的讀音層次──兼論層次分析與層次比較的方法》,《語言研究集刊》第 9 輯,上海辭書出版社 2012 年

(日)大島正二　《晉書音義音韻考》,東洋學報 1973 年第 56 卷

────　《唐代南方音の一樣相:李善〈文選〉音注に反映せる江都字音について》,《北海道大學文學部紀要》1977 年第 1 期

(日)富永一登　《李善伝記考》,《広島大學文學部紀要》1996 年第 56 卷

郭　玲　《基於方言地理學的魏晉南北朝韻部發展研究》,西南交通大學碩士論文 2017 年

胡安順　《唐代洛陽詩人用韻考》,《慶祝〈中國語文〉創刊 50 周年學術論文集》,商務印書館 2004 年

胡耀震　《李善年譜》,《〈文選〉學與楚文化──紀念李善逝世 1317 周年國際學術研討會》,武漢出版社 2008 年

華學誠　《周秦漢晉方言研究史》,復旦大學出版社 2007 年

(美)柯蔚南　《義淨梵漢對音探討(英文)》,《語言研究》1991 年第 1 期

羅常培　《切韻魚之音值及其所據方音考:高本漢切韻音讀商榷之一》,《歷史語言研究所集刊》1931 第 3 期

李　榮　《切韻音系》,中國科學院 1952 年

李　藍　《現代方言中魚虞的音讀及相關的音韻問題》,《歷史語言學研究》2012 年第 5 輯

李華斌　《昭明文選音注研究──以李善音注爲中心》,巴蜀書社 2013 年

李建強　《菩提流志譯〈不空羂索咒心經〉〈護命法門神咒經〉咒語對音研究》,《語言研究》2015 年第 2 期

劉澤民　《客贛方言歷史層次研究》,上海師範大學博士論文 2004 年

馬德强　《魚虞有別與中古江東方言的關係之檢討》,《語言研究集刊》第 5 輯,上海辭書出版社 2008 年

────　《魚虞分合的區域差異及其參照價值之檢討》,《古漢語研究》2020 年第 1 期

潘悟雲　《中古漢語方言中的魚和虞》,《語文論叢》第 2 輯,上海教育出版社 1983 年

────　《吴語中麻韻與魚韻的歷史層次》,《閩語研究及其與周邊方言的關係》,中文大學出版社 2002 年

────　《吴語魚韻的歷史層次》,《東方語言學》2009 年第 2 期

朴柔宣　《唐五代河南詩人用韻研究》,南京大學博士論文 2001 年

(日)平山久雄　《中古漢語魚韻的音值──兼論人稱代詞"你"的來源》,《中國語文》1995 年第 5 期

────　《〈切韻〉"平聲鄰接同母韻組"第 2 小韻亦同母這條規則的意義》,《語苑探賾──慶祝唐作藩教授九秩華誕文集》,商務印書館 2021 年

(日)秋谷裕幸　《閩語における魚韻について》,《中國文學研究》1996 年第 22 卷

────　《早期吴語支脂之韻和魚韻的歷史層次》,《中國語文》2002 年第 5 期

邵榮芬　《〈晉書音義〉反切的語音系統》,《語言研究》1981 年第 1 期

施向東　《玄奘譯著中的梵漢對音與唐初中原方音》,《語言研究》1983 年第 1 期

王　力　《漢語史稿》(上),中華書局 1980 年

王思齊　《〈佛説大孔雀明王經〉中的唐代北方方言韻母系統》,《古漢語研究》2017 年第 4 期

謝留文　《客家方言"魚虞"之别和"支"與"脂之"之别》,《中國語文》2003 年第 6 期

───　《贛語"魚虞有别"的層次》,《中國語文》2020 年第 4 期

楊　軍　《〈韻鏡〉所標"開合"及相關問題再研究》,《古漢語研究》2005 年第 2 期

周法高　《切韻魚虞之音讀及其流變》,《史語所集刊》第 13 本,1948 年

張　潔　《李善音系與公孫羅音系聲母的比較》,《中國語文》1996 年第 6 期

張渭毅　《中古音分期新論》,《漢語史學報》第 12 輯,上海教育出版社 2021 年

曾南逸　《論厦門、漳州、潮州方言魚韻字的讀音層次》,《語言學論叢》第 48 輯,商務印書館 2013 年

鄭　偉　《吴語音韻史中白讀音的保守與創新──以虞韻 [*iu]、魚韻 [*i] 的兩項變化爲例》,《語言科學》
　　2011 年第 1 期

文獻語言學（20）:158～168,2025

明成化説唱詞話疑難詞校釋①

徐多懿

（湖南科技大學人文學院,湘潭,411201）

提　要:明成化説唱詞話是一批刊印於明代成化年間的珍稀民間説唱文學刻本,其中有爲數不少的疑難詞值得探討。本文認爲,詞話中的"番車"是一種古老的捕鳥器具;"杈杒掃帚"爲日常生活用具,用來臨時當作防衛武器;"打問"爲審問義,其含義不同於一般的詢問,當是明代新詞;用"龜山降水母"的典故,是爲了形容花關索和鮑三娘的武藝高超、打鬥激烈;"摑(鎇)"爲兵器名,各家校作"鐲、鎮、鎇"等均未爲妥當;"滴油箭"爲古代的箭名,詞話原文似有衍文。

關鍵詞:明成化説唱詞話;疑難詞;校釋

一、引言

　　明成化説唱詞話（以下簡稱爲"詞話"）是一批刊印於明代成化年間的珍稀民間説唱文學刻本,1967年出土於上海嘉定,現庋藏於上海博物館。詞話有刊本十六種②,共十七萬餘字。詞話在形制上分爲唱詞和説白兩大部分,唱詞隔句押韻,説白多方言俗語。作爲流傳於民間的説唱故事的腳本,詞話記録了當時最通俗俚白的語言,其中就有不少通行於宋元明時期的口語詞和俗語詞,口語化程度極高,是研究明代口語可靠的"同時資料",也是研究近代漢語的珍貴語料。

① 本文爲國家社科基金青年項目"基於明成化説唱詞話的明代吴語研究"（22CYY031）的階段性成果,同時得到湖南省語言資源研究基地資助。

② 本文在詞話的例證後皆注明例句來源篇目及頁碼。爲求簡潔,篇目名使用簡稱,爲方便查閲,頁碼參照臺灣偉文圖書公司影印本中所編頁碼。如《花》17",指例句來自《花關索傳》,頁碼爲第17頁。《花關索傳》四種簡稱爲《花》,《新編説唱全相石郎駙馬傳》簡稱爲《石》,《新刊全相唐薛仁貴跨海征遼故事》簡稱爲《薛》,《新刊全相説唱待制出身》簡稱爲《出》,《新刊全相説唱包龍圖陳州糶米記》簡稱爲《陳》,《新刊全相説唱足本仁宗認母傳》簡稱爲《仁》,《新編説唱包龍圖公案斷歪烏盆傳》簡稱爲《烏》,《新刊説唱包龍圖斷曹國舅公案傳》簡稱爲《曹》,《新刊全相説唱張文貴傳》簡稱爲《張》,《新編説唱包龍圖斷白虎精傳》簡稱爲《白》,《全相説唱師官受妻劉都賽上元十五夜看燈傳》簡稱爲《劉》,《新刊全相鶯哥孝義傳》簡稱爲《鶯》,《新刊全相説唱開宗義富貴孝義傳》簡稱爲《開》。

　　詞話自發現以來，已歷半個世紀有餘，其間有不少學者對詞話進行了整理和校勘。流傳最廣、影響最大的詞話整理本，當屬 1997 年中州古籍出版社出版的南開大學朱一玄先生校點本（以下簡稱爲“朱校本”）。該書的出版既有文獻整理之目的，也有文學普及的用途，因此其校點體例並不十分嚴格。除朱校本外，1989 年日本學者井上泰山、大木康、金文京、氷上正、古屋昭弘共著的《花關索傳の研究》（以下簡稱爲“日校本”）也是詞話研究的重要參考資料。日校本只對詞話中的《花關索傳》系列篇目進行了深入考察，並非詞話的完整校點本，但其對《花關索傳》進行了細緻的校注，校勘較爲精良，考證也比較可信，書後還附有《花關索傳》的影印全文，具有較大的參考價值。

　　總體而言，朱校本和日校本的出現，爲詞話研究提供了相當的便利，但這兩種詞話校點本都存在不少問題。將朱校本與影印本對照即可發現，朱校本中錯録、失校、誤校、標點有誤等現象爲數不少，日校本中也存在一些校勘方面的失誤。對這兩種詞話校本的校勘失誤進行修正，並進一步探討詞話校勘中的疑難問題，對詞話各方面的研究來説都極爲重要和迫切。因此，本文從語言學視角出發，討論詞話校勘中的一些典型疑難詞，以期對詞話的研究稍有裨益。

二、詞話疑難詞校釋

（一）番車

　　　小鶯聽得肝腸斷，急急將身著地飛。卻被獵人生良計，<u>番車</u>羅網捉鶯兒。頭濁水渾遭羅網，千思萬想好孤恓。（《鶯》627）①

　　“番車”，朱校本校改作“翻扯”，屬不明詞義的誤校。詞話中確有用“番”表示“翻”的情況。如《劉都賽上元十五夜看燈傳》：“三條肚帶牢拴繫，番身上了馬龍鱗。”《薛仁貴跨海征遼》：“薛太子，射不過，番身落死。”又同篇：“當初冤仇如山重，番作恩情似海深。”這些“番”字都表示“翻”。但朱校本校“番車”爲“翻扯”則失之。

　　“番車”又作“翻車”，最常見的意思是汲水用的水車。《漢語大詞典》“翻車”條：“東漢靈帝時始作。原是一種在河邊汲水用的機車，後經馬鈞改良，機件輕便，即後世常用的龍骨水車。《後漢書·宦者傳·張讓》：‘又作翻車渴烏，施於橋西，用灑南北郊路，以省百

姓灑道之費。'李賢注:'翻車,設機車以引水。'晉傅玄《馬鈞傳》:'居京師,都城内有地可以爲園,患無水以溉。先生乃作翻車,令童兒轉之,而灌水自覆,更入更出,其功百倍於常。'"近代漢語中此義也常見:

（1）緑桑糝箔開蠶食,白水翻車浸稻秧。（宋陸游《南堂晨坐》）

（2）翻車能沃槁,瀺灂可抽泉。（元王禎《圍田》）

以上兩例"翻車"都是指汲水的水車。"翻車"的另一義項則是"裝設機關掩捕禽鳥的器具"。詞話中"番車(翻車)"即指捕鳥的工具。原文前句説獵人生"良計",後句敘述捕捉鶯兒的方法,所以此處"羅網"及"番車"都是捕鳥工具。《爾雅·釋器》:"罧,覆車也。"郭璞注:"今之翻車也。有兩轅,中施罥以捕鳥。"郭璞爲兩晉時期之人,"翻車"是當時的口語詞。"番車"或"翻車"源自"覆車",是一種古老的捕鳥器具,至明代仍未消失。而"捕鳥工具"義的"翻車"在其他古代口語資料中似乎未見。詞話中的"番(翻)車"一例説明,直到元明時期口語中"翻車"還在使用,可以爲辭書補充語例。

（二）杴杷

　　　點起莊家軍一百,也有安童使唤人。人人手執槍和棒,個個杴杷掃帶(帚)根(跟)。（《花》8）

"杷",原書寫作"𣏖",朱校本徑録爲"耙",不確。《廣雅·釋器》:"渠挐謂之杷。"王念孫疏證云:"《方言》:杷,宋魏之間謂之渠挐,或謂之渠疏。郭注云:有齒爲杷,無齒爲杴。《説文》:杷,收麥器也。《急就篇》:捃穫秉把插捌杷。顏師古注云:捌、把①,皆所以推引聚禾穀也。捌與杴同。《六韜·軍用篇》云:螣爪方胷鐵杷,柄長七尺以上。"郭璞認爲"杴"爲無齒杷,是一種農具。後代字書亦多沿用這種解釋。《玉篇·木部》:"杴,兵拔切。無齒杷也。"《正字通·木部》:"杴,布納切。音八。《方言》:無齒杷。又垡具。俗作梛。"文獻中"杴"又可寫作"耙、杷、梛"等字形。

《説文·木部》:"杈,枝也。從木叉聲。""杈"本義爲樹枝,又表示收草的農具。《集韻·禡韻》:"杈,木枝衢也。一曰收艸具。""杈杷"一詞,則是指平整田地的農具。《集韻·卦韻》"杈":"杈杷,平田器。"文獻中也有"杈杷"的用例:

（3）梨樓、罷磨、桔橰、鐵鏵、收刈、磚礋、筶簹、掃帚、塗洒、鍬钁、杈杷、筹箕、栲栳、碓磑……（敦煌本《雜集時用要字·農田部》,Д x.2822）

———————

① 清嘉慶刻本、《皇清經解》本《廣雅疏證》皆作"把"。

（4）鐮剷麥秸鏟剗穗,权扒（朳）翻曬趁晴天。（清蒲松齡《日用俗字·莊農章》）

可見中古近代漢語中"权杴（耙/杷/鈀）"一般指農具。近代漢語階段,"权"和"杷"常作爲兩種不同的兵器,合稱"权杷（鈀）"。如:

（5）鉤鐮叉鈀如轉身跳打之類,皆是花法,不惟無益,且學熟誤人第一。叉、鈀花法甚多,剗去不盡,只是照俞公棍法以使叉鈀鉤鐮,庶無花法,而堪實用也。（明戚繼光《紀效新書》卷首）

（6）凡鈀、叉、棍,俱要長一丈二尺。蓋短兵須長用,庶可入長槍,每人解首一把。（《紀效新書》卷6）

"鈀、权"皆屬所謂"十八般武藝":

（7）一十八般武藝:茅、鎚、弓、弩、銃、鏈、撾、斧、鉞、竝、鞭、簡、劍、戈、戟、牌、棒、朳,共十八般。又云:叐、叉、錦繩、套索。（清唐訓方《里語徵實》卷下）

因此"权杴"從字面上來看有兩解:一爲農具,用於平整土地或鋤草之類;二爲兩種兵器。詞話中前句爲"人人手執槍和棒","槍、棒"皆爲兵器,後句"权杴"似乎也應該是兩種兵器。然再審語境可知,前文有"點起莊家軍一百,也有安童使喚人",拿"槍棒"和"权杴"的應當既包括"莊家軍",即守莊的衛士,也包括"安童",即僕從。顯然"莊家軍"當拿槍和棒,"安童"拿的則非兵器,而是日常生活所用的農具。此外,原書中有"掃帶（帚）根"①,"权杴"和"掃帚"分別是農具和生活用具,同時也常用爲隨身携帶的武器。二者連用的例子在明清小説中多見:

（8）那裏有一老者,帶幾個年幼的農夫,叉鈀掃帚齊來,問道:"甚麽人? 甚麽人?"（《西遊記》第21回）

（9）假若教我去鄉下化齋,他這西方路上,不識我是取經的和尚,只道是那山裏走出來的一個半壯不壯的健豬,夥上許多人,叉鈀掃帚,把老豬圍倒,拿家去宰了,醃着過年,這個卻不就遭瘟了?（《西遊記》第32回）

（10）那道士聞得此言,攔住門,一齊動叉鈀掃帚瓦塊石頭,没頭没臉往裏面亂打。（《西遊記》第45回）

---

① 朱校本作"掃帚跟"。"掃"字作"搻","帚"字實寫爲"帯",當是"帶"字,或爲誤寫。

（11）驚得那大小群妖，一個個丫鈀掃帚①，都上前亂撲蒼蠅。這大聖忍不住，赥赥的笑出聲來。（《西遊記》第 75 回）

（12）雖然没有甚麽堅甲利兵，只一頓叉把掃帚撺得那賊老官兔子就是他兒！（《醒世姻緣傳》第 32 回）

（13）你説往你娘家躲着，你薛家有幾個人？俺相家人多多着哩！我杖把掃帚的領上二三十個老婆尋上你門去②，我把那姓龍的賊臭小婦也打個肯心！（《醒世姻緣傳》第 60 回）

因此詞話中"杈杌掃帚"也是日常生活用具，用來臨時當作防衛武器。

（三）打問

　　　　張飛將軍，你轉去傳示荆王招討，交它還我哥哥廉康太子一命，不幹你事，不與你挑戰，只交荆王以來與我打問。（《花》35）

"打問"爲審問義，其含義不同於一般的詢問，而是帶有問責、審訊意味。這個用法目前最早用例見於明代，當是明代新詞，最初多用於審問案情、罪責。

（14）你們既打問明白，不分首從，便都拿去，依律凌遲處死。（《萬曆野獲編》卷 17）

（15）隨該錦衣衛將劉鐸、方景陽等，綁送北鎮撫司，打問成招。（《玉鏡新譚》卷 10）

（16）鎮撫司打問許念敬，招出盛世承、傳淑訓賄營情節。（《先撥志始》卷下）

（17）劉詔遂參如杞，立遣緹騎逮下詔獄，打問追贓，送刑部擬罪。（同上）

《花關索傳》中是説，廉苟爲哥哥廉康太子之死，找到荆王問責報仇。從文意來看，"打問"顯然有問責、審問的意思。宋艷君（2018 年）認爲《花關索傳》中的"打問"當校作"答問"。這個説法存在問題，因爲"打問"動作的發出者應該是"我"，即廉苟，宋文顯然忽略了"打問"前的"與我"。"與"在詞話中有多種用法，除了作爲給予類動詞以外，還有介詞用法，其語法意義也很豐富，可以表示"讓、替、給"等等。最常見的用法是引入受益對象，相當於"爲、替"。詞話中"與"還有一種不太常見的用法，即表示"讓"。"與我打問"的意思是"讓我審問"，這個"與+O+V"的小句中賓語爲後項動詞的施事成分，這一

①《漢語大詞典》"丫鈀"："叉草用的農具。"
②查《古本小説集成》所收清初刊本《醒世姻緣傳》，原書確爲"杖"，疑爲"杈"的形誤。

點和受益用法的 "與" 完全不同。"與" 字類似的用法還有：

（18）鬥得我的，與它（他）結爲夫妻；輸與我的，與我分屍萬叚（段）。（《花》14）

（19）早早説來，與我知道，我便與你討一性命。（《烏》331）

以上兩例 "與" 後賓語都是動作的施事者。因此 "與我打問" 中 "我" 是 "打問" 這一動作行爲的發出者，根據語意推斷 "打問" 不可能是 "答問"。

值得注意的是，審問義的 "打問" 後可以接賓語，即爲及物動詞。其中的 "打" 語義並未完全虛化，與近代漢語常見的 "打Ｖ" 類雙音節詞不同。"打Ｖ" 中的 "打" 經歷了較完整的語法化過程，"打" 已經脱離了原本的打擊義，成爲語義虛化的詞綴，從而使得 "打Ｖ" 詞化，如 "打探、打算、打唤" 等等[①]。"打問" 雖然成爲雙音節詞，但其中 "打" 的語義似乎還帶有逼迫之義，"打問" 的語境基本局限在拷問審訊類語境中，因此 "打" 並不是詞綴，而是帶有一定實義的語素，"打問" 可能是一個並列結構雙音節詞。由類似的構詞方式產生的詞語還有 "磨問"，也帶有審訊、盤問的意味。《漢語大詞典》"磨問"："仔細審訊；盤問。《元典章·刑部二·繫獄》：'司縣罪囚既係事發到官，必須磨問取責，追勘明白。' 元王仲文《救孝子》第二折：'爲甚的審緣因，再三磨問，也則是恐其中暗昧難分。'《三國演義》第二三回：'操再三磨問。平怒曰："我自欲殺汝，安有人使我來？ 今事不成，惟死而已！"'《水滸傳》第一一一回：'但有北邊來的人，須要仔細盤詰，磨問實情。'" 對比兩個詞語的使用情境可知 "打問" 與 "磨問" 詞義相似，"打問" 的語義不同於一般的詢問。

（四）黿山降水母

鮑氏三娘雙刀使，通紅変（變）了面皮門。關索也把槍來使，槍槍要殺女釵裙。一來一往打竜戰，一（二）你（來）二往鳳番（翻）身。三似黿山降水母，四如焚會（樊噲）定鴻門。（《花》18）

此段言鮑三娘和花關索打鬥的激烈場面，渲染二者武藝高超，不分伯仲。其中 "黿山降水母" 句頗費解。原書 "黿" 字寫作 "𪓽"，似爲明清時的俗體寫法，明代刊本作品中常見，如《明清小説俗字典》引明刊本《西洋記》第43回有 "𪓽"，清刊本《繡鞋記》第20回寫作 "𪓷"，等等。"黿山降水母" 當出自古代傳説故事，見於古代史書、筆記中所記 "無支祁" 之事。"無支祁" 爲古代傳説中的水怪，常在淮水興風作浪，後大禹治水時將其降

---

① 關於 "打Ｖ" 中 "打" 的語法化，可參看祝建軍（2004年）。

服,把"無支祁"放在淮陰龜山。

> 淮渦水神名無支祁,善應對言語,辨江淮之淺深,原隰之遠近。形若猿猴,縮鼻高額,青軀白首,金目雪牙,頸伸百尺,力踰九象。搏擊騰踔,疾奔輕利,倏忽聞視不可久。禹授之章律不能制,授之烏木由不能制,授之庚辰能制。鴟脾、桓胡①、木魅、水靈、山妖、石怪,奔號聚遶以數千載。庚辰以戰逐去,頸鎖大索,鼻穿金鈴,徙淮陰之<u>龜山</u>之足下,俾淮水永安流注海也。(《太平廣記》卷467)

從宋代開始,在佛家僧人中,大禹降服無支祁的故事演變成了泗州大聖僧伽鎖水母,故事主體開始宗教化:

> 而釋氏乃以爲泗州僧伽之所<u>降水母</u>者,惟僧伽以觀音大士應化於過去,阿僧祇刼值如來三慧門入道,以音聲而爲佛事,現化此土,如李邕之三碑,蔣之奇所傳三十六化近是。而水母之事非也。(宋羅泌《路史》卷46)

《中國古代小説總目》著録《大聖降水母》:"(元)佚名撰。明朱藩《山帶閣集》卷三十三《跋姚氏所藏大聖降水母圖》云:'丙申(嘉靖十五年,1536)夏,客金陵,於友人几上,見元人《大聖降水母小説》,甚奇,爲讀一過。乃今葵谷贊府視此圖,云李龍眠所作變相種種,較之小説益奇矣。'但小説内容不詳。元高文秀有《泗州大聖鎖水母》,明初須子壽有《泗州大聖渰水母》雜劇,《寶文堂書目》著録有《泗州大聖降水母》雜劇,均佚,當同一題材。"②可見,這個故事自宋以來流傳極廣。到《醒世恒言》中仍然有泗水鎖水母的傳説:

> 薛少府在亭子裏坐了一會,又向山中行去。那山路上没有些樹木蔭蔽,怎比得亭子裏這般涼爽,以此越行越悶。漸漸行了十餘里,遠遠望見一條大江。你道這江是甚麼江?昔日大禹治水,從岷山匯出岷江。過了茂州盛州地面,又匯出這個江水來,叫做沱江。至今江岸上垂着大鐵鍊,也不知道有多少長,沉在江底,乃是大禹鎖着應龍的去處。元來禹治江水,但遇水路不通,便差那應龍前去。隨你幾百里的高山巨石,只消他尾子一抖,登時就分開做了兩處,所以世稱大禹叫個"神禹"。若不會驅使這樣東西,焉能八年之間,洪水底定?<u>至今泗江水上,也有一條鐵鍊,鎖着水母。其形似彌</u>

---

① 文淵閣本《太平廣記》脱"胡"字,據文淵閣本宋代羅泌《路史》卷四十六"無支祁"相關記載補,檢諸其他異文,亦多作"桓胡"。

② 參看石昌渝(第37頁)。

猴一般。這沱江卻是應龍,皆因水功既成,鎖着以鎮後害。豈不是個聖跡?

明清白話小説中常用"泗州降水母"的典故,不過已經開始不再關注故事中治理水患、降服水怪等要素,而是用來形容武藝高超神勇或打鬥場面激烈:

(20)怎見得:兩邊鼓響震天雷,就地鑼鳴如霹靂。人馬軍前捨命爭雄,刀槍練磨,惡似那如來會下哪咤,搖動五方旗;氣影相迎,猶如那<u>四州大聖降水母</u>。釘擦釘,雙摩皓月;甲蹭甲,對射銀山。(《殘唐五代史演義傳》第 38 回)

(21)雲生四野,霧漲八方,搖天撼地起狂風,倒海翻江飛急雨。雷公忿怒,倒騎火獸逞神威,電母生嗔,亂掣金蛇施聖力。大樹和根拔去,深波徹底捲乾,若非灌口斬蛟龍,疑是<u>泗州降水母</u>。(《水滸傳》第 52 回)

(22)弟子無依無倚,故來拜請菩薩,大展威力,將那<u>收水母</u>之神通,拯生民之妙用,同弟子去救師父一難! (《西遊記》第 66 回)

《花關索傳》中使用"龜山降水母"的典故,也采用元明時期"泗州降水母"的表達習慣,形容花關索和鮑三娘的武藝高超、打鬥激烈。

(五)撾(撾)

> a.打將飛**撾**拈在手,覷看花關索一人。(《花》19)
>
> b.三娘颩起金**撾**去,來打花關索一人。(同上)
>
> c.三娘空把金**撾**打,射斷飛**撾**上面繩。(同上)

以上朱校本皆作"鐲"字,原書字形各不相同。a、b 中似爲"錤"字。姚偉嘉(2008年)即把 a、b 中的字形釋讀爲"錤"。《玉篇·金部》:"錤,渠基切。鎡錤也。"《廣韻》:"鎡錤,鋤別名也。"從詞義上説,"錤"是一種農具,與原文不合,釋爲"錤"欠妥。c 中的前一字形爲"**鐲**",似爲"鐲"字,後一字作"**撾**",似爲"撾"字。姚偉嘉(2008年)認爲後一字是"鎚"字,並指出"鎚"即流星鎚,是一種暗器。宋艷君(2018年)則認爲以上字形都是"鐲"。

首先從字形上來看,只有 c 中前一字形似"鐲",其餘諸字都不是"鐲"字,而且從字義上看"鐲"也不符合文意。因爲"鐲"在古代指的是軍中的樂器,或手、腳上的環形裝飾品[1]。日校本指出了這些字都應該讀爲"撾"。c 中的後一字即爲"撾",該字形的右邊構件"過"的簡體寫法"过"與"其"字形相似,所以 a、b 中的兩字都是由"撾"訛寫而來的。

---

① 參看《漢語大詞典》"鐲"字條。

《方言》第五：“刈鉤，江淮陳楚之間謂之鉊，或謂之鐹；自關而西或謂之鉤，或謂之鎌，或謂之鍥。”其本義爲鐮刀之類的器具。又可寫作“撾”字，同樣可以表示兵器。《玉篇·手部》：“撾，陟瓜切。打鼓也。”“撾”本義爲打鼓或打擊，後借用爲兵器名。《漢語大詞典》“飛撾”：“古代兵器。《武備志·器械三·飛撾》：‘用淨鐵照式打造。若鷹爪樣，五指攢中，釘活，穿長繩繫之，始擊人馬，用大力人丟去，著身收合回頭，不能脫走。’”

文獻用例有：

（23）衆將番官痛嚎咷，壁上飛撾血未消，堦下枉拴龍駒馬，帳前空掛虎皮袍。（《鄧夫人苦痛哭存孝》第四折）

（24）鉤鏈月斧皆堪用，鞭鐧撾鎚更不拘。銅弰鐵弝弓彎面，鈹鏃鵰翎箭滿韴。（《日用俗字·兵器章》）

c 中，前一字寫作“鐲”，有可能是刻工文化水平較低，不識“撾（鐹）”字，將其誤刻。

（六）滴油箭

劃叉（鏵車）弩，一滴**沭**，駕前起發；欽（鐵）胎弓，狼牙箭，擺列魚林（鱗）。（《花》51）

“**沭**”，朱校本作闕字處理。張社列、潘可可、宋艷君（2017 年）説：“‘沭’ 字本爲 ‘溜’ 字之訛。‘滴溜’ 方言中意爲 ‘提、提起’，……此句大意爲 ‘一拿起劃叉弩便出發’。”據張小平（2012 年）考辨，“滴溜”在近代漢語中常見詞義有“明亮貌；圓貌；旋轉、滾動貌”。馮春田（2001 年）則指出表示提、拎義的“提溜”和“滴溜”大概在元明時期形成，但其通行區域主要是明代的北方地區。如《醒世姻緣傳》具有山東方言背景，就用“滴溜”表示提着。明代沈榜《宛署雜記·民風》是記錄明代北京話的筆記，其中説：“‘提’曰‘滴溜着’。”在《西遊記》《六十種曲》和“三言二拍”等具有南方方言色彩的作品中，“滴溜”基本都是形容旋轉、滾動的樣子，與早期“滴溜”的語義一致。這説明明代的南方話中“滴溜”還不具有“提”這一詞義。這與詞話的南方方言背景是違背的，因此不能把“**沭**”釋爲“溜”，原文也不可作“滴溜”解。

“**沭**”，日校本校爲“油”，“滴油”解釋爲“滴油箭”，甚確。“滴油箭”爲古代的箭名，李天鳴（第 1930 頁）在“滴油箭”批注中指出這是弩箭。這正可與前面“劃車弩”相對。

（25）若軍器，則滴油箭一萬二千隻，長槍一百二十八條，腰刀一百七十柄，弩二百枝……（南宋吳潛修，梅應發、劉錫纂《開慶四明續志》卷 6）

（26）箇些子,過如滴油箭,稍自眼力不到,喪身失命無疑矣。（宋妙源編《虚堂和尚語録》卷 4,47/1011c）

詞話中"**㳑**"與"油"左邊都是"氵",右邊構件分別爲"内"和"由",字形相似。"一"字疑爲衍文,原文本應作"滴油箭"。

三、結語

本文考釋了詞話中的一些疑難詞,糾正了朱校本和日校本的相關校注失誤,而詞話校釋中的疑難字詞遠不止於此。例如《石郎駙馬傳》中有:

（27）天子見奏,或（忽）然失驚,續忙聚集文武兩班,天子便問安邦上將,無人敢應。（《石》132）

"續忙"從語義上看似乎爲"急忙"之義,但"急"和"續"的字形和語音都有差別,不知"續忙"究竟作何解。

又如《花關索傳》中的"吞"字,詞義難明:

（28）少年關索心中悶,使動黄竜槍一根。二個將軍爭高下,一番一復用幾吞? 各呈（逞）英雄施武義（藝）,没個輸來没個寅（贏）。（《花》13）

詞話的篇幅雖然不大,但涉及的詞彙、語音、語法、文字問題十分廣泛,具有極高的研究價值。詞話的研究尚有廣闊的空間,留待我們繼續探索。

參考文獻

馮春田 《〈醒世姻緣傳〉方言詞例説》,《文史哲》2001 年第 4 期
（日）井上泰山、大木康、金文京、氷上正、古屋昭弘 《花關索傳の研究》,（東京）汲古書院 1989 年
李天鳴 《宋元戰史》,食貨出版社 1988 年
石昌渝 《中國古代小説總目》（白話卷）,山西教育出版社 2004 年
宋豔君 《〈明成化説唱詞話叢刊·花關索傳〉校點失誤分析》,河北大學碩士學位論文 2018 年
偉文圖書出版社有限公司編輯部 《明成化説唱詞話叢刊》,偉文圖書出版社有限公司 1979 年
姚偉嘉 《明成化本〈花關索傳〉校釋與研究》,南京大學碩士學位論文 2008 年
曾良、陳敏 《明清小説俗字典》,廣陵書社 2017 年
張社列、潘可可、宋豔君 《〈花關索下西川傳〉校點失誤舉隅》,《保定學院學報》2017 年第 2 期

張小平 《“滴溜”詞義考索》,《漢語史學報》第 12 輯,上海教育出版社 2012 年

朱一玄 《明成化説唱詞話叢刊》,中州古籍出版社 1997 年

祝建軍 《“打 V”之“打”的語法化探析》,《古漢語研究》2004 年第 3 期

文獻語言學（20）:169～183,2025

《正月》釋義辯證一則^①

——兼考仇仇、仇讎之别

陳冠男

（北京語言大學文學院/北京文獻語言與文化傳承研究基地,北京,100083）

提　要:歷代以來諸家對《小雅·正月》"彼求我則,如不我得。執我仇仇,亦不我力"一句的詩意衆説紛紜,文章通過逐詞考辨提出新解:"他們貪媚諂求而我效法先祖先王之則,他們卻不友好地對待我。他們傲慢地拘持我,且不任用我。"文章重點考證了"仇仇"與"仇讎"誤解混用的原因,辨其語源,"仇仇"爲單語素的重言詞,表"傲慢貌"。

關鍵詞:詩經;訓詁;仇仇;仇讎;疊音詞

　　《小雅·正月》第七章:"彼求我則,如不我得。執我仇仇,亦不我力。"歷代注家對此句詩意之解衆説紛紜,僅"彼""則""仇仇"等關鍵字詞的訓釋就有多種觀點,其中句讀、虚詞亦存爭議。傳至現代,《詩經》的各類譯注本對此句的解釋仍然聚訟未定,粗略統計至少有六種説法之多,每種説法代入語境似乎都能講通,但不可能每種説法都正確,逐詞細究總覺於義未安,尤其"仇仇",字面普通,解釋卻五花八門。歷代注家對《詩經》詞句的解讀有不同程度的比附,或受時代的材料、語感限制,或出於解説方法、解説目的的不同。王力（1962年）説:"研究《詩經》的學者們往往着意追求新穎可喜的意見,大膽假設,然後以雙聲疊韻、一聲之轉、聲近義通之類的'證據'來助成其説。《詩經》以外,對别的古書在不同程度上也有類似的情況。假定這種研究方法不改變,我們試把十位學者隔離起來,分頭研究同一篇比較難懂的古典文章,可能得到十種不同的結果。可能這十種意見都是新穎可喜的,但是不可能全是正確的,其中可能有一種解釋是正確的。"孫玉文（2024年）在王力先生觀點的基礎上進一步總結到:"有可能這'十種不同的結果'都講得通,但也都可能講得不對。因此爲了確定古書的正解,必須區分講得通和講得對。"

---

① 本文得到中國歷史研究院"絶學"學科扶持計劃"古典文獻語言學"資助（2024JXZ002）。文章在撰寫過程中,有幸得到董志翹、梁慧婧等先生的幫助,並於第五屆文獻語言學青年論壇獲獎,蒙論壇評審專家提出中肯的修改意見,在此一並致謝。文中疏漏之處,責任在我。

　　要想"講得對",需要結合訓詁學與詞彙史,追溯語源,尋繹流變,綜合運用語言學的方法及形音義匹配的知識來解決"疑難字詞",出土文獻與傳世文獻並重,力爭還以正詁。

一、"彼"之訓釋

　　"彼"之訓釋舉其大端略有三種,歸類如下:

　　第一類釋"彼"作"周王",以鄭《箋》爲代表:"彼,彼王也。王之始徵求我,如恐不得我,言其禮命之繁多。"第二類將"彼"釋作"在朝之臣",李樗、黄櫄《毛詩李黄集解》:"然在朝之臣,其初求我以爲法則。"第三類將"彼"釋作"小人",嚴粲《詩緝》:"小人初用事,則以賢者有譽望而援引之,以美德聽。"(魯洪生,2015 年[①])其他存異觀點還有姜炳章《詩序補義》謂"彼"非今王,而是"先王",莊有可《毛詩説》注"彼"爲臣民等[②]。

　　後來"鄭説"成爲主流,今注譯本多從之。但我們認爲"彼"並非指"周王",應指那些把持朝政、散佈訛言的宵小、佞臣,理由有二:

　　一者,通過歸納"彼"在二《雅》中的辭例,發現"彼"作代詞指"他們、他"時,通常帶貶義色彩,含輕蔑語氣,用於指代小人,不會指上位者"王"。略舉語例如下:

　　(1)維**彼**愚人,謂我宣驕。(《小雅·鴻雁》)

　　(2)**彼**昏不知,壹醉日富。(《小雅·小宛》)

　　(3)**彼**童而角,實虹小子。(《大雅·抑》)

　　(4)維**彼**忍心,是顧是複。(《大雅·桑柔》)

　　(5)**彼**宜有罪,女覆説之。(《大雅·瞻卬》)

　　(6)**彼**譖人者,誰適與謀?(《小雅·巷伯》)

　　這些"彼"都含貶義色彩,指代的主體或愚蠢,或有罪,或昏聵,或心機深重,或狠毒,或悖理,總之不是尊敬、親近的語氣。以現代漢語比之也不難理解,當我們尊稱某個敬愛、親近之人時,不會用"那個、那些個"來指代。而《小雅》《大雅》本有刺政事得失、道德存亡之用,基於"彼"在二《雅》中的語義語用統計,"彼求我則"之"彼"應指那些小人、佞臣。

　　二者,結合《正月》全詩及所屬篇章的語境,《正月》屬《節南山之什》,《頌》《雅》諸

---

① 每類觀點僅舉一例爲代表,不贅舉相同説法,具體可參魯洪生(第 4964 頁)。

② 同上,姜炳章、莊有可的觀點,包括後文吳樹聲、何楷、張次仲、李樗、黄櫄、朱熹等注釋詩經的觀點皆轉引自魯洪生《詩經集校集注集評》第 8 册,不再重複標注。

篇原則上十篇一組,編爲某某之什,"十"假借作"什",表示"章"的意思(家井真,第352頁)。不同於《鹿鳴之什》這類歌頌太平盛世的正詩,《節南山之什》爲"變雅"詩,何爲"變雅"?《詩序》曰:"王道衰,禮義廢,政教失,國異政,家殊俗,而變風變雅作矣。"赫赫宗周發展至後期已是民不聊生、政治腐朽衰敗,西周後期的《詩》多爲怨刺之作,《小雅》自《六月》至《何草不黃》五十八篇,《大雅》自《民勞》至《召旻》一十三篇,皆屬於"變雅"範圍(黃節,第465頁)。《節南山之什》作於西周亂世,離"文武之治"已遠,所含十篇詩歌皆爲怨刺上位者任用小人、不聽善言,賢臣反遭讒毀,整"什"詩旨一以貫之,《正月》正與這樣的詩旨吻合。如第1節"民之訛言,亦孔之將"引出人以僞言相陷害,第4節"瞻彼中林,侯薪侯蒸"指朝中良莠不齊,小人當政;第5節説小人訛言變亂是非,以賢爲否,君臣渾渾噩噩皆自以爲聖;第6節直指那些"莠言自口"的小人是虺蜴!末節"佌佌**彼**有屋,蓛蓛方有穀"指責卑鄙小人有屋住,醜惡之徒多俸祿。

再對《正月》全詩中"彼"的用法逐例分析:

"召**彼**故老,訊之占夢"之"彼"指那些不敢言上之非、矯政之失,只敢人云亦云、粉飾太平的達尊舊臣之流。

"瞻**彼**阪田,有菀其特"之"彼"指崎嶇墝埆之處(荒蕪不治之田),隱喻亂世,"有菀其特"即獨其無朋,詩意言賢人在野,佞臣在朝。

"**彼**有旨酒,又有嘉肴。洽比其鄰,昏姻孔云"之"彼"指他們(那些小人)既有美酒,又有嘉肴,左鄰右舍拉關係,裙帶親戚相周旋。

"佌佌**彼**有屋"之"彼"受"佌佌"(小義)修飾,貶義色彩更加明顯,指那些卑鄙小人反而有屋住。

因此,"彼求我則"之"彼"應指那些佞臣小人,與全詩的詩意連貫一致、前後呼應。

二、詩眼之"則"

"則"爲此句"詩眼",歸納前賢觀點,略有四類:

第一類只解釋"彼求我"乃"王徵求我",跳過"則"字不訓,以鄭《箋》、孔《疏》爲代表,恐有"滅字解經"之嫌。第二類以"則"爲虛詞,吳樹聲《詩小學》:《廣雅·釋言》:'則',即也。"馬瑞辰《通釋》:"'則'字爲句末語助詞。"後世多從馬説。第三類以"則"爲"榜樣"義,如何楷《詩經世本古義》:"則,'其則不遠'之則,猶言求之以爲榜樣。"第四類訓"則"爲"法則",如范處義《詩補傳》:"今王始者欲求我爲法則。"今注本中只有向熹《詩經詞典》認爲此處"則"作動詞,義爲"效法、以爲法則",遺憾的是在《詩經譯注》

中又將 "彼求我則, 如不我得" 譯爲 "當初有事來相求, 惟恐把我請不到", 仍然遵循了前訓。

現代注家從 "則" 作無實義的虛詞之説最多, 這可能是受 "當代語感" 的干擾[①], 因爲現代漢語中 "則" 獨用時常作虛詞。而我們認爲 "則" 應訓 "法", 義爲 "效法、以爲法則"。理由有二:

一是從語法位置而言, "則" 在《詩》中作虛詞時, 皆位於句首或句中, 主要用法如下: 1. 作連詞表順承關係時, 相當於 "就", 如《小雅·出車》: "既見君子, 我心**則**降。" 2. 作連詞表讓步關係, 相當於 "雖然、即使", 常與 "雖" 連用, 構成 "雖**則**", 如《周南·汝墳》: "雖**則**如毀、父母孔邇。" 3. 作連詞表轉接時, 相當於 "卻、而", 如《大雅·雲漢》: "群公先正, **則**不我助。" 4. 作助詞無實義, 如《衛風·氓》: "淇**則**有岸, 隰**則**有泮。"

我們統計了《詩經》中所有含 "則" 的語例, 得出結論: "則" 作虛詞時不出現在句尾, 高本漢(第 534 頁)也認爲《詩》中 "則" 不曾用作無意義的語尾助詞, 與我們的統計結論相符。若將詩句的語法位置擬爲 "甲乙丙丁, 戊己庚辛", 那麼 "則" 作虛詞時只能出現在 "甲乙丙" 或 "戊己庚" 之位, 絶不能出現在 "丁、辛" 之位。處於 "丁 / 辛" 之位的 "則", 皆作實詞, 有名、動兩用, 名詞義爲 "法則、準則", 動詞義爲 "效法、以爲法則" (數據見表一)。

表一　《詩經》中 "則" 出現的位置及次數

"則" 所處的位置	"則" 作虛詞位於甲乙丙 / 戊己庚	"則" 作實詞位於甲乙丙 / 戊己庚	"則" 作實詞位於丁 / 辛	總計
出現次數	66	2	10	78

我們將 "則" 作實詞的語例盡列如下:

　　(7) 比物四驪, 閑之維**則**。(《小雅·六月》)

　　(8) 彼求我**則**, 如不我得。(《小雅·正月》)

　　(9) 不識不知, 順帝之**則**。(《大雅·皇矣》)

　　(10) 永言孝思, 孝思維**則**。(《大雅·下武》)

　　(11) 豈弟君子, 四方爲**則**。(《大雅·卷阿》)

　　(12) 敬慎威儀, 維民之**則**。不僭不賊、鮮不爲**則**。(《大雅·抑》)

　　(13) 天生烝民, 有物有**則**。仲山甫之德、柔嘉維**則**。(《大雅·烝民》)

---

① 關於 "當代語感" 的論述, 詳參汪維輝(2022 年)。

（14）伐柯伐柯，其<u>則</u>不遠。（《豳風·伐柯》）

（15）視民不恌，君子是<u>則</u>是效。（《小雅·鹿鳴》）

其中位於句尾的 "則" 皆作 "法則" "效法" 義，且都出現於二《雅》，這與《雅》言王政廢興的内容相契，蘇轍《詩集傳》："《小雅》言政事之得失，而《大雅》言道德之存亡。" 由此可初步推定此處 "則" 爲實詞。俞樾、林義光、高亨也察覺到《詩經》中 "則" 作虛詞不能位於句末的情況，改句讀爲 "彼求我，則如不我得。" 但這不僅不符合《詩經》四言韻文的格式，與此章韻腳也不合：

《小雅·正月》："瞻彼阪田、有菀其<u>特</u>。天之扤我、如不我<u>克</u>。彼求我<u>則</u>、如不我<u>得</u>。執我仇仇、亦不我<u>力</u>。"

"特、克、則、得、力" 押職部韻，"則" 雖屬奇數句，但《詩》中此類押韻現象並非偶例。王引之《經義述聞·古詩隨處有韻》下引王念孫曰：

古人之詩隨處可以用韻，非但用之句末，如後人作五七言之例已也。……覺古人之詩應律合節，觸處成韻，有非後人誦讀之所能盡者……"鴥彼晨風，鬱彼北林"，鴥、鬱爲韻，風、林爲韻。……此皆所謂同聲相應，同氣相求，而學者可以類推矣。譬之風行水上，自然成文，而非可以人力與焉者。昔之歌詩者莫不知之。

蔡偉《讀安大簡〈詩經〉劄記四則》認爲《詩》中韻同上述 "鴥彼晨風，郁彼北林" 之例者還有：

《周頌·絲衣》："絲衣其紑，載弁俅俅。"（絲、載爲韻，紑、俅爲韻）又："兕觥其觩，旨酒思柔。"（兕、旨爲韻，觩、柔爲韻）《魯頌·泮水》："角弓其觩，束矢其搜。"（角、束爲韻，觩、搜爲韻）《詩》中此類押韻現象絕非偶然。

再如《陳風·月出》，無論奇偶句，觸處成韻：

月出<u>皎</u>兮、佼人<u>僚</u>兮。舒窈<u>糾</u>兮、勞心<u>悄</u>兮。月出<u>皓</u>兮、佼人<u>懰</u>兮。舒憂<u>受</u>兮、勞心<u>慅</u>兮。月出<u>照</u>兮、佼人<u>燎</u>兮。舒夭<u>紹</u>兮、勞心<u>慘</u>兮。

《詩經》中的 "韻腳" 一般爲實詞，虛詞不作韻腳。既然 "克、得、力" 爲動詞，相應的 "則" 也應爲動詞。安大簡(二)《仲尼曰》引有此句："皮求我，若不我得。" 結合郭店楚簡《緇衣》、上博簡《緇衣》："皮求我則，女不我得。" 我們判定安大簡 "皮求我" 之後，丟失了

"則"。一説"則"因是語氣詞,安大簡才漏抄之,"則"雖與"哉"音近,但出土文獻中並無"則"字用作語氣詞"哉"的文例,所以排除"則"作句尾語氣詞的可能性。"則"之所以作動詞而非名詞的理由除韻腳外,從語義角度而言:"則"多爲上帝和祖宗之則,被效法和作爲榜樣的對象是王或最高統治者,臣民是效法、遵則的人。"彼求我則"若按名詞訓爲"周王以我爲法則或榜樣",不僅與辭例規律不符,也與周朝森嚴的等級禮法相違背,周王本身只可能作爲四方臣民之則,遵上帝、祖宗之則,君王怎能反過來以臣爲則? 由以上語法、語義、音韻之據,可以確定"彼求我則"之"則"爲動詞,而非虛詞,應解釋爲"效法、以爲法則"。

　　既然"彼"已確詁爲"小人佞臣","則"確詁爲"效法、以爲法則",那麽"求"再從前訓"求賢"則文意不通。此處"求"應釋爲"貪求、諂求",非"求賢"之"求",正如《大雅·桑柔》"維此良人,弗**求**弗迪。維彼忍心,是顧是複"意爲"這些心地善良之人,不求禄位不鑽營。那些忍心爲惡者,反復瞻顧求恩寵"。再如《邶風·雄雉》:"不忮不**求**、何用不臧。"《集傳》:"忮,害。求,貪。"

　　既然上句的"求"並非"求賢"義,下句的"得"自然也不是"得賢"義,將"得"理解爲"得賢"也與後文"執我仇仇"之"執"的"拘持、拘迫"義相斥,《説文·幸部》:"執,捕罪人也。"此處"得"應理解爲"相得、友善",正如《小雅·何人斯》:"爲鬼爲蜮,則不可**得**。"[1]"如不我得"即"如不得我",爲否定倒裝結構。綜上,"彼求我則,如不我得"應理解爲"他們貪媚諂求,我以先王先祖之法爲則,他們卻不友好地對待我"。

三、仇仇、仇讎之别

　　朱熹《詩集傳》解"執我仇仇,亦不我力"爲"執我堅固如仇讎然,然終亦莫能用也。"此説對後世影響頗深,以致《漢語大詞典》【仇仇】條下收"怨敵"義:"魯迅《華蓋集·雜感》:'這都是現世的仇仇,他們一日存在,現世即一日不能得救。'一本作'仇讎'。"然而,朱熹將"仇"訓爲"怨敵"義很可能是受到所處時代的語感干擾,兩宋時期"仇"的常用義爲"仇怨",將"執我仇仇"解作"待我如仇人"講得通,但並不對。

(一)"仇讎"是一個並列式複合詞

　　"仇仇"和"仇讎"是音義完全不同的兩個詞。"仇仇"是單語素的疊音詞,而"仇讎"是所含兩個語素音義有別的並列式複合詞。孫玉文(2013年)通過對古今漢語雙音詞的

---

① 見向熹《〈詩經〉詞典》"得"字條,屈萬里(2016年)亦作此訓。

定量分析得出結論：

　　<u>除了疊音詞，漢語雙音詞的兩個音節必不同音</u>，這是雙音構詞在語音上的系統性的表現。而疊音詞大多是表示具象狀態的形容詞，<u>在字形上，漢語疊音詞都寫作同一個漢字，凡是寫成不同漢字的詞都不是疊音詞，無例外</u>。這就在語音上使這兩類雙音詞區分開來，從而使得它們在使用過程中具有表意的明晰性。疊音詞兩音節讀音相同，聯綿詞兩音節大多同中有異、異中有同；合成詞兩音節儘量區別開，這也是漢語詞彙系統性的一種表現形式。

　　“仇”古音群母幽部（ɡǐəu），“讎”古音禪母幽部（zǐəu），發展至現代漢語同音是歷史音變和訓讀的結果，如“仇讎”一般兩個語素讀音相同的現代漢語雙音詞還有 22 個，如“轐軥、股骨、各個、決絕、祕密、陸路”等，從它們產生的時間或地域看，原來兩音節之間也不同音，後來演變或吸收到普通話後，才變得同音（孫玉文，2023 年）。

　　“仇”與“讎”本是兩個不同的詞，不僅讀音有別，語義也不同。《說文·人部》：“仇，讎也。”古書中“仇、讎”雖常互訓，但二者的語義發展脈絡、所含義位皆不相同，只在“怨敵”一個義項上同義，與“漢語史中沒有兩個音義完全相同的兩個詞”的規律相符。“仇、讎”的歷時字詞關係，已另起專文撰述，因篇幅受限此處僅以圖示呈現結論。

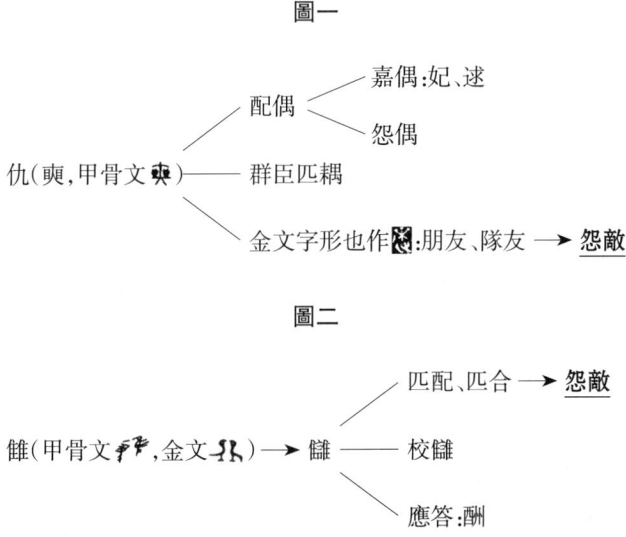

圖一

圖二

　　上古時期“仇”和“讎”一詞多義，獨用時很難確定具體語境中的含義，自西周時期起“仇、讎”開始連文成詞，相互限制以凸顯共同的義項“怨敵”，在實際運用中起到明晰別義的作用。戰國之前“仇”和“讎”字形無定，“仇”或作“㦟”，“讎”也作“戵”。

（16）先公之福,武公之穎,弋奏虎力,**逨雠**不答。（衛侯之孫書鐘）

（17）虔士奮甲,殿民之秀。方臧（臧）方武,克夑戠(仇)**戲**(雠)。（清華簡《耆夜》）

（18）君之**仇雠**,而我之昏姻也。（《左傳·成公十三年》）

（19）周文武所封子弟,同姓甚衆,然後屬疏遠相攻擊如**仇雠**,諸侯更相誅伐周天子,弗能禁止。（《史記·秦始皇本紀》）

董志翹（2024年）談到漢語中多音節（三音節以上）同義複用形式的起源時指出:

> 漢語詞從單音詞爲主到逐漸向雙音詞發展的過程中,出現了一類同義複用雙音詞的形式,這主要是因爲單音詞往往一詞多義,在某個語境中到底表達什麼意思,往往不易分辨。用一個具有某相同義位的單音詞與之組合,可以對其進行限制,使其在具體語境中能精確表義而不至含混。

"仇雠"正屬於這類同義複用形式,"仇、雠"兩個語素在語境中相互限制,起到精確別義的作用。上古時期與"仇雠"結構類似的並列式複合詞還有很多,如"疾病、饑饉、貧窮、視望"等,它們所含的兩個語素在並列結構中雖爲同義、近義關係,但分開獨用時是完全不同的兩個詞,音、義有別,來源、職用亦有異,且一詞多義,只是在詞義引申過程中由不同的路徑發展出了相同的義位。

孫玉文（2013年）從字形、讀音上提煉總結了非疊音式雙音詞的形成條件,並強調"雙音詞中尤其是並列結構的語音限制非常嚴格":

> 無論以單音構詞爲主的上古漢語,還是以雙音構詞爲主的後代漢語,都在刻意避免同形詞連用構成直接成分。單音節構詞爲主的時代,不同的詞要盡可能避免信息傳達的障礙,語音必然複雜一些;雙音節構詞爲主的時代,每一個雙音詞的兩個音節之間也必須保持盡可能的對立。非疊音詞前後兩個音節讀音不同,避免跟疊音手段混淆,從而排斥了非疊音的雙音詞兩音節同音現象的發生,加強了雙音詞使用的明晰性。

除疊音詞、音譯外來詞以外,漢語雙音詞所包含的兩個語素音、形、義都不同,並列語素之間無論同義、反義、類義何種關係,意義一定有別,這是非疊音式雙音詞的構詞規律。"仇、雠"二字音、形、義皆有別,具備條件構成並列式雙音詞"仇雠",與疊音詞"仇仇"相區別。自兩漢起,[仇][雠]兩個字形記錄的主要義項都爲"怨敵"義[1],其他職用有別,

---

[1] 文中[　]表某個字的字形,不含其意義和職用。

愈至後世,二者的音義愈漸趨同,"仇讎"作爲並列式雙音詞在現代漢語中無法再起到精確別義的作用,不再具備一個非疊音式雙音詞的構詞條件,因此漸漸退出了現代漢語的口語、書面語。

(二)"仇仇"是一個單語素的疊音詞

從字形、讀音而言,"凡疊音詞必同音,且寫作相同的漢字,凡是寫作不同漢字的詞都不是疊音詞,無例外"(孫玉文,2013年),"執我仇仇,亦不我力"之"仇仇"不僅見於傳世文獻,也見於出土文獻(見表二),文獻中凡見"仇仇"皆寫作同形字,且"仇仇"重文僅於"執我仇仇"這一語境中出現。

表二

	郭店楚簡《緇衣19》:"執我栽(仇)栽(仇),亦不我力。"
	上海博物館藏戰國楚竹書《緇衣10》:"執我𢿥(仇)𢿥(仇),亦不我力。"
	安大簡(二)《仲尼曰》:"執我厴(仇仇),亦不我力。"

表二中"栽栽""𢿥𢿥""厴"三組字形均爲記音,與"仇"音同。[仇]字形出現較晚,不早於戰國末期至西漢初期(李林芳2021年),在甲金文中並無定形。據張政烺(1948年)、陳劍(2000年)考釋,"仇"在甲骨文中作"覗",在西周金文中以栽字形爲主。鄭《箋》:"'仇'讀曰'斛'。"張政烺:"'仇'讀曰'斛'必其音同……且'仇''拘''瞿'係雙聲(見母或溪母),尤覺音近。"安大簡(二)《仲尼曰》中的"厴"字形可能爲鬳(麌)或匑(庮),與"仇(音求)"音同,爲通假。

疊音詞分爲單語素詞和雙語素詞,雙語素疊音詞是同一語素(單音詞)的重疊,從何判定"執我仇仇"之"仇仇"是單語素的重言詞,而非單音詞"仇"的重疊呢?理由有二:

一是依毛《傳》和《爾雅》的訓詁體例,二者皆以重言詞訓重言詞,以單音詞訓單音詞。毛《傳》:"仇仇,猶謷謷也。"《爾雅·釋訓》"仇仇、敖敖,傲也。"《爾雅·釋詁》:"仇、讎、嫡、妃、知、儀,匹也。"由訓釋體例可知疊音詞"仇仇"與單音詞"仇"意義有別。

二是通過窮盡性歸納"仇"在《詩經》中的文例發現:《詩經》記錄"仇怨"義用[讎],不用[仇],如語例(20)。

(20)不我能慉,反以我爲**讎**。(《詩·谷風》)

［仇］字形在《詩》中只用於"匹合"義,正好與圖一"仇"在殷周時期的三種用法對應,下面以甲金文語例和《詩經》語例兩兩對照的方式簡明列舉語料:

A. "配偶"義,甲骨文皆云"祖某🔲妣某",對應"仇"後來的"妃匹"義。

（21）壬午卜,行,貞王賓大庚🔲妣壬,啓,亡尤。(《殷墟書契後編》上·二·七)

（22）窈窕淑女,君子好逑。毛傳:"逑,匹也。"陸德明音義:"逑,音求,本亦作仇。"(《詩·關雎》)

B. 和諧的君臣關係,表國之重臣、王之匹耦。卜辭黃尹稱黃🔲,伊尹稱伊🔲。

（23）丙寅,貞又🔲歲于伊尹,二牢。壬申,剛于伊🔲。(《卜辭通纂》二五九)

（24）詢爾仇方,同爾兄弟。(《詩·皇矣》)

C. 朋友、隊友關係,射禮中將同在一方的人員稱爲"仇",此義項在周初出現。

（25）唯十又一月既生霸甲申,王在魯,卿(合)即(次)邦君、諸侯、正、有司大射。義蔑曆,罕于王仇。義賜貝十朋,封揚王休,用作寶尊盉。(義盉蓋,《集成》15.9453)

（26）王于興師,修我戈矛,與子同仇。(《詩·無衣》)

《詩經》中的［仇］字形並不記錄"仇怨"義,因此詩句"執我仇仇"之"仇仇"一詞不可能是"怨敵"義的單音詞"仇"的重疊,"仇仇"作爲一個整體語素,與"仇"作單音詞的詞義無關。

四、"仇仇"的語源探索

（一）"仇仇"之理據聚訟

歷代以來關於"仇仇"的訓釋,主要有以下幾種觀點:

一是用"仇讎"訓"仇仇",以朱熹爲代表,前文已證此觀點爲誤。二是以"扤扤"訓"仇仇","緩慢"義,以王念孫父子爲代表。三是"仇仇"表"傲慢貌",毛《傳》、鄭《箋》、《爾雅》、郭璞《注》、邢昺《疏》皆持此說。四是"仇仇"表"衆口諓謗"義,由犍爲舍人注《爾雅》提出,後世有不少相從之說。

二王之所以沒有采納"仇仇"表"傲慢貌",一是因爲"仇仇"訓"傲也"爲文獻孤例,且單音詞"仇"無訓"傲"的文獻例證;二是因爲《廣雅》卷六:"扤扤,緩也。"又《玉篇·手部》:"扤,渠鳩切,緩也。"但王氏之說亦存疑竇,因爲"扤"訓"緩"出現的時間是中古以後，文獻書證卻集中於明清，未見中古之前的用例，以後時材料訓前代之書，不符合詞義産生和發展的時代。

> 執我**仇仇**，亦不我力。毛《傳》：“仇仇，猶**謷謷**也。”（《小雅·正月》）
> 我即爾謀，聽我**囂囂**₁。毛《傳》：“囂囂，猶**謷謷**也。”（《大雅·板》）
> 無罪無辜，讒口**囂囂**₂。鄭《箋》：“囂囂，衆多貌。”（《小雅·十月之交》）

“囂囂₁”與“囂囂₂”不同義，“囂囂₁”意爲“傲慢貌，不聽人言”，“囂囂₂”意爲“衆口毁謗”。後人讀《詩》時已不明周、漢之世的語言，誤將兩個“囂囂”混同，且毛《傳》以“謷謷”既訓“仇仇”，又訓“囂囂”，造成“仇仇—謷謷—囂囂₁—囂囂₂”的錯誤遞訓，舍人注《爾雅》正是因此而誤。

“仇仇”訓爲“謷謷₁”，與“囂囂₁”同義，表傲慢貌，不聽他人善言、諫言。

> 《爾雅·釋訓》：“仇仇、敖敖，傲也。”郭璞《注》：“皆傲，慢賢者。”邢昺《疏》：“《大雅·板》篇云：‘我即爾謀，聽我囂囂。’《箋》云：‘我就汝而謀，欲忠告而善道，汝反聽我言謷謷然，不肯受。’是皆傲慢賢者，敖、謷、囂音義同。”

《説文·言部》段注：“謷，不省人言也。”《廣韻·豪韻》：“謷，不省語也。”《埤蒼》云：“不聽也。”《大雅·板》第3章全文爲：“我雖異事，及爾同僚。我即爾謀，聽我**囂囂**。我言維服，勿以爲笑。先民有言：詢於芻蕘。”結合文本語境可知“聽我囂囂”之“囂囂₁”確爲“傲慢貌”之義，邢昺《疏》引作書證很恰當。

“囂囂₂”見於《小雅·十月之交》“無罪無辜，讒口**囂囂**₂”，爲“讒毁、諑謗”義，鄭《箋》：“囂囂，衆多貌。”《釋文》：“囂，《韓詩》作嗸。”《漢書·劉向傳》引《詩》“讒口嗸嗸”。《説文·口部》段注：“嗸，衆口愁也。”段玉裁認爲“嗸、謷”乃同音假借，我們將與“囂囂₂”同音的“謷謷”標記爲“謷謷₂”。由於後人混淆了“囂囂₁（謷謷₁）、囂囂₂（謷謷₂）”，進一步造成“謷謷”與“仇仇”的錯誤遞訓，愈至後代，書證摻雜愈甚，以致“仇仇”出現“傲慢”與“毁謗”兩種截然不同的訓釋，馬瑞辰《通釋》洞悉其中差别，於“讒口囂囂”下注云：

> 《楚辭·九思》“令尹兮謷謷”，王逸曰“不聽話言而妄語也”，兼取二義，不知妄語是此詩“讒口囂囂”，不聽話言是《板》詩“聽我囂囂”，二者不得合爲一也。《爾雅·釋訓》：“敖敖，傲也。”郭注：“傲慢賢者。”以釋《板》詩，是也。《釋文》云：“傲，舍人本作毁。釋云：衆人毁人之貌。李巡與舍人同。”則誤以《爾雅》“敖敖”爲釋此詩，不若郭

注爲善。

　　自王逸時就已將“謷謷”與“嚻嚻”的傲慢義和譭謗義混淆，後人難以穿越時代的語感將其辨明。

（二）“仇仇”語源探索

　　之所以産生“謷謷、敖敖、嚻嚻”這組同形異義詞，是因爲它們含有兩個不同的語源。“傲慢義”的“謷謷₁”由表“高大貌”的單音詞“謷”重疊而成，語源爲“敖”韻字的“高大”義，《莊子·德充符》：“謷乎大哉！”成玄英疏：“謷，高大貌。”《廣韻·豪韻》：“顤，高頭也；獓，長大貌。”《衛風·碩人》：“碩人敖敖，説于農郊。”後又由“高大貌”分別引申出褒義“氣勢高昂貌、强盛貌”，貶義“驕傲氣盛貌”。不僅如此，與“敖”疊韻、音近的一系列字如“喬、高、昦、堯”都含有高義，而與“敖敖（謷謷）”音同音近的一系列重言詞，也有“高大、高昂”或“驕傲、氣盛”義，這組系列詞有“嚻嚻、昦昦、驕驕、矯矯、蹻蹻、赳赳、仇仇、究究、居居”，它們皆爲幽部、宵部、魚部字，聲近韻轉。

　　（27）傲慢義：我即爾謀，聽我嚻嚻。（《大雅·板》）

　　（28）高而茂盛義：無田甫田，維莠驕驕。（《齊風·甫田》）

　　（29）氣勢高昂貌：矯矯虎臣，在泮獻馘。（《魯頌·泮水》）

　　（30）高壯貌：四牡蹻蹻，鉤膺濯濯。（《大雅·崧高》）

　　（31）驕傲義：老夫灌灌，小子蹻蹻。（《大雅·板》）

　　（32）王師强盛貌：我龍受之，蹻蹻王之造。（《周頌·酌》）

　　（33）王師强盛貌：赳赳武夫，公侯干城。（《周南·兔罝》）

　　（34）驕横傲慢義：羔裘豹袪，自我人居居。……羔裘豹袖，自我人究究。（《唐風·羔裘》）

　　“居居、究究”與“仇仇”音通，《爾雅·釋訓》有：“居居、究究，惡也。”郝懿行《義疏》：“此居居猶倨倨，不遜之意。……究、居聲轉爲義。”蔣元慶《讀爾雅日記》：“傲爲凶德，故曰惡也。《羔裘》章‘居’字，斷係‘倨’之省文。”《漢書·酷吏傳》顔師古注：“居，急傲。讀與‘倨’同。”《説文·人部》：“傲，倨也。”又王樹枬《爾雅説詩》：“居居、究究之音，又轉爲驕驕。《大雅·板》：‘小子蹻蹻。’《傳》云：‘蹻蹻，驕貌。’蹻與驕通。”“敖、傲、謷、嚻、昦”音義同，章太炎《説文解字授課筆記》：“《説文》有昦字，傲則昦起頭也。倨亦有傲意，有昂頭意。”因此“嚻嚻、昦昦、驕驕、矯矯、蹻蹻、赳赳、仇仇、究究、居居”能系聯成一組同源重言詞。

"謷謷₂"意義爲"衆口毁之貌",語源爲摹聲的"嗷嗷"。"謷謷、嚻嚻、囂囂、嗸嗸、嗷嗷、呅呅、皋皋"爲一組同源重言詞,原本都形容人聲嘈雜,後由衆人説話喧鬧的場面引申出"衆口毁謗之貌",形容讒言之聲。《廣韻·宵韻》:"嚻,喧也。"《廣韻·宵韻》:"呅,喧呅。"《説文·口部》:"嗷,衆口愁也。"段注《説文·口部》:"謷,衆口愁也。《董仲舒傳》:'嚻嚻苦不足。'……皆同音假借字也。"文獻例證如下:

（35）讒毁貌:無罪無辜,讒口<u>嚻嚻</u>。(《小雅·十月之交》)

（36）摹聲:鴻雁於飛,哀鳴<u>嗷嗷</u>。(《小雅·鴻雁》)

（37）喧鬧貌:之子于苗,選徒<u>囂囂</u>。(《小雅·車攻》)

（38）讒毁貌:<u>皋皋</u>訿訿,曾不知其所柸。(《小雅·召旻》)

因"謷謷(嗷嗷、嚻嚻)"有兩個不同的語源,以一個詞形記錄了兩個概念,前人注訓時才將"傲慢"義與"衆口讒毁"義混在一起,後人參讀時不明就裏,相因而誤,書證摻雜。重言詞乃《詩經》的詞彙特色,分兩種情況,一種是純粹由兩個重疊的音節構成,同單音詞的詞義沒有任何聯繫,書面寫作哪個字,不過是同音字的借用,如"關關"(鳥叫聲)、"濈濈"(牛兒搖動的樣子)。"仇仇"訓"傲慢"義,與單音詞"仇"毫無意義關係正屬此種情況。一種是與單音詞的意義基本相同,重言帶有描寫性質,如"皎皎、黃黃、嗷嗷"(向熹2023年,第78頁)。正如王筠所言:《詩》以長言詠歎爲體,故重言視他經爲多,而重言之不取義者尤多。或同字而其義迴別,或字異音同而義則比附。""同字而其義迴別"指"嗷嗷(謷謷、嚻嚻)"同一詞形含有兩種意義的情況,無獨有偶,如《爾雅·釋訓》:"晏晏、温温,柔也。""<u>晏晏</u>、<u>旦旦</u>,悔爽忒也。"而"字異音同而義則比附"則指"嚻嚻、杲杲、驕驕、矯矯、蹻蹻、趐趐、仇仇、究究、居居"這類同源詞,讀音相同,詞形相異,卻意義比附,再如"詵詵、駪駪、甡甡"上古皆屬文部心母字,表"衆多"義,"忉忉、惙惙、慱慱",都表"憂愁"義,"崔巍、嵯峨、巇嶮"皆表"山之崇高險峻貌","蓁蓁、萋萋、蒼蒼、參差、采采",一聲之轉都是表草木茂盛意。

綜上,"執我仇仇,亦不我力"應該理解爲"他們傲慢地執留我,且不任用我"。

五、結語

至此,我們重新梳理了"彼求我則,如不我得。執我仇仇,亦不我力"的歷代注訓,對關鍵字詞進行了逐一考證:"彼"應指那些把持朝政的佞臣宵小,"求"應解讀爲"貪求、詔求","則"做動詞,義爲"效法、以爲法則","得"爲"相得、友善",文章重點考證了單語素疊音詞"仇仇"與並列式複合詞"仇讎"的區別。整句詩應理解爲"他們貪媚諂求,我以先王祖先之法爲則,卻不得友好相待。他們傲慢地拘持我,且不任用我"。詩旨怨刺朝中小人當政,賢人在野,周王偏聽,王朝將滅。

短短一句詩的訓詁面臨如此多的疑難問題,説明經典字詞的正確釋讀在古文訓釋中至關重要,這要求我們不能以今擬古,不能用翻譯代替訓詁(華學誠,1988 年),否則會導致對同一文句的理解可能有十餘種講得通的解説。王力(1962 年):"古人實際上説出了的話不可能有兩可的意義。真理只有一個:甲説是則乙説必非,乙説是則甲説必非……我們如果要求知道古人實際上説了什麼,那就必須從兩種不同的解釋當中作出選擇,或者是從訓詁學觀點另作解釋,決不能模棱兩可。"較之古人,當代訓詁具有數據庫、出土文獻等得天獨厚的優勢,我們應該在"隨文釋義"的基礎上運用語言學的思維和方法,全面考察詞語的用法及含義,以求正本澄源,還原《詩》意,並嘗試解釋古漢語本身的語言規律。

參考文獻

蔡　偉　《讀安大簡〈詩經〉劄記四則》,《古典文獻研究輯刊》第 38 册,花木蘭文化事業有限公司 2022 年

陳　劍　《據郭店簡釋讀西周金文一例》,《甲骨金文考釋論集》,綫裝書局 2007 年

陳子展　《詩經直解》,復旦大學出版社 2015 年

程俊英　《詩經譯注》,上海古籍出版社 2012 年

董志翹　《〈詩〉語間詁(一)》,《漢語史研究集刊》第 18 輯,巴蜀書社 2014 年

———　《漢譯佛典中多音節同義複用形式的來源及最終雙音化選擇》,《井岡山大學學報》(社會科學版)2024 年第 3 期

(瑞典)高本漢著,董同龢譯　《高本漢詩經注釋》,中西書局 2012 年

高　亨　《詩經今注》,上海古籍出版社 2009 年

黃　節　《詩旨纂辭　變雅》,中華書局 2008 年

華學誠　《略論〈詩經〉"有……其" 式商榷》,《語言研究集刊》第 2 輯,江蘇教育出版社 1988 年

(日)家井真著,陸越譯　《〈詩經〉原意研究》,江蘇人民出版社 2012 年

李林芳　《〈毛傳〉〈鄭箋〉的訓釋差異與〈詩經〉的文本異同》,《中山大學學報》2021 年第 1 期

魯洪生　《詩經集校集注集評》,現代出版社 2015 年

(漢)毛亨傳,(漢)鄭玄箋,(唐)孔穎達疏,(唐)陸德明音釋　《毛詩注疏》,上海古籍出版社 2013 年

(清)馬瑞辰　《毛詩傳箋通釋》,中華書局 2012 年

屈萬里　《〈詩經〉詮釋》,上海古籍出版社 2016 年

孫玉文　《漢語雙音詞兩音節之間語音異同研究》,《語文研究》2013 年第 3 期

———　《漢語非疊音雙音節詞今讀同音問題的補充研究——以 "韃靼" 等詞爲例》,《修辭研究》2023

年第 1 期

——　《古書訓釋要區分 "講得通" 和 "講得對"》,《人民政協報》2024 年第 9 版

唐莫堯　《詩經新注新譯》,巴蜀書社 2004 年

(清)王引之撰,虞思徵、馬濤、徐煒君校點　《經義述聞》,上海古籍出版社 2016 年

王　力　《訓詁學上的一些問題》,《中國語文》1962 年第 1 期

汪維輝　《古代文獻解讀中的 "當代語感干擾" 問題》,《清華語言學》第 3 輯,中西書局 2022 年

向　熹　《詩經譯注》,商務印書館 2013 年

——　《詩經語文論集》,商務印書館 2023 年

元　江　《雅頌類詩新解》,湖南人民出版社 2008 年

張政烺　《奭字説》,《甲骨金文與商周史研究》,中華書局 2012 年

文獻語言學（20）:184～192,2025

《淮南子》"尚絫"析疑①

史星平

（山西警察學院基礎部,太原,030401;

北京語言大學文學院／北京文獻語言與文化傳承研究基地,北京,100083）

提　要: "尚絫"一詞出自《淮南子》。自古以來,諸家對該詞有不同見解:高誘持"主枲耳之官"說;王引之持"主麻枲之官"說;于鬯否定高、王之說,認爲"尚絫"涉字誤,應以"尚（敝）枲"作解;何寧同樣不贊成高、王之說,但對于氏說也非完全認同,僅表示于鬯所言較爲接近。則"尚絫"一詞究竟爲何義,前人時賢並未給出最具説服力的解釋。本文認爲,"尚絫"即"常絫",是與下句"飛羽"相對文的陸地植物。

關鍵詞:《淮南子》;"尚絫";析疑

一、引言

"尚絫"一詞出自《淮南子·覽冥訓》"夫瞽師庶女,位賤尚絫,權輕飛羽"句中。自古以來,諸家對該詞有不同見解:高誘持"主枲耳之官"說;王引之持"主麻枲之官"說;于鬯否定高、王之說,另辟思路,認爲"尚絫"涉字誤,應以"尚（敝）枲"作解;何寧同樣不贊成高、王之說,但對于氏說也非完全認同,僅表示于鬯所言較爲接近——"其説近之"（何寧,第444～445頁）。因此,"尚絫"一詞究竟爲何義,前人時賢並未給出最具説服力的解釋。本文擬對諸家觀點進行評述並提出己見,以就正於方家。

---

① 本文爲中國歷史研究院"絕學"學科扶持計劃"古典文獻語言學"資助（2024JXZ002）的階段性成果之一。本文在"古代語言學文獻專題"課程報告基礎上抽繹整理而成。課程報告在課堂宣讀後,華學誠師、閆翠科老師及蔡克爛、王宇航、陳冠男、徐瑕、韋沛沛、諶泰安等同學都針對一些細節提出了諸多建議。本文寫成後,在中國人民大學國學院、中國人民大學古代中國與絲路文明研究中心舉辦的首屆"中國古典學青年學者論壇"上公開宣讀,有幸蒙吳洋、陳偉文、張齊明、張明東四位老師評議指點。在撰寫與修改過程中,多次蒙華學誠師和孫玉文師指點迷津。匿名評審專家和編輯部亦給出寶貴建議。謹致謝忱!

二、"尚蒉"即"典蒉"之説

"尚蒉"一詞,高誘注:

> 尚,主也;蒉者,蒉耳,菜名也,幽、冀謂之檀菜,雒下謂之胡蒉。主是官者,至微賤也。瞽師庶女,復賤於主蒉之官。

《讀書雜志》引王引之語:

> 主枲耳之官,書傳未聞。"尚枲"蓋即《周官》"典枲,下士二人"者,"典"亦"主"也(見《周官·典婦功》注)。言"典枲"本賤官,瞽師庶女則又賤於"典枲"。"枲"謂"麻枲",非謂"枲耳"也。

本質上,高、王之説是相同的,都將"尚蒉"理解爲先秦職官名"典枲",二者之差別僅所主對象一爲蒉耳、一爲麻枲而已。然則"'尚蒉'即'典枲'"之説存在四個問題。

第一,高、王釋義立足於"尚"與"典"因同義("主也")而換用,"典枲"之官雖見於《周官·典婦功》記載,但"尚(蒉)枲"作爲官職名卻未見於文獻記載與使用。且"尚"雖可用作表主管之義,用法卻有限制,如《漢書·惠帝紀》"宦官尚食比郎中"應劭注:"舊有五尚,尚冠、尚帳、尚衣、尚席亦是。"如淳注:"主天子物曰尚,主文書曰尚書,又有尚符璽郎也。"又如《漢書·外戚傳》:"帝起更衣,子夫侍尚衣軒中,得幸。"顏師古注:"時於軒中侍帝,權主衣裳。"可見,"尚"與"典"雖都可表示主管之義,但仍有區別:"尚"在表主管義時多與皇帝事務相關[1]。與高誘大致生活於東漢同時期的應劭(約 153 ~ 196 年)和三國曹魏如淳的意見不應當忽視。因此,高、王在没有任何文獻語料證明的情況下,僅因"尚"與"典"同義即認定"尚枲"就是與"典枲"等同的專有名詞,説服力並不強。

第二,高、王認爲"典枲"爲"至微賤"之官,這也非實際情況。據《周禮》記載,"典枲"隸於"典婦功"下,職官規模爲"下士二人,府二人,史二人,徒二十人",與"典絲"規模"下士二人,府二人,史二人,賈四人,徒十有二人"相差並非懸殊,而同於"染人",大於"追師、履人、夏采"的規模(詳見阮刻《周禮注疏》第 21 頁),認定其"至微賤"理由亦不充分。

第三,文意重點在於説明瞽師庶女之位賤,此時没有任何必要選取職官(或有官職的

---

[1] 關於古代表示官稱的用法,可參考黄金貴、曾昭聰等《古代漢語文化百科詞典·政法類》。

人）作爲比較對象,因此無論理解成主蔉(耳)之官(高説)還是主枲(麻)之官(王説),從邏輯上都講不通。

第四,"位賤尚蔉,權輕飛羽"上下句四字相對,這是《淮南子》常見對偶句式,如《覽冥訓》中"能者有餘,拙者不足""天不兼覆,地不周載"等。該句"位賤"與"權輕"相對,"尚蔉"與"飛羽"也應相對才較爲順暢,然"尚蔉"作爲官名與"飛羽"作爲物類名卻並不能相偶對。

三、"尚蔉"即"㡀枲"之説

于鬯正是認識到了上述後兩個問題,指出:"以尚蔉爲官名,夫官雖小,焉可以喻賤?又何以與飛羽對乎?"於是,他從"位賤"入手,將"尚蔉"確定爲物類名,得出"尚蔉"即"㡀緼"的結論,其論證内容如下:

> "尚"是"㡀"字形近之誤,"㡀"即"敝"。《説文·㡀部》云"㡀,敗衣也",又云"敝,一曰敗衣",明二字同。"蔉"即"枲"字,謂枲著也。《論語·子罕》"衣敝緼袍",何《集解》引孔曰"緼,枲著"。陸《釋文》引鄭注"緼,枲也",是鄭即謂"枲著"爲"枲"……"㡀蔉"者,"敝枲著"也,即所謂"敝緼"也。故下文云"權輕飛羽"。"㡀蔉",物之至賤者也,"飛羽",物之至輕者也,謂瞽師庶女位賤如敝枲,權輕如飛羽也。以"飛羽"偶"敝枲",其義尤明。(《淮南子集釋》第 445 頁)

何寧雖肯定了于説的思考角度("位賤")與方向(物類名),卻也絕非完全贊同于説,只表示"其説近之",但並未給出更合理的解釋。依筆者愚見,于説論證仍然存在四個關鍵問題。

第一,"'尚'是'㡀'字形近之誤"是于説立論基礎,也是最關鍵的一環,但于氏並未對此作出論證;僅從字形角度觀察,"尚"與"㡀"外側輪廓雖有相似之處,内側"口"與"小"訛混可能微乎其微,也未見前人時賢揭示秦漢以後二字訛混之例證。

第二,"'㡀'即'敝'"之言,雖有字書韻書作依據,但早在先秦文獻中,就已"敝"行而"㡀"廢。如《禮記·緇衣》"苟有衣,必見其敝",《詩·齊風·敝笱》"敝笱在梁",《左傳·昭公二十六年》"魯之敝室也",《論語》"衣敝緼袍"等,皆用"敝"不用"㡀";又《説文解字》"㡀"字下段玉裁注:"此敗衣正字,自'敝'專行而'㡀'廢矣。"可知兩漢時期已不再使用"㡀"字,自然也絕無"㡀"訛爲"尚"之可能。

第三,于氏新説涉及字誤,若按原文字義詞義無法解釋,自然可以考慮,否則,當不煩改字。“尚”不當改爲“卌”，前已言明；此外，“枲”字亦不必改爲“枲”。于説“枲”當爲表枲麻之“枲”，雖僅删减形符，仍算改字；且“枲”在文獻中並非只表示枲麻，也可表示枲耳，如《列子·楊朱》“昔人有美戎菽、甘枲莖、芹萍子者，對鄉豪稱之”[①] 和《廣雅》“枲耳也，亦云胡枲，江東呼爲常枲”，表枲耳之字皆作“枲”。也就是説，在尊重文獻原文用字規律的原則下，作“枲”表示“常枲”或“胡枲（枲）”，而作“枲”既可表“枲麻”，也可表“常枲”或“胡枲（枲）”。因此，于氏必須對“尚枲”二字均作改字處理才能進行下一步解釋。

第四，抛開上述三個問題，于邼“‘卌枲’者，‘敝枲著’也，即所謂‘敝緼’”的論證依舊存在兩個錯誤：其一是未區分本義與隨文所釋之義。《論語》“衣敝緼袍”，鄭玄注“緼，枲也”講的是本義，《説文》“緼，紼也”，又“紼，亂（系）〔枲〕也”可作參證 [②]；而孔安國“緼，枲著”是隨文所釋之義，“緼袍”一詞出自《禮記·玉藻》“纊爲繭，緼爲袍”，鄭玄注曰“衣有著之異名也”，清潘維城《論語古注集箋》（第 193 頁）引《爾雅》“繭即袍也”之説證明“緼袍”爲“有表有裏又有著之衣”，據此，“纊、緼”皆爲填充物，“著”是因袍有夾層而提及，“緼”仍爲本義“枲”。其二是推理邏輯有誤。即使“緼，枲著”“緼，枲”釋義皆恰當，我們也應當將其看作一詞的兩個義項，不可將“枲”等同於“枲著”，否則，像《漢書》“束緼請火”之“緼”該如何解釋？若也解作“枲著”顯然不妥。因此，于氏“因爲‘A，B 也’且‘A，C 也’，所以‘B，C 也’”這樣的推論實難成立。

四、“尚枲”即“常枲”之證

那麼“尚枲”究竟指什麼？我們應該全面深入看待《淮南子》“位賤尚枲，權輕飛羽”這一句話表達的意思和其句法結構。

首先，“位賤尚枲，權輕飛羽”，與“退而讓頗，名重太山”（《史記·廉頗藺相如列傳》）中的“名重太山”結構相同。此類結構也可以用“位賤於尚枲”“權輕於飛羽”“名重於太山”來表達，如司馬遷《報任安書》“（人固有一死）或重於泰山，或輕於鴻毛”，《戰國策·楚策四》“是以國權輕於鴻毛，而積禍重於丘山”。區別僅在於有無介詞“於”引介對象，受漢語音節韻律影響，類似的表述可以有“國權輕於鴻毛”“輕於鴻毛”“權輕飛羽”幾種句式結構。因此，“位賤尚枲，權輕飛羽”可以看作是以介詞“於”引出比較對象“尚枲”和

---

① 張湛注：“枲，胡枲也，《倉頡篇》：‘蓖耳也，一名蒼耳。’”
② 《説文解字·系部》“紼”字下段玉裁注：“‘枲’，各本作‘系’，不可通，今正。‘亂枲’者，亂麻也。可以裝衣，可以然火，可以緝之爲索。故《采菽》毛傳曰：‘紼，綍也。’言用紼爲索也。”

“飛羽”而省略“於”字的句式①。這類比較雖略帶誇張,但更能突顯作者意圖——强調瞽師庶女身份地位的低賤卑微,必然要選取最具“輕、賤”特徵的對照物。下面考察“飛羽、尚蒘”與“輕、賤”特徵之間的關係。

第二,“飛羽”指什麽?　“羽”字,早在先秦便既可表示鳥羽,也可表示鳥類,如《尚書·禹貢》“齒革羽毛”舊題孔傳“羽,鳥羽”;《周禮·考工記·梓人》“羽者”鄭玄注“鳥屬”。兩漢沿襲了“羽”的這兩種用法,如《史記·樂書》“羽者嫗伏”張守節正義“羽,鳥也”;《禮記·月令》“執干戚戈羽”孔穎達疏引劉熙《釋名》“羽,鳥羽”。那麽,“飛羽”是指飛翔的鳥類,還是指飛舞的羽毛?這兩種理解都有文獻用例支撑,比如《子華子》卷一:“陸有羅罝,水有網罟,而飛羽伏鱗無以幸其生矣。”“飛羽”與“伏鱗”相對,“幸其生”突出其生命特徵,只能解釋爲天空飛翔的鳥類;《淮南子·俶真訓》:“視天下之間猶飛羽浮芥也,孰肯分分然以物爲事也。”“飛羽”與“浮芥”連言,表示極微小的事物,“浮芥”是浮游的小草,“飛羽”理解爲飄飛的羽毛更爲合適,羽毛飄忽不定的特徵與小草的浮游狀態恰好相互照應。而“飛羽”用在“權輕飛羽”語言結構中,必然要充分突出其重量輕的特徵,那麽理解爲飄飛的羽毛便更爲合適,這也與古人以鳥羽喻輕盈的表意一致,如《報任安書》“輕於鴻毛”;且羽毛的隨風飛舞狀態也更能顯示“瞽師庶女”命運的飄忽不定。因此,“飛羽”當指飄飛的羽毛。

第三,“尚蒘”與“賤”有什麽關係?“位賤尚蒘”表義的核心在於身份地位的卑微低賤,因此“尚蒘”指稱對象的確定要緊密結合古人的認識。《孟子·離婁下》:“孟子告齊宣王曰:君之視臣如手足,則臣視君如腹心;君之視臣如犬馬,則臣視君如國人;君之視臣如土芥,則臣視君如寇仇。”孟子將人君對待臣子的態度分成三個等級:如手足、如牛馬、如土芥,即親愛若手足、役使如牛馬、輕賤如土芥。泥土和草芥隨地可見,最爲微不足道,極易被任意踐踏。不獨孟子如此認識,東漢王逸注《楚辭·七諫·怨世》“視忠正之何若”曰:“視忠正之人當何如乎?甚於草芥也。”這以憤憤不平的語氣控訴世俗對忠正之人的輕賤態度,同樣賦予草芥以低賤卑微的特徵。結合上述提到的《淮南子·俶真訓》“視天下之間猶飛羽浮芥也”中“飛羽、浮芥”連言之例,我們推測“尚蒘”極有可能是一種隨處可見、微不足道的低賤植物。

第四,古文獻中,“尚、常”經常通用,因此“常蒘”寫作“尚蒘”符合古人用字習慣;又

---

① “比較”説法受華師啓發。筆者最初寫作“比喻”。比喻與比較確實是兩種不同的語言運用現象,但不可否認兩者存在重疊。本文最終以吕叔湘先生“異同,高下,都生於比較,所以本章所論句法總稱爲比較句”理論及該章探討“類同、比擬、近似、高下、不及、勝過”等關係爲依據,改作“比較”,參《中國文法要略》第351～369頁。

因“常菜”是一種隨處可見的植物,各方言區域根據不同的理據對其命名,導致其名稱衆多。在高誘的認知體系中,“菜”單用即可以指稱菜耳,或許没有“常菜”一詞表示菜耳的用法,因此,高誘即按照“尚”表主管義進行解釋。

（一）“尚、常”古常通用

“常”字從“尚”得聲,古代經常通用。如:

（1）饒宗頤言“彝銘屢見以尚爲常,字不從巾”。(《古文字詁林》卷一)

（2）陳侯因𰯴敦“永爲典尚”,讀爲《易·系辭》“既有典常”之“常”,“典常”指國之典章制度。亦可單言“尚”,秦駰玉版“世萬子孫,以此爲尚”,“尚”讀爲“常”,常規、典常之義。(《字源·八部》)

（3）《詩》:肆皇天弗尚。王引之曰:尚,古讀若常,字亦通作常。(《經義述聞》)

（4）《吕氏春秋·勿躬》“尚儀作占月”,《世本·作篇》“尚儀”作“常儀”。(《古字通假會典·陽部第九·尚字聲系》)

（5）《楚帛書》乙:“經(嬴)絀逆(失)□,卉木亡尚(常);□□夭(妖),天陛(地)乍(作)羕(祥)。”(《簡帛古書通假字大系·陽部第二四·尚字聲系》)

此皆先秦以“尚”爲“常”之明證。至秦漢及後世,“尚、常”用法雖已分化,但通用現象仍屢見不鮮。如:

（6）故道常無禍,不常有福;常無罪,不常有功。俞樾按:常與尚通。(《諸子平議》之《淮南内篇三》)

（7）枚乘《七發八首》“常無離側”,舊校:常,五臣本作尚。(《文選·枚乘〈七發八首〉》)

（8）《史記·萬石張叔列傳》“(衛綰)劍尚盛,未嘗服也”,《漢書·萬石衛直周張列傳》“尚”作“常”。

（9）《史記·蕭相國世家》“常復孳孳得民和”,《漢書·蕭何曹參傳》“常”作“尚”。

（10）《史記·司馬相如列傳》“余尚惡聞若説”,《文選·喻巴蜀檄》“尚”作“常”。

（11）《漢書·賈誼傳》“尚憚以危爲安,以亂爲治”,《新書·宗首篇》“尚”作“常”。

（12）《淮南子·主術訓》“尚與人化,知不能得”,《文子·自然篇》“尚”作“常”。

此皆秦漢及後世“尚、常”通用之例證,俞樾言“‘常’與‘尚’通”可謂中的。例（8）～（12）爲《史記》與《漢書》《文選》、《漢書》與《賈子》之相關異文,此皆可説明,在兩漢時期,仍大量存在以“尚”爲“常”的用字現象;例（12）爲《淮南子》與《文子》相關異文,此尤可證明,《淮南子》有以"尚"爲"常"的用字現象。

因此,"尚菓"即"常菓"之説有文獻用字依據。

(二)"常菓"植物多産而常見

"常菓"是江東地區對卷耳、苓耳、枲耳、胡枲的稱呼:

（13）菤耳,苓耳。郭璞注:《廣雅》云:"枲耳也,亦云胡枲,江東呼爲常枲,或曰苓耳。"形似鼠耳,叢生如盤。(《爾雅·釋草》)

此外,因其形狀(似鼠耳或人耳璫)、顔色(實蒼、葉青白)、功用(可做菜)等,"常菓"還有檀菜、苓、耳璫草、白胡荽、爵耳、地葵、葹、常思、蒼耳、蒠耳、葈等名稱,如:

（14）菓耳,菜名也,幽、冀謂之檀菜,雒下謂之胡菓。(《淮南子·覽冥訓》高誘注)

（15）苓,卷耳也。(《説文解字·艸部》)

（16）卷耳,一名枲耳,一名胡枲,一名苓耳,葉青白色,似胡荽……正如夫人耳中璫,今或謂之耳璫草。鄭康成謂是白胡荽,幽州人稱爲爵耳。(《毛詩草木鳥獸蟲魚疏》卷上)

（17）蒼耳……一名胡菓,一名地葵,一名葹,一名常思。(《千金要方》)

（18）(卷耳)其實如鼠耳而蒼色……今人通謂之蒼耳,其一名葹。(《爾雅翼》卷三)

（19）《齊民要術》引崔寔《四民月令》云"五月五日采蒠耳",即"枲耳"也。(《廣雅疏證》卷十上)

（20）枲耳,別名葈,《説文》云"葈,卷耳也"。(《廣雅疏證》卷十上)

因其多刺,易附著到衣服及動物身上且不易被擺脱,又名只刺、羊負來等:

（21）蜀人名羊負來,秦名蒼耳,魏人名只刺。(《千金要方》)

（22）(卷耳)其實……上多刺,好着人衣,今人通謂之蒼耳……一名羊負來,《博物志》曰:"洛中有人入蜀,胡枲着羊毛,蜀人種之曰羊負來也。"(宋羅願《爾雅翼》卷三)

常菓、卷耳、苓耳、枲耳、胡枲、檀菜、苓、耳璫草、白胡荽、爵耳、地葵、葹、常思、蒼耳、蒠耳、葈、只刺、羊負來等等皆異名而同實,他們源自不同的方言地域,其命名或着眼於植物形狀,或着眼於植物顏色,或着眼於其功用。從指稱同一物類的衆多名稱中也可以看出其分布地域之廣、存在之普遍。在先秦兩漢時期,"常菓"已經是非常常見、易得之物,

高誘於此常見、易得之特徵有揭示:

（23）故《詩》云"采采卷耳,不盈傾筐,嗟我懷人,寘彼周行",高注:"《詩·周南·卷耳》篇也,言'采采易得之菜,不滿易盈之器'。"(《淮南子·俶真訓》)

（三）"常蔂"物象在詩詞中可喻卑賤

因"常蔂"這類植物分佈地域廣、存在之普遍,在日常生活場景中極其常見、易得,導致人們對其不屑一顧,認爲與之相關的行爲也是不值一提的小事,如:

（24）《采苓》傳:采苓,細事也。(《鄭志》卷上)

而歷來"物以少者爲貴,多者爲賤"(晉葛洪《抱樸子》語),自然而然,"常蔂"在人們心目中就成了"賤"物,甚至成爲惡草而在詩詞中比喻君子所鄙夷的對象。如:

（25）蘦菉葹以盈室兮。王逸注:"蘦,葵藜也;菉,王芻也;葹,枲耳也。《詩》曰'楚楚者蘦',又曰'終朝采菉'。三者皆惡草,以喻讒佞盈滿於側者也。"(《楚辭章句》卷一)

（26）椒瑛兮涅汗,葈耳兮充房。王逸注:"葈耳,惡草名也。"(《楚辭章句》卷十七)

第五,句式整齊、結構對仗是《淮南子》行文特色之一,如《覽冥訓》中"能者有餘,拙者不足""天不兼覆,地不周載",《本經訓》中"鐫山石,鍥金玉,擿蚌蜃,消銅鐵"等。"位賤尚蔂,權輕飛羽"一句,毫無疑問,"位"與"權"相對、"賤"與"輕"相對、"蔂"和"羽"相對。"飛羽"是偏正結構,若"尚"爲主管之義,"尚蔂"就是動賓結構,兩者不相偶對;若"尚"義與"蔂"的隨處可見特徵相關,"尚蔂"則爲偏正結構,與"飛羽"正形成結構嚴整對仗。且以"常蔂"表卑賤也符合古人對泥土和草芥之類物事的認知,另外,"飛羽"與"常蔂",一着眼於天空飛舞,一着眼於地上踐踏,都突出了"瞽師庶女"身份地位的低賤卑微和命運的飄搖不定,語義相對,表達效果更明確豐富。

五、小結

綜上所言,"尚蔂"即"常蔂","位賤尚蔂,權輕飛羽"之"尚蔂"着眼於陸地,"飛羽"着眼於空中,二者皆爲物類,一低一高,句子結構、詞義内容嚴整相對。且"常蔂"因其多産而常見、易得,被人們當作輕賤之物,甚至成爲惡草的象徵而在詩詞中比喻君子所鄙夷的對象,這些都足以説明《淮南子》編者將"瞽師庶女"與"尚羹"作比較來表達其地位之卑賤的意圖。因此,以"常羹"解釋"尚羹"理由充足,既不煩改字,又能做到文從字順。

參考文獻

白於藍　《簡帛古書通假字大系》,福建人民出版社 2017 年

(東漢)班固撰,(唐)顏師古注　《漢書》,中華書局 1962 年

高亨、董治安　《古字通假會典》,齊魯書社 1997 年

何　寧　《淮南子集釋》,中華書局 1998 年

黄金貴、曾昭聰等　《古代漢語文化百科詞典》,上海辭書出版社 2016 年

(漢)賈誼　《新書》,清學海類編本

(唐)孔穎達正義,吕友仁整理　《禮記正義》,上海古籍出版社 2008 年

李　圃　《古文字詁林》,上海教育出版社出版 2010 年

李學勤　《字源》,天津古籍出版社 2012 年

吕叔湘　《中國文法要略》,商務印書館 1982 年

(清)潘維城　《論語古注集箋》,清光緒七年江蘇書局刻本

(漢)司馬遷撰,(宋)裴駰集解,(唐)司馬貞索隱,張守節正義　《史記》,中華書局 1963 年

(清)王念孫撰,徐煒君等校點　《讀書雜志》,上海古籍出版社 2014 年

(清)王引之　《經義述聞》,上海古籍出版社 2016 年

(東漢)許慎著,(清)段玉裁注,許惟賢整理　《説文解字注》,鳳凰出版社 2007 年

楊伯峻　《列子集釋》,中華書局 1979 年

(清)俞樾　《諸子平議》,中華書局 1956 年

宗福邦、陳世鐃、蕭海波等　《故訓匯纂》,商務印書館 2003 年

文獻語言學(20):193～204,2025

《雙聲疊韻法》"正、到、紐"三字新釋 ①

周子涵

(北京大學中文系,北京,100871)

提 要:《廣韻》書末所附《雙聲疊韻法》中"正紐、到紐"的所指,前人有不同意見。據本文考察,神珙《四聲五音九弄反紐圖》的"正反、到反"與《雙聲疊韻法》的"正紐、到紐"有一致性,根據"正反、到反"的所指,我們可以證明龐大堃《等韻輯略》"原圖以'灼良'等爲正紐,'章略'等爲倒紐"的觀點是正確的。本文進一步向前追溯,發現《雙聲疊韻法》的"正紐"與"到紐"相配的模式早在《調四聲譜》中已有記載,並結合相關材料,給出了術語"正紐、到紐"中"正、到、紐"三字的解釋。

關鍵詞:正紐;到紐;正反;到反;反語

一、引言

清康熙吳郡張士俊澤存堂本《廣韻》、宋乾道建寧府黃三八郎本《鉅宋廣韻》的書末,都附有一則《雙聲疊韻法》②,王力(1936年,第47～49頁)對錯訛之處進行了校勘,根據王著校語,以澤存堂本爲《廣韻》爲底本,筆者將《雙聲疊韻法》整理如表一。《雙聲疊韻法》內有"章、掌、障、灼、廳、頲、聽、剔"八個大字,分居八行,每個大字上下都是雙行小字,以"章"字所在行爲例,大字之上,小字爲"平聲";大字之下,小字兩行分別爲"灼良切,先雙聲,章灼良略是雙聲,正紐入聲爲首,到紐平聲爲首"(以上爲右小行)和"章略切,後疊韻,灼略章良是疊韻,雙聲平聲爲首,疊韻入聲爲首"(以上爲左小行)。小字中明確提到哪些字是"雙聲",哪些字是"疊韻",這裏面涉及到哪些字、字和字之間的順序都是有規則的。李國華(1989年)總結:

> "雙聲疊韻法"的文字説明也有一個嚴格的規則:都是從正紐和到紐的上字開

① 本文的具體寫作得到了孫玉文先生的悉心指導,向筱路、唐琪、鍾春暉等師友及《文獻語言學》匿名評審專家也提出了寶貴意見。文中錯誤概由筆者負責。
② 《鉅宋廣韻》作"聲疊韻法",疑脱"雙"字。

始①，但是平聲與上、去、入三聲的歸納方向正好相反。先看對雙聲的歸納：平聲從左下角（直排則從左上角）起按順時針方向進行，如"章"字的雙聲爲"章灼良略"；而上、去、入則從左上角（直排則從右上角）起按反時針方向進行，如"掌"字的雙聲爲"章掌良兩"。疊韻的歸納也是從正紐和到紐的上字開始，斜讀交叉，組成兩對疊韻字。平聲從左上角（直排爲右上角）到右下角（直排爲左下角）爲第一對疊韻；從左下角（直排爲左上角）到右上角（直排爲右下角）爲第二對疊韻，如"章"字疊韻是"灼略章良"。上、去、入聲從左下角（直排爲左上角）到右上角（直排爲右下角）爲第一對疊韻；從左上角（直排爲右上角）到右下角（直排爲左下角）爲第二對疊韻，如"掌"字疊韻是"掌兩章良"。以上所分析的原則，作者是嚴格遵守的，只有上[去]聲"聽"字例外，蓋轉抄之誤。

表一　《廣韻》書末所附《雙聲疊韻法》

聲入	聲去	聲上	聲平	聲入	聲去	聲上	聲平	
剔	**聽**	**頲**	**廳**	**灼**	**障**	**掌**	**章**	
剔靈切 後疊韻 廳歷切 先雙聲 廳剔靈歷是雙聲 剔歷廳靈是疊韻 雙聲平聲爲首 到紐入聲爲首	聽擊切 後疊韻 剔俓切 先雙聲 聽頲剔擊是雙聲 剔擊聽俓是疊韻 雙聲去聲爲首 到紐入聲爲首	頲井切 後疊韻 廳精切 先雙聲 廳頲精井是雙聲 頲井廳精是疊韻 雙聲上聲爲首 到紐上聲爲首	廳靈切 後疊韻 廳歷切 先雙聲 廳剔靈歷是雙聲 剔歷廳靈是疊韻 雙聲平聲爲首 到紐入聲爲首	灼良切 後疊韻 章略切 先雙聲 章灼良略是雙聲 灼略章良是疊韻 雙聲平聲爲首 到紐入聲爲首	障傷切 後疊韻 章餉切 先雙聲 章障傷餉是雙聲 障餉章傷是疊韻 雙聲去聲爲首 到紐去聲爲首	章兩切 後疊韻 掌良切 先雙聲 章掌良兩是雙聲 掌兩章良是疊韻 雙聲上聲爲首 到紐上聲爲首	章略切 後疊韻 灼良切 先雙聲 章灼良略是雙聲 灼略章良是疊韻 雙聲平聲爲首 到紐入聲爲首	雙聲疊韻法

---

① 涵按，從行文來看作者以雙行小字每行最上方的反切爲"正紐"和"到紐"。

正因爲小字中明確提到哪些字是 "雙聲",哪些字是 "疊韻",前人對《雙聲疊韻法》中術語 "雙聲、疊韻" 的解釋很難有分歧;而對原文沒有明確説明的術語 "正紐" 和 "到紐",前人的意見並不統一。以 "章" 字下的反切爲例,前人都認爲 "正紐" 是 "灼良",但可以根據對 "到紐" 的認定分爲 "章略" 和 "良灼" 兩派,就筆者所見,分別以龐大堃和王力兩位學者爲最早的提出者,下面分別介紹他們的觀點。

(一)"章略説"

清人龐大堃已注意到《雙聲疊韻法》這則材料。他的《等韻輯略》一書,卷下第六頁篇名《廣韻雙聲疊韻法》,該篇對原圖有所改編,以 "章" 字所在行爲例,但言 "平聲章灼良章略　章灼良略是雙聲　灼略章良是疊韻",隱去 "先雙聲" "後疊韻" "正紐入聲爲首,到紐平聲爲首" 和 "雙聲平聲爲首,疊韻入聲爲首"。又在八行之後解釋了材料中 "正紐、到紐" 兩個術語的所指:

> 按原圖以 "灼良" 等爲正紐,"章略" 等爲倒紐。

《等韻輯略》一書的寫作時間及版本流傳情況[①],筆者未見有專門論述,試就燕京大學圖書館藏 1935 年常熟龐氏影印家藏稿本《等韻輯略》略作介紹:

《龐氏音學遺書》,1 函 5 册,收入龐大堃包括《等韻輯略》在內的四種著作,該書爲常熟龐氏影印家藏稿本。有鄧邦述五次篆文題名,分別爲《龐氏音學遺書》這一總名(鄧邦述署崟)和四種著作的書名(《形聲輯略》鄧邦述署籤、《唐韻輯略》鄧邦述篆首、《古音輯略》鄧邦述署籤、《等韻輯略》鄧邦述署檢)。《等韻輯略》三卷,分上下册(爲全書的第四、第五册),下册《等韻輯略跋》云 "先君子屬稿於道光丁酉、成書於庚子",則龐大堃此書完成於 1840 年,篇末題 "咸豐九年己未春三月男鍾璐謹識",則該文出自龐大堃之子龐鍾璐之手。《龐氏音學遺書》總目下有一段文字,寫作時間爲 1935 年 3 月,作者是龐大堃曾孫龐樹階,介紹了龐大堃著作的出版情況:

> 先祖重録稿本將付梓人,不幸即世;先君通政公官京師,時復謀付梓,……又以事輟;先叔父中丞公陳臬湘中,携稿本以往,……情緒既惡,精力漸衰,不復更有整理舊業之思矣。先叔父嘗詔樹階曰:"音韻之學,近世已爲絶業,此書浩博,吾子孫懼不能讀,即欲刊布行世,校讐之役非吾自任不可。爾曹雖粗知問學,而於音聲訓詁未嘗精討,倘率爾爲之,恐誤後學。" 以是此書久封篋中,……因瞿君鳳起介於商務印書

---

① 李新魁(1981 年)曾簡要提及《等韻輯略》的寫作時間:"據龐氏的兒子龐鍾璐在書後的跋語中所説,龐氏此書在清道光丁酉年(1837)開始動筆,於庚子年(1840)成書。" 跋語的具體內容見下文。

館,出所藏清稿景印傳世。

由上文可知,《等韻輯略》雖然完成於 1840 年,但面世晚至 1935 年《龐氏音學遺書》的出版。龐氏提出了值得重視的觀點,但缺乏有力的論證,深可惋惜。現代學者中也有意見與龐大堃《等韻輯略》一致的,但與龐著一樣,没有更多解釋説明。同樣以"章"字所在行爲例,陳振寰(1988 年,第 240 頁)認爲:

　　　"灼良"爲正紐,以入聲"灼"爲首(上字、開頭);"章略"是倒紐,以平聲"章"爲首。

從行文來看,李國華(1989 年)所認定的"正紐"對應的反切以"灼"爲首而"到紐"所對應的反切以"章"爲首,也屬於此派觀點,引文見上,姑不贅引。

(二)"良灼説"

王力(1963 年,第 49 頁)以"章"字所在行爲例解釋了"正紐、到紐"的具體含義,與龐大堃《等韻輯略》不同:

　　　所謂正紐,指的是"章"字的反切;所謂到紐,就是把反切上下字顛倒過來(到,同"倒")。正紐入聲爲首,因爲"灼"字是入聲;到紐平聲爲首,因爲"良"字是平聲。

王力先生的意見有一定的影響力,唐作藩先生《音韻學教程》(1987/2016 年,第 23 頁)對《雙聲疊韻法》"正紐、到紐"的解釋就沿襲了王力先生的説法,只是將例字換成了大字"歷"所在行:

　　　正紐指"歷"的反切剔靈切。"剔"是古入聲字,所以説"入聲爲首"。"到紐平聲爲首"(到紐指將"剔靈"反過來切,即是靈剔爲"歷"),而"靈"是平聲字,所以説"平聲爲首"。

許嘉璐《傳統語言學辭典》(1990 年,第 573 頁)"正紐"條的解釋同樣沿襲了王力先生的説法,只是將例字換成了大字"掌"所在行:

　　　如"掌",章兩切,章兩切即爲"掌"的正紐;把切語顛倒過來,兩掌切,爲"良"字讀音,稱倒紐。

(三)二説比較

二説都符合"到紐平聲爲首"的描述,這是因爲後者的首字正是前者首字的反切下字,它們的首字聲調始終是一致的。但在以下兩方面,"良灼説"的説服力不足:

第一,明確性。表中雙聲、疊韻均具有明確的提示(如"章"字下説明"章灼良略是雙聲、灼略章良是疊韻”),若認爲“到紐”指“灼良”顛倒後的反切,則“到紐”在表格中是無法找到所對應的“良灼”的,使用此表時還需要多加一道自己將“灼良切”顛倒的程序,因而明確性存在問題。

　　第二,整體性。儘管反切中出現了“章”等八個大字,但是“雙聲、疊韻”這兩個術語是就八個大字下的反切用字來説的。這提示我們“正紐、到紐”也很可能是就反切用字來説的。以“章”字下的雙行小字爲例,右小行的“章灼良略是雙聲”並不僅就該小行的反切“灼良切”而言,所用的“章灼良略”四字還涉及到左小行的“章略切”。這提示我們“正紐、到紐”也可以遍及兩小行,而不必局限在右小行的“灼良切”。事實上,無論是“雙聲”或是“疊韻”的描述都是遍及兩個反切的上下字(四個字),如“章”字下“章灼、良略”是兩組雙聲、“灼略、章良”是兩組疊韻。二説均以“灼良”爲正紐,若以“良灼”爲到紐,則“正紐、到紐”合起來只照應了“灼良切”這一個反切,另一個反切“章略切”就沒有術語可以照應了,因而整體性存在問題。

　　相對而言,“章略説”在明確性和整體性上都沒有問題,“正紐、到紐”所指代的兩個反切都是表中已經出現的(如“章”字下緊接着就是“灼良切”和“章略切”),與雙聲、疊韻的明確性相似,而且遍及“灼良章略”四字。就術語的名稱而言,“到”和“紐”的含義還需要再探究:持“良灼説”的學者解釋過“到”的含義(“顛倒”),持“章略説”的學者沒有解釋過,“良灼説”中“到”的解釋並不能直接用於“章略説”;兩派學者都沒有專門解釋過“正紐、到紐”的“紐”字。要想進一步瞭解哪一種説法更合理,是否存在別的可能,以及厘清術語“正紐、到紐”的含義,我們有必要對含有“正紐、到紐”的其他材料加以考察。

二、《四聲五音九弄反紐圖》中的“正反”和“到反”

　　討論“正紐”與“到紐”,《玉篇》所附唐代神珙《四聲五音九弄反紐圖》中的“正反”和“到反”值得重視。殷孟倫(1957 年)曾在考察《四聲五音九弄反紐圖》時利用《雙聲疊韻法》介紹“雙聲疊韻取音練習的方式”,陳振寰(1988 年,第 240 頁)也提過《雙聲疊韻法》“與《反紐圖》有相似之處”,不過兩位學者沒有進一步討論《雙聲疊韻法》“正紐、到紐”和《四聲五音九弄反紐圖》“正反、到反”的關係。殷孟倫(1957 年)將《四聲五音九弄反紐圖》的“正反、到反”整理如下:

表二 《四聲五音九弄反紐圖》的"正反、到反"

	宮	商	角	徵	羽
正反	居隆—宮	書陽—商	古岳—角	陟里—徵	于矩—羽
到反	宮間—居	商餘—書	角伍—古	徵力—陟	羽俱—于

　　《四聲五音九弄反紐圖》"五音之圖"有五張小圖,右上角各有一字,分別是"宮、商、角、徵、羽",也就是表格第一行的内容,每圖"正反、到反"都與三個字相連,分別是第二、第三行的内容。不難看出,《四聲五音九弄反紐圖》中的"正反"與"到反"和《雙聲疊韻法》中的"正紐"與"到紐"一樣,都由一個核心的字統攝(以下稱爲"主字"),前者有五個主字(如"宮"),後者有八個主字(如"章")。

　　主字反切上下字和主字在一起,在《四聲五音九弄反紐圖》中明確叫作"正反",如"居隆"切"宮","宮"是主字,"居隆—宮"是宮圖的"正反"。

　　主字反切上字的反切上下字和主字反切上字在一起,在《四聲五音九弄反紐圖》中明確叫作"到反",如"宮間"切"居","居"是主字反切上字,因爲主字和主字反切上字可以互爲反切上字,所以主字反切上字的反切上字實際上就是主字"宮","宮間—居"是宮圖的"到反"。

　　我們參照這種形式,可以將《雙聲疊韻法》中主字下面的反切補足如下:

表三 《雙聲疊韻法》的主字與反切

	章	掌	障	灼	……
?	灼良—章	章兩—掌	章餉—障	章略—灼	……
?	章略—灼	掌良—章	障傷—章	灼良—章	……

　　不難看出,上表第二行與"正反"的情況完全一致,如"灼良"切"章","章"是主字;上表第三行與"到反"的情況完全一致,如"章略"切"灼","灼"是主字反切上字,而"灼"的反切上字就是主字"章"。

　　需要注意,《四聲五音九弄反紐圖》中也有"正紐"這一術語,但與《雙聲疊韻法》的"正紐"同名異實。《四聲五音九弄反紐圖》序文談到"傍紐正紐[①],皆是雙聲,正在一紐之中,傍出四聲之外",殷孟倫(1957年)解釋,"正在一紐之中"指"同母同韻而四聲相承、順呼取讀"的情況,具體用例如《四聲五音九弄反紐圖》中的"征整正隻",這便是《四聲五音九弄反紐圖》的"正紐"。這種用法的"正紐"實際上更爲常見,《悉曇藏》(北京大學藏日本寬文十二年[1672]河南四郎右衛門刻本)卷二所引唐代武玄之《韻詮·明義例》

---

① 據殷孟倫(1957年)校正。

説,"凡爲韻之例四也……二則正紐以相證,令上下自明,'人、忍、仞、日'之例是也",這裏的"正紐"和《四聲五音九弄反紐圖》的"正紐"是一致的,都是四聲相承的同聲母字的組合。《雙聲疊韻法》中依四聲排列的只有從右至左的八個主字,它們可以分成"章掌障灼""廳頲聽剔"兩組,這符合《韻詮》《四聲五音九弄反紐圖》"正紐"的情況,但顯然不是《雙聲疊韻法》的"正紐",因爲《雙聲疊韻法》的"正紐"有八個,開頭第一個就是"入聲爲首",而"章掌障灼""廳頲聽剔"只能算兩個,而且都是"平聲爲首"。

總的來看,《四聲五音九弄反紐圖》和《雙聲疊韻法》相似的應是前者的"正反、到反"與後者的"正紐、到紐"。暫不考慮"灼良切"與"章略切"的"切"字的話,它們的共同形式特點是:由"主字"統攝兩個二字組。

三、《調四聲譜》的反語圖

以"主字"統攝兩個二字組的形式,就筆者所見,最早載於日釋空海《文鏡秘府論》天卷《調四聲譜》,殷孟倫(1957年)曾在考察《四聲五音九弄反紐圖》時利用其中的材料解釋"雙聲、疊韻"。《調四聲譜》中有三張圖被盧盛江(2013年,第310～313頁)稱爲反語圖,盧著認爲:

> 反語圖一可能出《文筆式》,反語圖二和反語圖三,出崔融《唐朝新定詩格》。但從西卷《文二十八種病》的材料看,至少反語圖二,至少其中的反語雙聲之例,如"風表、月小、奇琴、精酒"之類,在沈約時就已經有了。很可能沈約時代就有了這樣的反語圖……很可能這三個反語圖更爲原始的出典不在《文筆式》和崔融,而在沈約時代,甚至更早。

我們暫時只看圖三,它和《雙聲疊韻法》的格局最像。宮内廳本是兩行四字,從上至下分別是"土烟"(右行)和"天隖"(左行),下云:

> 右已前四字,縱讀爲反語,橫讀是雙聲,錯讀爲疊韻。何者,土烟、天隖是反語,天土、烟隖是雙聲,天烟、土隖是疊韻,乃一天字而得雙聲疊韻。略舉一隅而釋,餘皆效此。

盧盛江(2015年,第88頁)提到,《文筆眼心抄》以及三寶、寶壽、六寺、正乙本在此四字上冠一"天"字,形成了五個字的格局。這與我們總結的《雙聲疊韻法》的格局就更近了,即以左行的首字爲主字,冠於四字之上。與《雙聲疊韻法》一致,這張反語圖下的内容也交代了"雙聲"和"疊韻"的所指。《雙聲疊韻法》沒有交代"正紐"和"到紐"的所指,但《調四聲譜》交代了"縱讀爲反語""土烟、天隖是反語"。這裏的"反語",前人有不同看法，據盧盛江（2015 年，第 89 ～ 91 頁）所引，大矢透《韻鏡考》第十六章認爲：

> 在這個圖裏，橫讀是雙聲，斜讀是疊韻，作爲反切縱向重疊時，兩字既不是雙聲也不是疊韻，上下字互爲相反，故叫反語。

而小西甚一《文鏡秘府論考·研究篇上》認爲：

> 反切的"反"，由來於六朝時代盛行的反語。
>
> 比如顧炎武舉例的《宋書》志二十一所載晉孝武作清暑殿，清暑反言楚聲，因楚聲爲清，聲楚爲暑。
>
> 如果以楚聲爲主，則楚聲的反語爲清暑，可以説，清暑和楚聲互爲反語。這和《秘府論》把"綺琴欽伎"解作"互相反也"是同一個意思。"土煙天隖是反語"也是一樣的，不可把這個"反"和作爲表音方法的反切混同。如果作爲反切，則清暑反楚，綺琴反欽，但在反語，清暑反楚聲，綺琴反欽伎。……把這個反語利用於文字的音注，是所謂反切，那個"反"，完全是從反語的"反"出來的名稱。

小西甚一提到的"綺琴欽伎"，是反語圖一的文字，圖一可以説是三張圖三的複合，它有兩行十二字，分別爲"綺琴，良首，書林"（右行）和"欽伎，柳觴，深盧"（左行）。下云：

> 釋曰：<u>竪讀二字互相反也</u>，傍讀轉氣爲雙聲，結角讀之爲疊韻。<u>曰綺琴、云欽伎，互相反也</u>。綺欽、琴伎兩雙聲，欽琴、綺伎二疊韻。上諧則氣類均調，下正則宮商韻切。持綱舉目，庶類同然。

小西甚一結合了圖一對"反語"加以解釋，將"互相反也"和"反語"貫通起來，本文同意他的觀點。無論如何，"竪讀二字互相反也"和"縱讀爲反語"指向的都是兩個二字組，在圖一是"曰綺琴、云欽伎"，在圖三是"土烟、天隖是反語"，從這裏可以看出，《四聲五音九弄反紐圖》"正反、到反"的"反"，來源應該就是反語圖中的"反語"，值得注意的是，《雙聲疊韻法》"正紐、到紐"的呈現形式略有不同，差異在於《雙聲疊韻法》使用的就是明白的反切形式"灼良切、章略切"而非"灼良、章略"這樣的二字組，這可能是《雙聲疊韻法》相較於此前形式的變異之處。

反語圖中這種"正紐、到紐"（或"正反、到反"）配對的形式，更早的來源應是南北朝時流行的"雙反"。顧炎武《音學五書·音論卷下》"南北朝反語"條明確説 [1]：

---

① 清張弨符山堂刻本。

南北朝人作反語,多是雙反,韻家謂之正紐、到紐。

顧炎武舉了不少例子,其中第一個就是上文小西甚一引到的"清暑"與"楚聲"。顧炎武早已看出"雙反"與"正紐、到紐"的淵源。本文的考察,其實是在二者之間補足了《調四聲譜》反語圖和《四聲五音九弄反紐圖》這兩個中間環節。這些形式的本質,可以概括爲這樣四個音節的組合:S1Y1, S2Y2, S1Y2, S2Y1(S 表示聲,Y 表示含調在内的韻)。所謂的"雙反",就是"S1Y1, S2Y2"和"S1Y2, S2Y1"這兩個反語。换句話説,從南北朝開始,古人就開始利用相配的兩個二字組來體會、揣摩雙聲疊韻之法。後來,這兩個二字組被命名爲"正反、到反"。到了《雙聲疊韻法》中,二字組後增"切"字,變化爲反切的形式,稱爲"正紐、到紐"。

結合上述材料,我們可以將術語之間的對應關係列在下表:

表四　《調四聲譜》《四聲五音九弄反紐圖》《雙聲疊韻法》術語對應

	《調四聲譜》	《四聲五音九弄反紐圖》	《雙聲疊韻法》
S1Y1, S2Y2	反語	正反	正紐
S1Y2, S2Y1		到反	到紐

總的來説,龐大堃《等韻輯略》對《雙聲疊韻法》"正紐、到紐"的意見,不僅滿足明確性和整體性的要求,也能很好地建立起"正紐、到紐"與其他術語("反語、正反、到反")的對應關係,具有很强的合理性,本文完全同意這一意見。

四、"正紐、到紐"釋義

在明確"正紐、到紐"在《雙聲疊韻法》中的所指之後,我們還有一個問題需要解決,"正紐、到紐"的術語名稱本身指的是什麼?

殷孟倫(1957 年)認爲:

這是原於把反切順呼、到呼,所以就立出這兩個名稱來。

"順呼"好理解,也就是主字的反切本身,"到呼"没有説明,意思並不清楚。引言提到,王力(1963 年,第 49 頁)的觀點很明確:

所謂正紐,指的是"章"字的反切;所謂到紐,就是把反切上下字顛倒過來(到,同"倒")。

單獨看《雙聲疊韻法》,這麼解釋"到紐"的命名,似乎没什麼問題。但這種解釋其實就意味着把"到紐"認定成"良灼",與本文的結論不符。寬海《悉曇秘傳》的觀點對我們考慮這個問題很有啓發。據盧盛江(2015 年,第 83、94 頁)所轉引,《悉曇秘傳》曾對前人將反語圖中兩個二字組稱爲"正紐"和"傍紐"的現象進行過解釋:

> 於欽字有綺琴反音則正紐也,於綺字有欽伎反音則正紐也,故云竪讀二字互相返。("次文以正紐爲主文事"條)

> 縱讀土煙則正紐也。縱讀天陨則傍紐也。此則天字下紐言正紐也。雙言傍紐也。二音分别之時,則紐聲,四音分别之時,即正傍。("付天字有正紐傍紐正雙聲傍雙聲事"條)

需要注意,這裏的"正紐、傍紐"與上文提過的《四聲五音九弄反紐圖》中的那種"正紐、傍紐"不能直接等同,寬海的解釋大意是:在"欽"爲主體和"綺"爲主體的兩種不同視角下,"正紐"分别對應"綺琴反音"(爲"欽")和"欽伎反音"(爲"綺")。在明確以"天"爲主體的視角下,能切出"天"的"土煙"是"正紐",而與"正紐"相配的另一方則是"傍紐"。

沿用寬海的這一思路,在《雙聲疊韻法》中,以主字爲"章"的情況爲例,我們很容易確定"灼良"對應正紐,因爲在《雙聲疊韻法》中,主體只有統率"灼良章略"四個小字的大字"章"一個。進一步推測,在"章"爲唯一主體的視角下,"灼"肯定不是主體,能切出"灼"的"章略"也就不可能是"正紐"。王力(1963 年,第 49 頁)説"到,同'倒'"是很有道理的(龐大堃《等韻輯略》更是直接寫作"倒紐"),只不過這裏的"到(倒)",不是在説顛倒"正紐"的内部兩個字,而是在説"正紐"這個整體,其反面是"到紐"這個整體。寬海用的是"正紐、傍紐","正、傍"實際上也是表示這種相對而言的關係。"正"與"到(倒)"實際上是一種相對而言的觀察視角,主字"章"確定了"灼良"爲"正",那麼對應的"章略"就是"到(倒)",倒過來看,假如"章略"是"正紐",那麼對應的"灼良"就是"到紐",此時"灼"是主字,這也就是《雙聲疊韻法》右起第四行的情況。

因此,從以"天"爲主字的反語圖三開始,在有主字的情況下,我們可以確立何者爲"正"。《四聲五音九弄反紐圖》中,"正反、到反"出現的位置是《五音之圖》,自然以"宫、商、角、徵、羽"爲主體,能切出它們的是"正反",與之相匹配的是"到反"。《雙聲疊韻法》中也有明確的主字,這些主字實際上是四聲相承的兩組字(在《四聲五音九弄反紐圖》中叫"正紐")中,對它們之間關係的掌握也是學習音韻的一部分。因此,"主字"的存在或確立是我們區分"正、到"的條件。

除了"正、到","正紐、到紐"之"紐"其實也不好解釋。丁鋒(2016 年)提出:

把"正反、到反"稱爲"正紐、到紐"是顧炎武的首創,《續通志·七音略》沿襲其名,但內涵略有出入,此不贅言。"反語"與"紐"其實無涉,確需是正視聽的。

丁鋒(2016年)的這一觀點,前半部分忽視了《雙聲疊韻法》而把"正紐、到紐"視作顧炎武的發明,不確,但後半部分可以代表一般讀者的困惑,"紐"和"反語"看起來沒有關係。然而,《雙聲疊韻法》的"正紐、到紐"或寬海《悉曇秘傳》所解釋的"正紐、傍紐"用來表示反語,恐怕不是沒有原因的。據盧盛江(2015年,第87、88頁),反語圖三前宮內廳本有"紐聲雙聲者"五字,《文筆眼心抄》雖無,但在"煙"字下有小字注"紐聲",可見在反語圖這一早期的反語呈現形式中,"紐聲"這一包含"紐"的術語已經出現了,這裏的"紐聲"其實意思也不明朗,本文不展開討論。總之,我們應當盡力對"正紐、到紐"之"紐"作一解釋,而非歸爲誤用。"紐"的本義指紐結,將東西連接在一起,大徐本《説文》"紐,系也。一曰結而可解。從糸,丑聲"。這個意義可以用在音韻學中,李新魁(1986年,第226頁)明確説,"神珙《反紐圖》和沈約的'紐字之圖'中的'紐'字,是兼指聲和韻的拼切(與分解)而言。這裏的'紐',是紐結的意思"。筆者以爲,"紐結"之義應用到反語中,指的是兩個字連接在一起拼切,能切出"主字"的便是"正紐",而另一個反語則是"到紐"或"傍紐"。

基於以上討論,《雙聲疊韻法》"正紐、到紐"的釋義可以這樣概括:

第一,"正紐、到紐"是相配的一對反切。

第二,"正紐"切出的是"到紐"的上字,"到紐"切出的是"正紐"的上字。

第三,將"正紐"的反切上下字互換,切出的是"到紐"的下字;將"到紐"的反切上下字互換,切出的是"正紐"的下字。

第四,語音上"正紐、到紐"是完全平等的地位(參第二、第三點),但是因爲"正紐"切出的"到紐"上字同時也是該行的大字(本文命名爲主字),所以《雙聲疊韻法》以身爲"主字"反切的"正紐"爲"正",與它相配的"到紐"爲"到(倒)"。

將龐大堃《等韻輯略》"原圖以'灼良'等爲正紐、'章略'等爲倒紐"的概括補足,《雙聲疊韻法》每行的"正紐、到紐"可以明確如下:

表五 《雙聲疊韻法》的"正紐、到紐"

主字	剔	聽	頲	廳	灼	障	掌	章
正紐	廳歷切	剔俓切	廳井切	剔靈切	章略切	章餉切	章兩切	灼良切
到紐	剔靈切	聽擊切	頲精切	廳歷切	灼良切	障傷切	掌良切	章略切

　　其中,主字"章"下的"正紐、到紐",在主字"灼"下是"到紐、正紐";主字"廳"下的"正紐、到紐",在主字"剔"下是"到紐、正紐"。平入之間的這層關係,如果是設計者的有意安排,背後的原因可能是平上去除聲調外並無區別,但入聲和它們還有韻尾的差異,需要多加對比揣摩。總的來説,《雙聲疊韻法》可以説是一個以"正紐、到紐;雙聲、疊韻"四個術語爲基礎的、非常精細的練習圖表。

五、結語

　　根據本文的梳理,作爲雙聲疊韻之法重要術語的"正紐、到紐"的産生與傳播絶非一蹴而就,從《文鏡秘府論》所載"反語圖"到《四聲五音九弄反紐圖》的圖式,再到《雙聲疊韻法》的文字説明,呈現出了一個不斷精細化的進程。這一進程的直接源頭,就是我國本土流行的"雙反",顧炎武在《音論卷下》"南北朝反語"條舉出的大量例子,可以證明它在南北朝時的流行性。從其後《文鏡秘府論》收録的三幅反語圖看,"正紐、到紐"背後的雙聲疊韻之法的流行與發揚,恐怕也離不開文人創作時對語言的講求。回顧唐宋時人對語音的分析、説明與研究時,從本土文學創作的講求討論其淵源與發展,應成爲一個必要的角度。

參考文獻

陳振寰　《韻學源流注評》,貴州人民出版社 1988 年

丁　鋒　《神珙本五音圖的性質》,《民俗典籍文字研究》第 17 輯,商務印書館 2016 年

李國華　《"雙聲疊韻法"研究》,《雲南民族學院學報》1989 年第 2 期

李新魁　《漢語音韻學》,北京出版社 1986 年

———　《談龐大堃、梁僧寶的等韻學著作》,《中國語文研究》1981 年第 2 期

盧盛江　《文鏡秘府論研究》,人民文學出版社 2013 年

———　《文鏡秘府論彙校彙考》,中華書局 2015 年

唐作藩　《音韻學教程》(第五版),北京大學出版社 2016 年

王　力　《中國音韻學》,商務印書館 1936 年

———　《漢語音韻》,中華書局 1963 年

許嘉璐　《傳統語言學辭典》,河北教育出版社 1990 年

殷孟倫　《"四聲五音九弄反紐圖"簡釋》,《山東大學學報》1957 年第 1 期

文獻語言學(20):205～207,2025

語文教材中"繫"之音義

張若菲

(四川師範大學文學院,成都,610066)

提　要:動詞"繫"有 xì、jì 兩讀,兩個讀音所對應的意義也有所區別。中小學語文教材中多次出現該詞,但存在同一出處的"繫"在不同版本中注音和釋義不同的情況,值得重視。

關鍵詞:語文教材;繫;音義

"繫"字在現行語文教材中多次出現,有的有注音和釋義,有的没有專門注釋。國家教材委員會審定通過、人民教育出版社出版的七年級(上册)語文課本收有魯迅先生《朝花夕拾》中的名篇《從百草園到三味書屋》。文中有這樣一段文字描述雪天在百草園捕鳥的情形:

(1)掃開一塊雪,露出地面,用一支短棒支起一面大的竹篩來,下面撒些秕穀,棒上繫一條長繩,人遠遠地牽着,看鳥雀下來啄食,走到竹篩底下的時候,將繩子一拉,便罩住了。

此處"棒上繫一條長繩"的"繫"字,2016 年版(簡稱"舊版")注釋爲"jì,打結、栓",2024 版(簡稱"新版")則改爲"xì,栓"。這個注釋有兩點修改,首先是修改了讀音,其次是釋義删去了"打結",保留了"栓"。

王力先生(1982 年,第 107 頁)指出:"'系、係、繫'三字的意義界限不清楚,故往往通用。惟世系的意義只用'系'字。"本文主要討論的是作爲動作動詞的"繫"。據《廣韻》,古代"繫"就有兩個讀音,一讀胡計切,去聲,匣母,也就是 xì。另一讀古詣切,去聲,見母,也就是 jì。各辭書對"繫"的音義也有詳細注釋。

《漢語大詞典》:xì:①拴縛。②引申爲掛念,牽記。③懸掛。④拘囚、拘禁。⑤聯綴、歸屬……其中"拴縛"下有例子:《朝花夕拾·藤野先生》:"大概是物以希爲貴罷。北京的白菜運往浙江,便用紅頭繩繫住菜根,倒掛在水果店頭,尊爲'膠菜'。"jì:打結;扣上。曹禺《日出》第一幕:"他仿佛剛穿好衣服,領扣還未繫好。"

　　《現代漢語詞典》(第7版)的釋義與《漢語大詞典》相似 [①]:jì:動詞,打結、扣:繫鞋帶,繫着圍裙,把領扣兒繫上。xì:……④聯結、聯繫(多用於抽象事物):維繫。⑤牽掛:繫戀、繫念。⑥把人或者東西捆住後往上提或向下送:從窖裏把白薯繫上來。⑦<書>拴、綁:繫馬;繫縛。⑧<書>拘禁:繫獄。

　　"繫"的讀音和意義的區分,歷來是學術界和語文教學界的一個難題。吳守珍、馮業麒(2011年)在教學實踐中是這樣處理的:讀jì的"打結、扣"義,往往表示一個物體比如繩索、衣物的某部分兩端打結、扣合、套住,如繫扣子,繫鞋帶兒、繫領帶、繫安全帶等;讀xì的"拴、綁"義,表示用繩子等把一個物體纏縛在另一個物體上,如"解鈴還須繫鈴人",就是將"鈴"用線繩綁在另一個物體上。

　　《從百草園到三味書屋》"棒上繫一條長繩"就應是將長繩纏縛在棒上,"繫"當讀爲xì,釋爲"拴縛"。

　　早在北宋時期,賈昌朝《群經音辨·辨字音清濁》就很明確地指出"繫"的清聲母和濁聲母兩種讀音及相應的意義:"繫,屬也,古詣切。屬而有所著曰繫,胡計切。"元代劉鑒《經史正音切韻指南·經史動靜字音》也基本沿襲他的説法。所謂"屬",就是"聯綴",古詣切,相當於現代的jì,是清聲母。所謂"屬而有所著",就是一物聯綴到某物之上,胡計切,相當於現代的xì,是濁聲母。周法高(1962年,第85～86頁)也談到四聲別義中有一類是非去聲或清聲母爲動詞,去聲或濁聲母爲"既事式"的情況,如"折","折,屈也,之舌切,清聲(入);既屈曰折,市列切,濁聲(入)"。也就是説"折"可以讀之舌切(zhé),也可以讀市列切(shé),前者是折的動作,後者是折斷這一結果。張忠堂(2010年)把上古漢語通過聲母的變化來構成新詞的現象稱爲變聲構詞,如"臭",讀音爲許救切(xiù),原始詞義爲"腥臊膻香等各種氣味";聲母變化之後讀爲尺救切(chòu),表示一種難聞的氣味。王先雲(2017、2022年)進一步指出,變聲構詞中又包含一種情況,即原始詞義表示動作,變聲後的滋生詞表示動作結果。"繫"就屬於這一類。

　　《周禮·天官·大宰》:"以九兩繫邦國之名:一曰牧,以地得民;二曰長,以貴得民……九曰藪,以富得民。"東漢鄭玄注:"繫,聯綴也。"這段列舉的是諸侯聯綴萬民不使其離散的九項政治措施。陸德明《經典釋文》注:"繫,音計。"由"聯綴"義通過變聲構詞,滋生出詞義爲"聯綴在了一起、捆綁"這個結果義。《周禮·春官·占人》:"凡卜筮,既事,則繫幣以比其命。歲終,則計其占之中否。"漢杜子春注:"繫幣者,以帛書其占(占辭),繫之於龜也。"意思是每次卜筮完畢,巫師要將記載命龜之辭的龜甲用帛繫在一起,等年終時再

─────────────

[①]《現代漢語詞典》寫作"系",爲"繫"的簡化字。

將其取出,看有哪些方面應驗。《經典釋文》:“繫,音系。”

到了近代漢語,“繫”的“聯綴”義又引申出了“打結、扣”的意思。

（2）楊志戴上涼笠兒,穿着青紗衫子,繫了纏帶行履麻鞋。（《水滸傳》第十六回）

（3）你把那帶子解開,衣裳一件一件掩上,繫上帶子,套上你那件馬褂兒。（《兒女英雄傳》第八回）

這裏的“繫”都是强調動作過程,讀作 jì。而課文中的“棒上繫一條長繩”,强調的不是“繫”的動作過程,而是將繩子和棒子聯綴到一起這樣的結果,因此當讀 xì,釋爲“拴”,新版教材的修訂非常正確。

《從百草園到三味書屋》一文在其他版本語文教材也收錄,但注釋情況不盡相同,蘇教版七年級（下册）注釋爲:“念 jì。”魯教版六年級下册注釋爲:“繫 jì,打結。”北師大版七年級上册、滬教版六年級上册均未注釋。其實動詞“繫”早在人教版小學語文四年級（上）第二單元第 6 課《夜間飛行的秘密》（原標題《蝙蝠和雷達》）就出現了:

（4）在一間屋子裏橫七豎八地拉了許多繩子,繩子上繫着許多鈴鐺。

課文對“繫”未釋義,僅注音“jì”。滬編小學語文三年級第六單元也收錄了《蝙蝠和雷達》,但未對“繫”字做音義的注釋。“繩子上繫着許多鈴鐺”和“棒上繫一條長繩”中的“繫”一樣,都是所謂的“屬而有所著”,音 xì。根據上文的分析,蘇教版七年級下册“jì”的讀音和魯教版六年級下册“繫 jì,打結”的音義及四年級語文“jì”都需和人教版新版一樣進行修訂。

參考文獻

王　力　《同源字典》商務印書館,1982 年
王先雲　《上古漢語動作結果動詞研究》,北京大學博士學位論文 2017 年
───　《上古漢語“方式＋結果”動詞研究》,《湖南大學學報》(社科版)2022 年第 5 期
吳守珍、馮業麒　《對“繫”字讀音的思考與探索》,《讀寫算》,2011 年第 30 期
張忠堂　《漢語變聲構詞研究》,北京大學博士學位論文 2010 年
周法高　《中國古代語法·構詞編》,《歷史語言研究所專刊》1962 年

Titles、Abstracts and Key Words (20th)

Jiang Lansheng   **Syntactic Analysis and Interpretation of Classical Literature**

Abstract: " 三人行 , 必有我師焉 ", which comes from the seventh chapter of *The Analects of Confucius · Shu Er*, is a well - known ancient sage's teaching. However, there are variant texts for these two sentences. Version A: " 三人行 , 必得我師焉 ." (Dingzhou bamboo slips in the Han Dynasty, etc.) Version B: " 三人行 , 必有我師焉 ." (Versions after the Song Dynasty) Previous interpretations of " 行 " as "words and deeds, walking" or "doing things" can all be questioned. Based on the characteristics of existential sentences in Chinese, this paper speculates that " 三人行 " in Version B should indicate the scope of three people, and " 行 " should be pronounced as "háng", which is a locative demonstrative indicating the scope. " 我 " in front of the sentence in Version A should be the topic subject of the whole sentence; there is an implicit preposition " 於 " in front of " 三人行 ", and " 於三人行 " is a prepositional - object phrase serving as a locative adverbial. Version A can be translated as: As for me, even among three people, I can surely find someone who can be my teacher.
Keywords: The Analects of Confucius; 三人行 ; Post - position; N 行 ; N 所

Li Yunfu\Zhao Yifan   **Disscussion on Xing (形), Sheng (聲) and Xingsheng (形聲) in *Shuowen Jiezi Zhu***

Abstract: The interpretation of "Xingsheng (形聲)" characters in *Shuowen Jiezi* (《説文解字》) has been the subject of various scholarly opinions. As a meritorious follower of Xu Shen, Duan Yucai's opinions should be worth considering. However, his understanding of "Xingsheng (形聲)" characters appears scattered throughout his works, which may have led to misunderstandings or omissions by later scholars. This paper conducts a comprehensive analysis of the usage and interpretation of "Xing (形)" "Sheng (聲)" and "Xingsheng (形聲)" in *Shuowen Jiezi Zhu* (《説文解字注》), revealing their rich connotations and multifaceted relationships. The "Xingsheng (形聲)" characters in Duan's annotations both adhere to traditional interpretations and introduce original ideas. The term is not merely a descriptor of Chinese character structure but engages different dimensions of language and writing, sometimes exhibiting inconsistencies or even contradictions. This ambiguity reflects the complexity of Chinese character-lexical relationships and the diverse interpretations by scholars over time. It also reflects the evolution and uncertainties in Duan's academic perspective, possibly due to oversights during the final compilation of his work.

Keywords: Duan Yucai; *Shuowen Jiezi Zhu* (《説文解字注》); Xing (形); Sheng (聲); Xingsheng (形聲)

Yang Lin   A Superficial Discussion on the Word Extension

Abstract: The phenomenon of abbreviation of Chinese words has been extensively and deeply studied, and fruitful results have been obtained. The opposite of abbreviation is the extension of words, which is seldom noticed in the academic circle, lacks of due research, and the consequence of which is that We know many extended words, but don't know why. Extension is a means of emphasizing the meaning of a word by lengthening the voice interval. The principle is that the basic meaning of the original word can not be changed after the insertion of the extended element, otherwise it is not an emphasis on the meaning, but construct words independently. According to the way of extension, the extension of words can be divided into four types, that is, tautology, word imitation, morphemes extension, empty words insertion. This paper has maked a superficial discussion on the phenomenon of word extension in Chinese. Tossing out a brick to get a jade gem, and we hope to arouse more scholars' attention to this phenomenon.

Keywords: Word extension; Motivation of words; Jinpingmei Cihua

Wei Zhaohui   Several Basic Issues in Lireature Grammar Studies

Abstract: Literature grammar study is a branch of literature linguistics that focuses on studying the grammatical features reflected in different types of literature, including oral and written literature, unearthed and passed down literature, local and foreign literature, ordinary and professional literature, etc. It attaches importance to the revelation and induction of the development laws of grammar in historical literature, and also emphasizes the use of Chinese and foreign theories to interpret the Chinese grammar presented in ancient literature. The study of literary grammar has gone through a long process of germination and development, intersecting with exegesis and grammar history but also having differences.

Keywords: Literature grammar study; Definition; History; Materials and Methods

Liang Huijing   On the "Phonology of Literature"

Abstract: Phonology of literature is a subfield of literary linguistics. It focuses on using literary materials to investigate the synchronic state and diachronic evolution of phonology. This field not only comprehensively analyzes written phonological systems but also covers the philological study of phonological texts. Based on this understanding, we clarify the relationship between phonology of literature and related disciplines such as phonology and the history of Chinese phonology. We also define the research objects, tasks, and basic characteristics of phonology of literature.

Keywords: Literary Linguistics; Phonology of Literature; Disciplinary Connotations

You Shuai　Identification and Utilization of Dialectological Materials in Literature

Abstract: Document-based dialectology takes the dialectal materials that can be extracted from documents. Strive to analyze and describe them within effective time domain coordinates. Explore the sources, evolution patterns, and motivations of various elements. Document-based dialectology research attaches great importance to the value of historical document verification and combines it with the historical comparative method. For historical dialectal materials with regional markers, it is necessary to base the research on documents, improve the accuracy of material extraction, and optimize the judgment of the temporal and regional levels of historical dialectal materials. For the excavation and refinement of historical dialectal materials lacking clear regional markers, the basic method can be summarized as the comparison of the correlation between language phenomena differences and regional attributes. At the same time, strengthening the internal and external integration and connection of document-based dialectology materials is also an essential part of enhancing the scientific nature of the research.
Keywords: Document-based Dialectology; Regional Markers; Historical Document Verification; Historical Comparative Method; Connection

Wang Huabao\Sun Bohan　A Brief Discussion on Classical Chinese Studies and Literature Linguistics

Abstract: Over the past decade, "Classical Chinese Studies" and "Literature Linguistics" have emerged as new academic trends, with a proliferation of related publications, academic conferences, and journals. In 2024, the undergraduate major in "Classical Chinese Studies" was included in the Ministry of Education's catalog, marking a modern transformation. "Literature Linguistics" has also made progress thanks to the efforts of scholars but has yet to secure its rightful place within the academic classification system. Although "Classical Chinese Studies" has been added to the undergraduate recruitment list, it remains under the umbrella of the "Chinese Language and Literature" first-level discipline, with its independent system still undefined and subject to much debate. This paper aims to discuss the nominal and substantive issues, positioning and boundaries, integration and development of these two fields, in conjunction with their definitions, positioning, talent cultivation systems, academic systems, and methodologies.
Keywords: Classical Chinese Studies; Literature Linguistics; Academic Development

Zhang Yujin　On the Discipline System of Language Studies in Excavated Texts

Abstract: Excavated Texts Linguistics is a discipline that utilizes the excavated texts as corpus data to study the language contained within these texts, and it should be recognized as a sub-discipline under documentary linguistics. The discipline system of language studies in excavated texts primarily comprises three categories: an introduction to the linguistics of excavated texts, descriptive linguistics of excavated texts, and diachronic philology of excavated texts.

Keywords: Excavated Texts Linguistics; Discipline System; Descriptive Linguistics; Diachronic Linguistics

Yan Cuike　On the Language Research of Philological Texts

Abstract: This paper discusses the multi-dimensional attributes of philological texts and its multiple values for the study of Chinese ancient literature-based language. Firstly, philological texts, characterized with an orderly arrangement of the three formal layers of surface, middle and center, and with the annotation of shape, sound, meaning and citational examples, contain the academic ideas of the editors and provide a formal basis for the use of the method of mutual inference. Secondly, for the involvement of the four formal elements within philological texts, the research of the language should break the shackles of the arrangement, and make comprehensive use of each type of materials. Thirdly, the three-dimensional symbiosis of database corpus, research corpus and contemporary corpus of philological texts determines that it is not only a knowledge base of ancient languages, but also a resource base for the history of linguistics of past dynasties and the study of Chinese ancient literature-based language at its own time.

Keywords: philology; Chinese ancient literature-based language; Multi-dimensional attributes; Multiple values

Xiong Jiaquan　A Critical Study of Errors in Identifying Explanation in Large Dictionary of Ming and Qing Dynasties

Abstract: There are still many mistakes in large dictionary of Ming and Qing dynasties, which has a bad ffect on modern dictionries. This paper selected 15 example words to research on the basis of comprehensive investigation and research on the contents of the misterpretation of large dictionary of Ming and Qing dynasties.

Keywords: large dictionary of Ming and Qing dynasties; Errors in identifying explanation; Examination

Wu Fan　A Survey of YuShe（遇攝）in the Zhongyuan Dialect of Middle Chinese

Abstract: This paper sorts out the research results of previous scholars on the evolution of Yushe（遇攝）in Middle Chinese, and then investigates new materials such as verses、Yinzhu（音注）and transcriptional corpus around Yushe（遇攝）, especially the separation and mixture of Yu（魚）and Yu（虞）rhymes, and explores the evolution of Yushe（遇攝）in the Zhongyuan（中原）area during the Middle Ages, which was divided into three stages. This paper also researchs the phonetic values of the three rhymes of Yu（魚）、Yu（虞）and Mu（模）in the three stages, and discusses the history of dialects and the phonology of *QieYun*（《切韻》）and other related issues, and supposes that the *QieYun* distinguishes the difference between Yu（魚）and Yu（虞）was based on the Zhongyuan dialect.

Keywords: Middle Chinese; Zhongyuan dialect; Yushe; Yuyu; History of dialects

Xu Duoyi　The Correction and Explanation of the Difficult Words in the *Ming Chenghua Shuochang Cihua*

Abstract: The *Ming Chenghua Shuochang Cihua* are a collection of rare folk ballads and stories printed during the Chenghua era of the Ming Dynasty. There are many difficult words in these texts that are worth exploring. This paper suggests that Fanche (番車) is an ancient bird-catching tool; Chaba Saozhou (杈杷掃帚) is a daily life utensil used as a temporary defense weapon; Dawen (打問) means to interrogate, which is different from the general meaning of inquiry, and it should be a new word in the Ming Dynasty; the use of allusion Guishan Xiang Shuimu (龜山降水母) is to describe the superb martial arts and fierce fighting of Huaguansuo and Baosanniang; Zhua (撾) is the name of a weapon; Diyou Jian (滴油箭) is the name of an ancient arrow, and there seems to be a superfluous text in the original text of theads and stories.
Keywords: *Ming Chenghua Shuochang Cihua*; Difficult Words; Correction and Explanation

Chen Guannan　Dialectic of Interpretation of *Lamentation in Book of Songs* —— Textual Research the Difference Between Qiuqiu (仇仇) and Qiuchou (仇讎)

Abstract: *Lamentation in Odes* "I was sought after, But couldn't be got. With pride and laughter, They use me not". Different opinions have been expressed in the past dynasties. This paper puts forward a new solution through word-by-word analysis: "They curry favour with the king in authority for personal gain and I follow the laws, but they treat me unkindly. They held me arrogantly and did not employ me." This article explains the reasons for the misunderstanding and mixed use of Qiuqiu (仇仇) and Qiuchou (仇讎), distinguishes its etymology, and confirms that " 仇仇 " is a reduplicated word, representing "arrogant appearance".
Keywords: *The Book of Songs*; Exegetics; Qiuqiu (仇仇); Qiuchou (仇讎); Reduplicated words

Shi Xingping　An Explanation of the Word Shangxi (尚菒) in *Huainanzi*

Abstract: There are many different explanations of the word Shangxi (尚菒) in *Huainanzi* since ancient times. Gao You held the view "management personnel of Xi'er (枲耳)". Wang Yinzhi supported the view "management personnel of Maxi (麻枲)". Yu Chang disagreed the views of Gao and Wang, he thought that Shangxi (尚菒) should be a writing error of Bixi (尚菒). In addition, He Ning disapproved of Gao's and Wang's views, his view just relatively close to Yu's. Then, what does the word Shangxi (尚菒) mean? Up to now, no persuasive explanation has been offered. This paper holds that Shangxi (尚菒) should be understood as Changxi (常菒).
Keywords: Explanation; Word; Shangxi (尚菒); *Huainanzi*

Zhou Zihan　A New Explanation on the Terms Zheng（正）、Dao（到）and Niu（紐）in the *Shuangsheng Dieyun Fa*（《雙聲疊韻法》）

Abstract: There have been divergent interpretations on the terms Zhengniu（正　紐）and Daoniu（到紐）in the *Shuangsheng Dieyun Fa*（《雙聲疊韻法》）, which is attached at the end of the *Guangyun*. In this paper, I propose that the terms Zhengfan（正反）and Daofan（到反）in the *Sisheng Wuyin Jiunong Fanniu tu*《四聲五音九弄反紐圖》, authored by Shengong, correspond to Zhengniu（正紐）and Daoniu（到紐）in the *Shuangsheng Dieyun Fa*. According to the meangings of Zhengfan（正反）and Daofan（到反）in the *Sisheng Wuyin Jiunong Fanniutu*, the opinion advocated by Pang Dakun in his book *Dengyun Jilue*（《等韻輯略》）is proved to be correct, namely Zhengniu（正紐）refers to Zhuoliang（灼良）and other character groups, while Daoniu（到紐）refers to Zhanglue（章略）and other character groups in the original table. Furthermore, I reveal the matching pattern of Zhengniu（正紐）and Daoniu（到紐）in the *Tiao Sisheng Pu*（《調四聲譜》）and give a new explanation on Zheng（正）, Dao（到）and Niu（紐）in combination with related materials.
Keywords: Zhengniu（正紐）; Daoniu（到紐）; Zhengfan（正反）; Daofan（到反）; Fanyu（反語）

Zhang Ruofei　The Pronunciations and Meaning of the Verb "繫" in Chinese Textbook

Abstract: The verb "繫" has two pronunciations, xì and jì, each corresponding to different meanings. This term appears multiple times in primary and secondary school language textbooks, but there are instances where the same occurrence of "繫" is annotated with different pronunciations and interpretations across various editions, which warrants attention.
Keywords: Textbook; The pronunciation and meaning; 繫 ; Theoretical explanation

稿　約

（第二版）

　　《文獻語言學》爲北京語言大學北京文獻語言與文化傳承研究基地、文獻語言學研究所主辦的學術刊物，每年兩時。本刊自 2015 年正式創刊，由中華書局出版，現爲中文社科科學引文索引（CSSCI）收錄集刊、中國人文社會科學學術集刊 AMI 綜合評價核心集刊和人大複印資料來源刊物，並已收入中國知網。本刊宗旨是：立足事實分析語文現象，依據文獻研究漢語歷史，貫通古今探索演變規律，融會中外構建學科理論，凝聚隊伍成就學術流派。

　　本刊注重出土文獻、傳世文獻包括海外漢籍的挖掘與利用，刊發原創性研究作品，主要包括文獻語言學理論與方法、漢字與漢字史、訓詁與詞彙史、音韻與語音史、語法與語法史、方俗語與方言史、語文與語言學史等研究領域的最新成果，也刊登學術熱點與重點的研究綜述、有重要影響的學術著作的書評、重要論題的純學術爭鳴或商榷性文章，還願意刊布具有重要學術價值的文獻語言學研究資料。本刊强調扶持年輕學者，歡迎專家推薦青年才俊的優秀稿件。

　　來稿長短以論題需要爲依據，字數以不超過 10000 字符數爲宜。要求論點明確，材料可靠，探討深入，邏時嚴謹，表述準確，語言簡練，格式上符合本刊《稿例》（第二版）要求。

　　本刊編時部郵箱收到稿件會自動回復，此回復兼作收稿日期確認；稿件勿寄私人，以免誤事。來稿一經采用，即付稿酬，並寄樣刊二册。未用稿件，恕不退稿。三個月内未接到用稿通知，作者可自行處理。

稿　例

（第二版）

一、稿件排版格式

（一）文題、責任者信息、項目基金標注

1. 正題：宋體二號加粗，居中，限 20 字以內。

2. 副題：三號仿宋，另占一行，前加破折號（——）。

3. 責任者信息：題目下須注明責任者姓名、單位（具體到學院）、城市所在地和郵編，責任者姓名以外的信息須置於括弧內。居中排列，仿宋小四號。責任者信息與題目之間空一行。

4. 來稿須附英文題目，爲 Times New Roman 小四號字體。

5. 項目基金置於腳注①中，格式如下：本文爲 "***"（項目編號）的階段性成果之一。

（二）提要、關鍵詞

1. 提要："提要" 二字頂格，中間空一字空，五號黑體加粗。後空一字空，接排提要正文。提要正文回行齊 "提要"，左右頂格，五號楷體。

2. 關鍵詞："關鍵詞" 三字頂格，五號黑體加粗。後空一字空，關鍵詞楷體五號，各詞之間用分號隔開，回行齊 "關鍵詞"。關鍵詞與正文之間空兩行。

3. 來稿須附英文提要和關鍵詞，爲 Times New Roman 五號字體，統一左對齊，不縮進。"Abstract" 和 "Keywords" 兩個單詞須加粗。英文提要涉及到專有名詞以詞組分寫（一般爲兩音節），詞組首字母大寫，如有中文提示，置於括號內，如 "Anda（安大）"。書名、篇名爲斜體，如 *"Shuowen Jiezi"*。專有名詞直接拼寫，有些有固定英文翻譯的可用通行翻譯，如 *"The Book of Songs"*。字詞讀音不確定或是一段文言文本，可直接用中文，置於引號內，必要時可附翻譯，置於括號內。

（三）正文

1. 正文：通欄，五號宋體，行距固定值 20 磅。

2. 標題：二級標題用"一、……"（居中、宋體四號，上下空一行）；三級標題用"（一）"（首行縮進兩格，宋體五號加粗）；四級標題用"1.……"（宋體五號）。

3. 例句、獨立引文：例句序碼用（1）（2）（3）排序，起三回一。序碼原則上一排到底，酌情可分節編排。例句使用仿宋字體，例句組前後空 0.5 行。獨立引文使用仿宋，起四回二，前後空 0.5 行。例句、引文等的出處一律用書名號，外加圓括弧。出處包括書名、卷回名（章節名）或卷回數（章節數）等；書名與卷回（章節）頁碼之間以"·"號隔開。

4. 數字：中國年號、古籍卷數請用中文數字，公元世紀、年代、年、月、日、時刻和計數等，均使用阿拉伯數字。

5. 國際音標：國際音標括弧用直方括弧"[ ]"，標明調值用數字標調法或發圈法，標明音位用"//"。

6. 圖表：文中圖表一律小五號宋體，圖表編號，請用圖一、二，表一、表二，依次類推。圖表名用小五號黑體，位於表格上端，居左縮進二字符。

（四）注釋

1. 文中簡注：正文使用了他人專著／論文的觀點或引文，須在參考文獻中列出，且同時在正文使用簡注。簡注格式如下：

（1）所引專著須注出作者和頁碼，所注內容置於括弧內，如"（華學誠，第 1 頁）"。涉及同一作者的不同著作時，須在簡注中標注年份以示區分，如"（華學誠 2000 年，第 1 頁）"，同年有兩篇及以上引用文獻，以 a、b 等區分，如"（華學誠 2000 年 a，第 1～3 頁）"，參考文獻中請對應標明。

（2）所引論文，文中須注出作者和發表年份，如（華學誠，2000 年）。

2. 腳注：除引文出處外，其它注釋均使用腳注。腳注須是對正文的附加解釋或者補充説明，每頁連續編號，排當頁下方。正文中的注釋用陽文①②③編序碼，居文字右上角。如果後面有標點符號，則放在標點符號前邊。注文小五號宋體，空 2 字空，單倍行距，回行頂格。注碼用陽文碼①②③序排，後空半字空。

3. 附錄：排在正文末，參考文獻上，小五號楷體，起行空 2 格。

（五）參考文獻

1. 參考文獻與正文空兩行，小五號字，頂格，懸掛縮進 1 字符。其中，"參考文獻"四字使用黑體,其他使用宋體。

2. 參考文獻不論時代,統一以作者姓名音序排列,具體格式示例如下:

(1)古籍

(東漢)應劭著,王利器校注 《風俗通義》,中華書局 1981 年

(2)現代論著、論文集論文

楊伯峻 《古漢語虛詞》,中華書局 2000 年

華學誠、游帥 《方言》,中華書局 2022 年

(日)橋本萬太郎著,余志鴻譯 《語言地理類型學》,世界圖書出版公司 2008 年

陳寅恪 《陳垣敦煌劫餘録序》,《金明館叢稿二編》,三聯書店 2009 年

(3)期刊論文、學位論文

李新魁 《論近代漢語共同語言的標準音》,《語文研究》1983 年第 1 期

周彦文 《千頃堂書目研究》,東吳大學中文研究所博士論文 1985 年

(4)英文參考文獻請使用 Times New Roman 字體(置於中文參考文獻之後),題目中所含書名用斜體,格式如:

Hanan, Patrick *The Missionary Novels of Nineteenth-Century China*,Harvard Journal of Asiatic Studies Vol.60,No.2, 2000

二、來稿注意事項

(一)來稿請嚴格依照本稿例調整好格式後提交。另,來稿若不符合本刊内容範疇,或經查證一稿多投,將直接作退稿處理。

(二)來稿以不超過 10000 字符數爲宜。請提供 PDF 和 Word 電子文本。責任者姓名、單位、電子郵箱、電話、通信地址及郵編等請另頁給出。

(三)來稿請用繁體字(新字形)。須采用古文字、異體字等,請予以説明。GBK 以外的文字及特殊符號、須製版的表、圖片(分辨率 600 以上)等,均請另紙開列,以最清晰的格式提交。

(四)來稿引文務請核對原文,確保準確無誤。

(五)來稿請提交至自動投稿系統:https://wxyx. cbpt.cnki.net(推薦優先選擇),或發送至:wxyyx15@blcu.edu.cn,勿寄私人。